Right to Self-defense under International Law

国際法上の自衛権

田岡良一

勁草書房

訂正再版の序

「自衛権」は本来英米法上の用語であって（the right of self-defence）、ラテン系諸国で「正当防衛（仏 légitime défense 伊 difesa legittima）」と称せられる権利と、性質を同じくする違法性阻却（違法性消去）原因である。

その内容は、簡単に言えば、社会の構成員《メンバー》の一人が、その人格権や財産権上の法益を、他の構成員の不法な行為によって侵害される事件が起こったときに、自分の力でこの侵害を排除する措置を執り、この措置が相手方すなわち不法な侵害者の法益を損う結果を生じても、そのために彼は罰を受けることはない、言い換えれば、彼の行為は違法性なきものと見なされる、ということである。

もっとも、現在の文明国の社会では、社会構成員を不法な侵害から護ることを専門の任務とする社会機関が設けられてあり、それとのからみ合いで、構成員個人の自衛権の行使には、いくつかの条件が付せられるのが常である。しかし自衛権の骨子は右に述べたことに尽きる。

自衛権（及び正当防衛権）という言葉は、このように、もともと国内法の用語として発生したものであるが、国家間の外交文書の中にしばしば姿を現わし、また国際条約においても使われる。この場合、個人の権利としてではなく、国際社会の構成員たる国家が、他の構成員（外国）からの侵害に対して、自己の利益を護る権利として、自衛権の語が使われるのである。自衛権は国家の保有する権利であり、権利の主体は国家である。国際法上の自衛権といわれるものは是である。

国内法上の自衛権（正当防衛権）は、本書の中で説明するように、大体一定した意味をもっているが、この言葉が国家間の外交文書や国際条約の中に姿を現わすときは別である。これらの文書は、多くの場合、政治家・外交家の作品であり、そして外交家・政治家は、そのときどきの政治的便宜に基づき、文辞を工夫し表現を選択する傾向があるのは、否み難い事実である。後に本書の中で、いくつかの実例をあげて説明するように、彼らが政治的考慮によって辞句を選ぶ傾向は、その用語を法律学的に正確ならしめようとする念慮に優先することがしばしば有る。

だから或る外交文書、ある条約に、「自衛権」という言葉が用いられていても、それが国内法の用語としての自衛権と同じものを指していると、頭から決めてかかることは許されない。むしろ此の文書、この条約の中に「自衛権」という語が姿を現わすに至った政治的な事情を、細かく観察した上で、「自衛権」の語がここで言わんとする真の意味は何であるかを、確かめることが必要である。この研究方法は私らに、国際法上の自衛権なるものが、「国内法上の自衛権と同じ内容の概念であって、ただ権利主体が個人である所を「国家」と置きかえて理解すれば、それで済む」というような、簡単なものでないことを教えるであろう。

また右の研究方法をもって、外交文書や国際条約に現われる自衛権という言葉の意味を探究して行くと、時代によってその意味に変遷があることを発見する。大別して、第一世界大戦までの時代に、自衛権と称せられたものと、この大戦以後に生じた条約（一九二五年のロカルノ条約、一九二八年の不戦条約、一九四五年の国連憲章など）において、自衛権又は正当防衛権の名をもって呼ばれているものとの間には、截然たる区別があり、両者の間の違いは、本質的相違と形容するの外はない。両者の機能、その適用範囲、その思想的基盤は全く別だからである。

そこで私は、本書の内容を二つに分けて、第一章では、十九世紀前半から第一世界大戦までの時代に言われた「自衛権」を、「伝統的国際法学における自衛権」の題下に説明し、第二章において、第一大戦終了以降現在に至る時期のそれを、「第一大戦後の新自衛権概念」の題下に述べることにした。この両章を通じて私が強調したかったのは、学問上のアプローチの仕方として、「同じ言葉で呼ばれるのを見て、同じ物であろうという先入主的観念をもって事に臨むことの危険性」である。この危険性は、案外最近の多くの学者によって注意されていないように見える。

いま欧米の学者の間で、自衛権に関して問題となっているのは、第一世界大戦以後に広く行われ出した新自衛権概念が、狭きに失するのではないか、ということである。新自衛権概念は、武力行使を一般に忌避する時代思潮に歩調を合せて、自衛権の許される場合を大幅に制限しようとするものであり、動機において正しいが、法律理論の要請としては、この新自衛権概念を実行に移すためには、国家間の紛争を国際社会の手によって解決し、国際法に従わぬ国に制裁を加える機能も国際社会の機関を通じて行う制度が発達して来ねばならない。しかるに第一大戦以来、国際社会を法的に組織するという名の下に建設された国際連盟、国際連合、国際司法裁判所などの諸機関は、世人の予想を裏切って、いまだにembryon《アンブリヨン》(発芽創成期)の混沌状態から脱却せず、国際社会に秩序をもたらす実効を発揮し得ないままに留っている。法律学者の間で新自衛権に対する疑問が提出されるのは、この事実と関係がある。この問題は、国際社会の将来に関する重大な問題であるが、この点に関する私見は、第二章の末尾に付言することにした。

私がはじめて本書の執筆にかかったのは、昭和三十五年のことであったが、爾後五年の日子を費して、ようやく昭和三十九年の終りに公刊の運びとなった。その後折にふれて読み返して見ると、私の文章の表現が適切でないために、読者の理解を困難ならしめているように思われる箇所もあり、また出版後に生じた法文の変更などの新事実と照合して、字句の修正を必要とする箇所もあることに気付いた。このたび出版書肆から重版の勧めがあったのを幸いに、全体を読み直して手を加えたのが此の書である。この機会に、本書の出版に助力を与えられた勁草書房の編集部長および部員諸君一同に、感謝の微意を表したいと思う。

昭和五十五年十月

著者

目次

序言

一

わが国の国際法の教科書は、国家が一般国際法によって持つ権利の一つとしての自衛権について一節を設け、これに相当の紙面を割くのを常とするが、私は戦前の著書国際法学大綱でも、戦後の国際法講義でも、一般国際法上の自衛権なるものを取扱わなかった。ただ戦前の著書では不戦条約に付せられた留保としての自衛権について(1)、又戦後の著書では国連憲章第五一条にいう自衛権について、その意義の解釈を述べただけである(2)。これらの条約に現われた自衛権という言葉の意義は、条約解釈の問題として、締約当事者の意思を探究して決定さるべき事柄である。これらの個々の条約を離れて、一般国際法の問題としての自衛権を、私はわざと取扱うことを避けたのである。わが国の教科書が普通に採用する体裁に倣わないでこの方針をとったのは、次のような考慮の結果であった。

国内法上の自衛権

現在の列国の国内法制は、個人が他の個人から違法行為によってその権利に侵害を受け、そしてこの侵害に対して自己の権利を守るために、社会の手が働くのを待っていては、権利の毀損は取り返しのつかぬ結果を生ずる虞れがある場合、言いかえれば、その社会においてこういう不法な侵害を阻止し排除する任務を持つ機関にこれを任かす余裕がない場合には、個人が自力によって、腕力の行使その他相手方の法益の侵害を含む措置をとってでも、自己の権利を守ることを、自衛（self-defence）又は正当防衛（仏 légitime défense, 伊 difesa legittima）又は緊急防衛（独 Notwehr）の名の下に許している。この場合に被害者が相手方に対してなす違法行為は、違法性を阻却される——言いかえれば正当化される(3)——とするのは、各国の法制が普遍的に採用する原則であって、国によって政治的イデオロギーや宗教又は道徳的観念が異るに拘わらず、殆んど類似の内容を持つ規則がすべての国の法制の中に発見される。

但し細かく見てゆけば、各国の刑法は規定の仕方に多少の相違はあるであろう。例えば正当防衛の客体たる権利は、生命身体に対する権利に限るか、それともすべての種類のものに及ぶか、言いかえれば、生命及び身体に加えられた攻撃に対してのみ正当防衛は認められるか、それとも財産権などの権利の侵害に対しても認められるか。フランスの刑法は少くとも Code pénal の明文によれば、身体に対する攻撃の場合（三二八条）及び物に対する不法行為が身体に対する脅威を含む場合（三二九条）にのみ正当防衛は成立するとしている(4)。しかし日本その他の多くの刑法は、正当防衛の客体をこのように狭くは限っていない。また例えば、防衛のためにとる措置については、権利を守るために必要なものでなくてはならぬと定める国と、侵害との間に釣合いのとれていることを要求する国とがある。イタリア刑法の如きは後者の例である(5)。また例えば、或る個人が危害を受けているのを見た第三者がこの危害を排除するために加害者に攻撃を加えることも、自衛の観念の中に入ることは、多くの国の採用する主義であるが、しかし他の者のための防衛（défense d'autrui）が自衛と同じく取扱われる場合における「他の者」の範囲は、国によって同じではない。英国のコモンローは明らかに、自衛は自己の身体又は財産の防衛に限られないことを認めているが、判例は、侵害を受ける者と、それを防衛する者との間に一定の関係があるのを要することを示唆している。アメリカ法にもこれに類する規定があるようである。(6) これに反し大陸の多数の国及び日本の刑法は他人のための防衛を広く認める。

このように細部にわたれば多少の相違は見出されるであろうが、根本の趣旨はどの国の立法も同じであって、同種の規定は西欧諸国及びこれに倣う法制を持つ国だけではなく、政治的イデオロギーを全く異にすると言われる国の立法にも発見されるのである（例えば一九五八年改正ソ連刑事基本法一三条）。

自衛権の持つこういう普遍性は、この権利が次のような事理に立脚していることから来ていると私は思う。

「個人を他の個人の違法行為から守るのは、本来社会のなすべきことである。言いかえれば、社会がそのために設ける機関（公権力）の手によって、違法な侵害の排除がなされるのが本筋である。しかし時として、個人に加えられる危害が、いま食い止めねば取り返しのつかぬ損害をかもすもの、または後日に（社会の手によって）償ってもらうよりも今阻止する方が遙かに利益のあるような性質のものであって、しかも社会の機関は侵害の現場にすぐ駈けつけてこれを阻止する活動をなし得ない場合がある。この場合に、個人の権利を守るために、被害者個人又はその場に居合せた他の個人が、社会に代って活動するのを是認しなければならない。このために個人のとる措置は、本来ならば違法を構成するものであっても、右の事情の下になされる限り違法性は失われる。」

この思想が自衛権の根拠をなしているとすれば、個人の防衛行為が自衛として正当化されるのは、彼の蒙っている侵害が次のような性質を具えた場合に限るとしなければならない。

（a） 侵害が他人の違法行為によって生じ、防衛措置はこの違法者に向ってとられること。

違法行為は必らず排除されねばならぬものであり、この排除に当って違法行為者の権利が侵害されても、それは当然の酬いであるというのが、この規定の根拠である。

しかし（a）の条件を具えさえすればいつでも自衛に訴えてよいと言うわけではない。原則として違法な侵害を阻止し又違法の償いをなさしめることは、社会の手によって為さるべきことであるからである。従って次の条件が必要となる。

（b）侵害の行なわれつつあるとき社会の阻止の手が届かないこと。言いかえれば社会の機関がその場に居合せて即時に侵害を食止める措置をとるという状態でないこと。

しかしこの条件が具わっている場合でも常に自衛に訴えてよいわけではない。侵害の種類によっては、社会が活動を開始するのを待って、その手に委ねても差しつかえない場合もあるからである。私の家を壊す者に対して、彼が破壊行為をなしている間は、この行為を中止せしめるために腕力を行使することも許されるが、彼が破壊行為を止めて逃走するときに、追跡して暴力を行使するのは、それが私の感情の満足を求め又は物質的償いを強制するためであっても、自衛行為として正当化されない。勿論、私には精神的及び物質的損害に対する求償権があり、彼がこれを拒否するのは私の権利の侵害である。しかしこの権利侵害を排除することは、社会の手が働き出すのを待っても遅くはないと見なされる。従って個人が勝手にこの権利侵害を排除するために暴力を行使するのは違法と見なされる。これに反して私の貴重な書類が奪われ、もしこれが焼かれたり紛失したりしては私にとって取り返しのつかぬ損害となる場合には、私がどこまでも——社会機関に引き継げない限り——犯人を追跡して書類を奪還するために腕力を行使することは、自衛行為と見なされる。

従って自衛は次の第三の条件を具えていなければならぬ。

（c）侵害が今即時にこれを食止めねば取り返しのつかぬ損害（mal irréparable, irreparable damage）を生ずるもの（生命身体に対する加害行為の如く）、又は後日社会の手によって救済を受けるよりも、今阻止する方が利益が大きいものであること。

この三つの条件を具えた侵害に対してのみ自衛権の発動は許される。この三条件は上に述べた自衛権のレゾンデートル（存在理由）から当然に導き出される結果であり、どの国の自衛権の制度の中にも含まれている、権利行使に課せられた最少限の条件であると言えよう。各国の刑法の明文はこの三条件を必らずしもはっきりと表現する言葉を用いていないが、しかし当然に含蓄されているものと解釈してよいと思う。わが国の刑法が、「急迫不正の侵害」に対して自己又は他人の権利を守るために必要な限度内の行為はこれを罰しない、又必要の程度をこえた行為でも、情状によって刑を軽減又は免除することがある、と言っているときの「不正の侵害」は、上述（a）の条件を表現したものであることは、すべての解釈者の説く所である。そうとすれば「急迫の侵害」は上述（b）（c）の条件を引っくるめて表現したものと解釈すべきであろう。即ち「侵害が、今食い止めねば取返しのつかぬ損害を生ずる性質のものであり、しかも社会の公権力がその場に居合さないためこれに侵害の食い止めを任かすことはできぬ状態」を言おうとするものであると思う。一口に言えば、身に降りかかる火の粉であり、払わずにおれないような侵害を言うのである。

侵害が（b）（c）の条件を具えているか否かを問わず、とにかく（a）の条件を具えている場合に、個人が自分の権利を守るため——侵害を阻止し、又は中止せしめ又は事後の償いを強制するため——違法行為者に対して実力を行使することを、自力救済（Selbst-Hülfe 又は Selbsthilfe）という。(7) 自力救済も違法行為に対する反撃である点では自衛と同じであるが、侵害が（b）（c）の条件を具えていない場合をも含む点で、より広い概念である。（b）（c）

の条件を具えないで（a）の条件だけを具えている侵害に対する自力救済は、現在の国内法の下では原則として禁止されている。個人の自力による権利防衛行為は、ただ侵害が違法なものであるという理由だけでは正当化されないのである。違法行為の阻止及び償いの強制は、個人が個々にこれをなすよりは、社会の機関の手に委ねる方が、公平に、かつ秩序正しく行なわれる利益があるという考えが一般に存するからである。従ってもし或る社会にこのような社会機関が設けられておらず、または名目上設けられていても実効的に機能しない場合には、その社会では、現在の文明国の国内法制に共通な自力救済禁止の原則は行なわれ得ないことになる。社会がその手によって違法者を取締る機能をもたず、又はこれを放棄した場合に、被害者が違法者に対して自力救済に訴えるのを禁止することは、人間本来の性情に反するばかりでなく、またその社会における社会規範の維持を困難ならしめるからである。このような社会においては、上に述べたところの、社会の公権力が居合せないためにこれに侵害の食止めをまかすことは不可能であり、その結果個人が自から侵害排除に乗り出さない限り彼の蒙る侵害は排除されないままになる危険、即ち損害が取返しのつかぬ（irréparable）ものとなる危険は、いつでも存在する。言いかえればこの社会において個人が蒙る権利侵害は上述（b）（c）の条件を常に具えている。普通の文明国の国内社会におけるように、（b）（c）の条件を具えた事態は臨時的・例外的に姿を現わすのではなく、ここでは恒常的に存在するからである。こういう社会では（b）（c）の条件を問題とする必要はなく、ただ（a）の条件だけを問題とすればよい。侵害が（a）の条件を具えていることが証明されさえすれば、この侵害は、現在の諸国の自衛権に関する規範の要求する三条件をみな具えていると見なしてよく、従って侵害を排除するために必要な限度内の措置はすべて正当化されることになる。一口に言えば、この社会では自力救済即自衛である。

（1） 国際法学大綱、下巻、一九三九年、一二四―五頁。

（2） 国際法講義、上巻、一九五五年、二〇九―二一一頁。

（3） 古くは Rechtswidrigkeitsausschliessung（違法性阻却）という言葉が一般的に用いられたが、近頃は Rechtsfertigung（正当化）という言葉が良く使われる。この二つの言葉を区別する必要はない。木村亀二、刑法総論、法律学全集第四〇巻、二五一頁。この意見に従い私もこの二つの言葉を同義に解して用うることにした。

（4） フランス刑法典第三二八条及び三二九条の文言からは、財産権を守るための正当防衛は許されないという解釈しか生じないが、実際の運用においては必らずしもこの解釈は厳格に貫ぬかれないようである。Garraud（Traité théorique et pratique du droit pénal français, tome I, 第二版では五七五―六頁）によれば、現に私の財物が奪われようとするときにこれを阻止するために犯人に向って実力を行使することは勿論許される。又私の財物を奪って逃走する犯人に対しても、その財物が、例えば私にとって貴重な文書でありその消失は取り返しのつかない損害を生ずるような場合には、逃走を阻止するために武器を使用して犯人を殺傷することも正当化される。但しガローは右の書では「三二八条を厳格に解釈すればこの場合正当防衛は成立しない。しかしいかなる裁判所も有罪の宣告は下さないであろう。許されうべき感情の興奮に基づいた行為として六四条を適用して免責するであろう。」と言うが、同氏の他の著書（Précis de Droit Criminel, 一九二六年版では二八一頁）の中にはもっとはっきりと「財物が重要なものであり損害が絶対に取り返しのつかぬものであるときは、すべての手段をもって防衛する権利を認めねばならぬ」として正当防衛権を肯定している。

故に Code pénal の明文に拘わらず、実際上の結果としてフランスにおける自衛権は他の国々と余り違わぬことになるのであって、このことは、自衛権が人情の自然に基づき自然法的性格を持つことを証明すると思う。

（5） イタリア刑法第五二条は、自己又は他人の権利を、不正侵害の現在の危険に対して防衛するために必要止むを得ない行為は「防衛が侵害と釣合いのとれたものであれば Sempre che la difesa sia proporzionata all' offesa」罰せられない、と定める。ここに言う「防衛が侵害と釣合いのとれたものであること」は、防衛される法益が、防衛行為によって損なわれる相手方の法益と、釣合いがとれていることを言うのではない。

「法は防衛が侵害と釣合いを保つことを要求するが、そのことは価値の小さい法益（beni giuridici di scarso valore）が価値の大きい法益の犠牲において防衛される場合があるのを妨げるものではない。……防衛行為は侵害行為の実体と釣合いを保つことを要するのであって、必ずしも防衛せんと欲する利益の重大性と釣合いを保つことを要するのではない。……だから、私の飼犬を悪意をもって故なく殺害しようとする個人を、私は、他の手段がないときには、窓から発砲して殺すことももとより可能である。Quindo io ben posso, quando altro mezzo non sia possibile, uccidere, sparangli dalla finestra, l'individuo che malignamente, senza motivo, tenta uccidere un cane di mia proprietà.」(Ottorino Vannini, Istituzioni di diritto penale, Parte generale, 1939, p. 184)

従ってイタリア刑法の下においても、侵害の形態が防衛手段の程度を決定するのであって、守らるべき法益の重要性が防衛手段の限度を決めるのではない。

木村亀二博士によれば、各国の立法例において、防衛行為の程度に関して、防衛に必要なものと規定する立法（ドイツ、フランスなど）と侵害に対して比例のとれたものと規定する立法（イタリアなど）とがあり、両者の区別は、積極的防衛においてとくに顕著に現われる。第一種の立法の下においては「防衛に必要な限り、物に対する侵害に対して侵害者を殺害することも当然許される」（刑法総論、法律学全集、二六二頁）。第二種の立法の下において、こういう事件がどう取扱われるかについて博士は何も言っておられないが、第二種の立法に属するイタリア刑法の解説者が、この規定の下において生ずべき実際上の結果として掲げる上述の例は、木村博士が第一種の立法の下で生ずべき結果として掲げられる実例と、符節を合わすように一致していることは興味がある。

このことも、註（4）に述べたように、自衛権に関する各国刑法の規定の仕方は異っていても、相違は more apparent than real であるという真理を証明するものではあるまいか。

（6） 私は英米法について無知識であるが、バウエットによれば、Re-statement on the Law of Torts は他人のための防衛権を認めるが、しかしこの権利を自分の一家の者（members of one's household）又は自分がこれを保護する義務あることが法律的に又は社会的に認められている人々についてのみ、行使することができるとしているという。（D. W. Bowett, Self-defence in International Law, 1958. p. 201）

（7） 英語でもドイツ語の Selbsthilfe の直訳として self-help という言葉が用いられる。英語におけるこの語の本来の意味からは離れていると思うが、ドイツ法学の影響によって最近この意味に用いられることが多いようである。フランス語にはこれに該当する言葉はない。国際司法裁判所のコルフー海峡事件に関する一九四九年四月九日の判決の英文に self-help という言葉が用いられているが、判決仏文はこの英語をそのまま用いている。（Recueil des Arrêts, 1949, Affaire du Détroit de Corfou (Fond) p. 35）

国内法上の自衛権の概念を国際社会に移して国際法上の自衛権なるものを説くことは可能か

国際関係に於いて自衛権という言葉が、外交文書にまた国際法の著書に広く用いられるようになったのは、後に説明するカロリン号事件以来のことであるが、この自衛権という言葉に法律的定義を与える場合に、国内法において人口に膾炙する自衛権の定義を念頭に思い浮べて、これに mutatis mutandis（必要な変更を加え）、例えば個人とあるところを国家と改め、不法な侵害というところを国際法違反の侵害と直して、これを国際法上の自衛権の定義とする人が多い。

故東大教授立作太郎博士によれば、自衛権又は正当防衛権とは、ある国又はその国民が他国の国際法違反行為によって、急迫なる危害を蒙ったとき、被害国が危害を排除するために採る措置が、加害国の権利を害する性質のものであっても、危害排除の目的を達するために必要やむを得ないものである限り、これを採ることを得しめる権利である。[1]

この立博士の定義の中には、(一) 侵害が急迫であること、(二) 侵害は相手方の国の国際義務違反を構成する作為又は不作為によって起こったものであること、(三) 侵害を排除するために採る手段は、その目的を達するために必要な程度を超えてはならないこと、など国内法の自衛権について通常規定される諸条件はみな表現されている。且つ博士は、国内法学者のいう所に倣って、自衛権は「この権利なしとすれば、他国の権利を侵す不法行為となるべき行為を、国家の危害の切迫せる緊急の場合に、特に行うことを得しめる非常的の権利である」といわれる。従って外国の違法行為によってわが国または国民の利益が害された場合でも、侵害が急迫であって緊急の措置をとる必要があるのでなければ、兵力の行使その他外国の法益を侵す手段によって、外国の違法行為の排除を計ることは、不法行為となる、という印象をわれわれは受けとるのである。

前東大教授横田喜三郎博士が、その近著「自衛権」の中で、一般国際法上の自衛権を説かれるくだりも右と同様である。

「一般の国際法上で、自衛権といわれているものは、国家または国民に対して急迫又は現実の不正な危害がある場合に、その国家が実力をもって防衛する行為である。この実力行使は、右のような危害をさけるために、やむをえないものでなくてはならない。[2]」

この自衛権の定義が立博士のそれと異なるのは、後者が「急迫不正の危害」という所を、前者は「急迫又は現実の不正な危害」といっている点である。横田博士は昭和九年の著「国際法下巻」では立博士の定義をそのまま受けついで急迫不正の危害という言葉を用いられたが、戦後の右の書に至ってこのように改められた。しかし自衛権の成立要件として新たなものを付加えようと意図されたのではなく、ただこの方が前の定義をより精緻化すると考えられたもののようである。(3) 従って重要な変化ではない。これも国内法上の自衛権の観念を国際法に導入して一般国際法上の自衛権なるものを説こうとする企てである。この外にもわが国では両博士の影響によって、右と同じような自衛権を説く人は多いようである。

ヨーロッパでも国際法上の自衛権を、国内法上の自衛権からの類推によって説明する学者は少くない。たとえば自衛権に関する最近の専門的研究であるバウエットの書、およびウォルドックのハーグ国際法アカデミーの講義は、国際法上の自衛権を説明するに当り、国内法上の自衛権の観念をそのままここに持込んで国際法上の自衛権の説明とし、そこから自衛と自力救済または復仇 (reprisals) との相違点を説こうとする。(4) 自衛は外国の違法行為の存在を前提とするが、しかし違法行為があればいつでも発動できるのではなく、わが国の重大な利益を、打捨てておけば取返しのつかぬことになる毀損から守るために、他に代用をなすべき保護の手段が見当らぬという事情の下で (to protect essential rights from irreparable harm in circumstances in which alternative means of protection are unavailable) のみ発動できるのである。(5) 自衛権はこのように、現に行なわれつつある違法に対して権利を保護する機能をもつに反して、自力救済は既になされた違法について償を求める (to redress a wrong) 手段である。ただし広い意味では、自力救済は自衛行為と後からの求償行為とを共に含むが、狭い意味では前者をふくまない。(6) 従って reprisals と同義になる。この意味に於ける自力救済は文明国の国内法制では禁止されており、また発達した国際法の中にもその席を認むべきではない、というのがこれらの学者の意見の要旨である。

前に述べたように、自衛権の制度は各国の国内法に於いて、法の一般原則ともいえるような普遍性をもっていることから、同じく人間の社会である限り、国際社会でも当然行なわれるはずだという考えは、何人の頭にも湧き易いが、しかし私が国内法上の自衛権を説明した際に最後に一言したように、自衛権の制度は、個人の蒙る侵害を社会の手によって排除・救済する法的機構と密接に結びついて発達して来たものであって、こういう機構がなく、または名目上あっても実効的に機能しなければ、個人間の社会でも、個人が各個に自分の利益を不法侵害から護る自衛権は、現在の文明国の法制の下で課せられている多くの条件、ことに上述（b）（c）の条件から解き放たれることになるのである。従って現在の文明国の法制の下に於ける自衛権の観念をそのまま国際社会に持ちこんでよいかどうか、という問題は、国際社会の法的機構がどうなっているか、という問題と切り離すことのできぬ関係にある。

この事理を、重要なポイントであるからもう一度詳しく説明すれば、

国内法上の自衛権の根拠となっている思想は、前に説明したように、「個人を他の個人の違法行為から守るのは、本来社会のなすべきことである。言いかえれば、社会がそのために設けた機関の手によってなさるべきことである。しかし時として社会の機関が、違法行為の行なわれる現場に居合せないために、機能し得ないことがあり、しかも違法行為を打捨てておけば、取返しのつかぬ損害を惹起する場合がある。こういう事情の下では個人が社会機関に代って、自己又は他人の利益を護る行動をとることを認めねばならない」という思想である。この自衛権の根拠を分析すると、次の二つに分かれる。

A　違法行為は必ず排除されねばならぬものであり、そのためには、本来ならば違法行為者の権利を侵害することになるような措置を採ることも許されねばならぬ。この措置が社会の手によって採られるときだけでなく、私人の手

によって採られるときも、違法性は阻却される。何となれば違法行為は必ず排除されねばならぬものであり、社会の手が動かない場合には私人がこれをなすの外はないからである。

Ｂ　しかし違法行為の排除は、なるべく社会の手によってなすのを可とする。この方が、被害者個人の手によってなすよりも、公平に且つ秩序正しく行なわれる利益があるからである。故にこれを原則的方法とし、個人の手によって行なう方を例外的手段とせねばならぬ。従って後者は、例外的手段として多くの条件によって制約を受けることになる。社会の手によってなす方は、違法行為の存在という前提だけあれば発動せしめてよいが、個人の手によってなす方は、それだけの条件では足りない。

右のうちＡは自衛権の積極的根拠ともいうべきものであり、何故に自衛権が認められねばならぬか、という理由を説明する。Ｂは消極的根拠ともいうべきものであって、現在の各国々内法上の自衛権が、違法行為の存在という条件だけでなく、他の多くの条件によってその発動を制約されている理由を説明する。

このうちＡすなわち自衛権の積極的根拠は、法的機構の発達の如何を問わず、どの社会にでも妥当することである。社会の組成員の一が他から違法な侵害をうけたとき、泣寝入りで済ますことを彼に命ずるのは、人間本来の性情に反し、実行不可能のことであり、従って社会の手が動かない場合には、個人の手によって違法を排除する権利を認めねばならない。

これに反し、Ｂすなわち消極的根拠は、現在の各国々内に、社会組成員のなす違法行為を阻止排除するための機関が設けられており、またこれが原則的に有効に活動している事実と密接な関係をもっている。そして自衛権に課せられる条件の若干は、Ｂの根拠から出たものであるとすれば、これらの条件それ自身もまた、右の如き社会機関の存在と相まって存在の意義をもつのである。従って法的機構の発達の如何を問わず、どの社会にでも妥当するものであるとはいえない。

以上私が自衛権の積極的根拠について述べたことと、消極的根拠について述べたこととを、結びつければ、おのずから次のような結論に至らざるを得ないであろう。

もし国際社会が、社会の手によって違法行為を排除し、社会組成員（個々の国）の権利を守る機構の設けられていない社会であれば、この社会では、上述した自衛権の根拠のBは姿を消し、ただAすなわち積極的根拠だけが姿を現わす。すなわち違法な侵害は、社会の手によるか組成員の手によるかを問わず、必ず排除さるべきものである、という観念だけが働くのである。そして国際社会では、社会の手によってこの機能は営まれないとすれば、必ず組成員の手によって営まれざるを得ない。そして組成員が各自にこの機能を営む場合に課せられる制約として、国内法が規定する諸条件のうち、Bの根拠から発生したものは、国際社会の組成員によってこの機能が営まれるときには撤廃されるのである。勿論この場合にも、Bの根拠と関係のない諸条件「侵害は違法行為に基づいて生じたものであること」「違法行為者に対してなされる反撃は、違法行為を阻止し、または中止せしめるために必要な限度内に止まらねばならぬこと」は残るものと見なさねばならない。

従って国内法上の自衛権の定義を、そのまま国際社会に持ちこんで国際法上の自衛権の定義を立て、この定義の中に含まれる諸条件がみな国際社会にも妥当するように説く前に、われわれは、国際社会が果して右のような法的機構を具えた社会であるかを厳格に検討して見なければならない。この厳格な検討を省略して、すぐ国内法上の観念を国際法に持ちこむ学者は、丁度、ある土地によく育つ果樹を他の土地に移し植える前に、（一）この果樹はどういう風土（クライメート）の中で繁茂する木であるか、（二）これから移植しようとする土地はこの風土を具えているか、という二つの問題を研究しないで、すぐ移植して収獲を期待する単純な園芸家と同じ過ちを犯しているのである。国内社会に育った自衛権を国際社会に移植しようとする者は、（一）国内社会での存在意義を正しく的確に捉えていることと、（二）これを移植しようとする国際社会の法的機構の実相を厳密に知悉していることと、二つの認識を必要とする。若干の学者は、移植にまつわるこの困難さを十分に自覚しないで、すぐ移植に取りかかろうとするようである。

果たして国際社会は、その組成員たる国家の法益を他国の違法侵害から護るための社会機関を具えており、且つこれが原則として実効的に機能しつつある社会であるか。この問題は、一般国際法の下における社会と、特別国際法の下におけるそれ、すなわち国際連盟規約や国連憲章のような条約によって作られた国際団体とを分けて論ずるのが、説明に便宜であると思う。私がこの序言の筆をとった動機は、始めに述べたように、わが国の国際法教科書が概ね一般国際法上の自衛権なるものを説き、これに相当の紙面を割いているに拘らず、私がこの体裁に倣わないで、自分の著書では、二三の条約の中の自衛権の意義を説明はしているが、一般国際法上の自衛権についてはこれを黙殺する態度をとった理由を明かにしたかったからである。従ってここで論ぜねばならぬのは一般国際法による国際社会の法的機構である。国連憲章その他の条約による国際団体の法的機構の実情は後に第二章でこれに触れる機会があるから、ここでは省略する。従って以下述べる所は、主として一般国際法による国際社会の法的機構についてである。

一般国際法とは、十六世紀以降国家間の慣習によって徐々に築き上げられて来た慣習国際法をいうのであるが、この一般国際法の下では、国際法に背いて社会組成員（国家）の一が他の組成員の権利を侵害したとき、社会の手によってこの侵害を食止め、または違法国に強制を加えて侵害を中止せしめ、または償いをなさしめるための機関は、全然存在しない。もしそういう機関を設けようとすれば、国家間の条約を結んでこれをなす以外はなく、こうしてできた機関は、この条約の締約国に対してのみ右の権限を行使することができる。言いかえれば、国家は、条約を結ぶことによって同意を表現した場合に限り、右のような機関を認め、その権限に服従する義務を負うのである。こういう同意を表現したか否かを問わず全世界の国々に対して、その違法行為を取締る権限をもった社会機関は作られていない。これは明白な事実であり、いかなる学者も異論はないと思う。

従って上に述べた自衛権の理論をここに適用すれば、一般国際法の下では、一国が外国から違法の侵害を受けたときには、その違法行為を排除しまたその償いを強制するために必要な措置を違法国に向って採ることは、一般的に許されねばならぬことになり、この必要に基づいてとられる措置は、それが本来ならば違法国の権利侵害に当るものであっても、違法性なきものと見なされねばならぬことになる。勿論右のような目的を達成するのに必要な程度を越えて、国家の野心や国民感情を満足さすために暴力を揮うことは、たとえ事の起こりが相手国の不法にあるとしても、許されないことである。故に一般国際法の下に於いても戦争は常に合法であるということはできない。（一）その前提として外国の違法行為があること、（二）この違法行為によってわが国に生じた損害を除くために、外国に対する武力行使の他に手段はないこと、（三）武力行使は右の目的を達するために必要な限度内に於いて行使せられ、必要なきに至れば直に中止せられること、の三条件を充すときにのみ合法となる。それと同時に、国際社会に於いて武力行使はいかなる場合にも不正であるということもできない。かく言うことは、社会の手による侵害排除手段のない国際社会では、違法な侵害を受けた者はいつでもされっ放しでおれと言うことを意味する。繰り返していうように、これは人情の自然に反する不可能事を要求するものである。勿論政策の問題としては、武力の行使は極度に慎まねばならないが、sagesse politique（政治的賢明）の議論と法律理論とを混同すべきではなく、法律理論としては右のようにいうの外はないのである。

従って純粋法学を唱道したケルゼンも「国際不法行為とこれに対する措置」という論文[7]の中で、緊急防衛の制度は一般国際法の中にその場席を持ち得ないものであり、一般国際法の下では自力救済が原則的に行なわれる、ということを、次のように説明している[8]。

「国内法では、力の行使すなわち強制行為の執行は、国家の手に、言いかえれば国家機関の地位にある人々の手に、保留されている。外の言葉でいえば、力の行使は独占化され集中化されているのである。（このように集中化された力）以外の力の行使は違法であるとされる。しかしこの原則には例外があり、急迫不正の侵害を排除するための力の行使は違法にならないとされる。これが所謂緊急防衛の構成要件であり、違法性阻却の一場合である。もしわれわれが、力の行使が国家の手に集中され個人の手から奪われている状態を「自力救済が、国家の手による法の強行によって置きかえられた状態」と呼ぶならば、緊急防衛は、自力救済の例外的許容を意味するものということができる。従って緊急防衛の制度は現行の一般的国際慣習法の中ではその座を見出しえないものとなる（Das Rechtsinstitut der Notwehr findet im Rahmen des heute geltenden allgemeinen Gewohnheitsvölkerrechts somit keinen Platz)。ここでは不法に対する力の行使は集中化されておらず、（社会組成員が各個にこれをなす）所謂自力救済が原則となっているからである。

正当防衛をフェアドロスのように定義して「不法な侵略に対して力をもって反撃する権利」というときは[9]、侵略の定義に当てはまる不法行為に対する反撃だけが正当防衛となり、その他のあらゆる不法行為に対する反撃は正当防衛と見なされぬことになる。……しかし一般国際法の下において各国は、侵略と名づけられるべき不法行為に対しても、またそれ以外のいかなる不法行為に対しても、反撃できることは疑を容れない。

（国際法上の）緊急防衛を論ずることができるようになるのには、個々の国家の手から、右述のごとき不法行為に対処する一般国際法的権利が取り上げられて、不法行為に対する強制措置の集中化が実現された場合において始めてである。こういう集中化は条約による特別国際法によってのみ実行される」云々。

ケルゼンの説明は甚だ簡単であるが、上述の私の理論を読まれた人々には、たやすく理解されると思う。右の文中で、同じくウィーンの純粋法学派に属するフェアドロスの正当防衛の概念を批判している部分に対して、フェアドロスはその著「国際法」の中で次のように弁明している。(10)

「ケルゼンは、緊急防衛は一般国際法の中にその座を見出しえない、何となれば緊急防衛は、不法行為を取締る機能が社会の機関に原則として委ねられている法制の下においてのみ、（法が原則として禁止する）自力救済の例外的許容として意味をもつものだからである、という。しかし原則的に自力救済を認める社会においても、ある種の不法行為は直接に強制措置に結びつけられ得るに反し、他の種のものは間接にのみそうであるという法則があるのを忘れてはならない。国際法が、現在の又は切迫した不法の侵害に対しては、即時に力をもって反撃することを許し（緊急防衛）、他の不法行為の場合には、まず賠償を求め、それが拒絶された場合にのみ復仇（Repressalien）に訴えることができるとしているのは、そういった法制である」。

フェアドロスも、一般国際法が自力救済を原則的に許容することを承認するのであるが、しかしこういう国際法の下でも、或る形態をもってなされる侵害行為に対しては、即時の反撃が許され、その他の侵害の場合は、まず外交交渉によってその除去を計る必要があり、それが相手方から拒絶されたときに始めて強制措置に訴えることが許されるという区別があるというのである。この説は勿論間違っていない。しかしこういう区別を表現するために、緊急防衛という言葉を国際法へ持ちこむことは適当か。それが問題なのである。

国内法において正当防衛権は違法性阻却原因である。ということは、法の定める正当防衛の概念に合致しない腕力行使（その他の加害手段）は違法と見なされるということである。相手方の不法がどれほど顕著明白なものであろうとも、またこちらがその不法の排除のためにどれほど相手方との交渉に手をつくした後であろうとも、腕力の行使は許されないということである。

フェアドロスのいう正当防衛は、この概念に合致しない腕力行使に違法性を付与するものでなく、この意味で彼の正当防衛権は違法性阻却原因ではない。ただこの概念の中に含まれている条件に合わない侵害をうけた当事者は、まず外交交渉によって侵害の排除を計る必要があり、それが拒絶されたときに始めて腕力に訴えることができるというだけのことである。国内法では、正当防衛の定義に合致しない侵害をうけた当事者は、相手方と談判して、それが通らねば腕力に訴えてよいと見なされる訳ではない。こういう侵害に対する腕力行使は、事前交渉が有ろうが無かろうが、違法と見なされるのである。故に国内法の正当防衛権は違法性阻却原因であるに反し、フェアドロスの正当防衛権は交渉義務阻却原因である。国内法上の自衛権とは全く性質を異にする概念である。

自衛権は国内法で使い馴らされて一定の consacré された意味をもつ言葉であるから、この言葉を用いて、全く異質の観念を表現するのは、人をして誤解に陥らしめる。国内法上のそれと同じ性質の違法性阻却原因であると誤解される惧れがある。フェアドロスが正当防衛権という語を借りて表現しようとする法的状態は、別にこういう誤解され易い言葉を用いずとも、「自力救済の開始に先立って、相手方との交渉によって平和的にその違法行為の排除を計ることが必要である。ただ事が緊急を要する場合、すなわち交渉に時を費せば取り返えしのつかぬ禍い（irreparable harm）がわが国に生じるような形で侵害が行なわれたときは例外であり、交渉を省略して直ちに自力救済に訴えることが許される」といえばよいことである。

右で明かとなったように、ウィーンの純粋法学者は、国際法秩序の中で正当防衛権は、より広い自力救済権の中に没入して姿を消すと説く。もっともフェアドロスはなお正当防衛という言葉を国際法の中に保存しようとするが、彼のいう正当防衛と自力救済との相違点は、ただ開始手続の違いであって、違法性阻却原因であるか否かの違いではない。純粋法学者のこういった厳格な理論の立て方、物の考え方は、わが国にも移入されることが望ましいと思う。なお右の外に、同じく純粋法学に属するクンツの所説や第二大戦後のケルゼンの所説も紹介したいが、これらは国際連盟や国際連合など条約に基づく国際機構の存在を前提として、その下における自力救済や自衛の地位を論じたものであるから、第二章に譲ろうと思う。ここでは一般国際法の下における自衛権だけについて論ずることにする。

右の諸家と異り、一方では国内法上の自衛権の概念を模して国際法上の自衛権を説きながら、他方では国際社会に於いて自力救済が原則的に行なわれることを説く学者がある。こういう学者が国際法に於ける自力救済の原則的許容を説くのは、決して私が上に述べたような論理の過程を辿ってこの結論に至ったのではない。もし学者が、国内社会と国際社会との法的機構の相違が、後者に於ける自力救済の原則的許容に導かざるを得ないと考えたのであれば、他方において、国内法上の自衛権の概念をそのまま国際法に導入して自衛権概念を構成することは、躊躇する筈だからである。これらの学者が自力救済の原則的許容を説くのは、ただ国際社会の事実観察の結果に外ならぬ。事実観察から法規を抽出するのは結構であるが、その際に、なぜ国内社会では自力救済が原則的に禁止されているのに国際法ではそうならなかったのか、という疑問を起こして、これを解決しようという努力がなされることが望ましかったのである。もしこれがなされれば、国内法上の正当防衛に関する法規をうつして、国際法上の自衛権をとくのがおかしいことも、気付かれた筈なのである。

わが国では、立作太郎博士の自衛権に関する説が、前に述べたように横田喜三郎博士に受けつがれ、それが更に他の学者によって模倣されて、通説の観を呈している。立博士の自衛権の定義は、国内法上の自衛権の概念から想を借りたものであって、国内法の自衛権概念に含まれる侵害の違法性及び急迫性、防衛のため執られる手段の必要性などの諸要素は、みなここにも含まれている。そしてこの自衛権の定義に合致するときに限り、国家が自己の権利を護るために外国の権利を侵すことが、権利行為として正当化されると説かれる。この説を聞いてわれわれの受ける印象は、一国が外国から違法に権利を侵害されたときでも、立博士の説かれる諸条件に合致するのでなければ、外国に向って武力を行使し、その他外国の法益を害する措置をとって反撃を加えることは許されぬ、ということである。もっとも国内法でもそうであるように、国際法でも自衛権の外に、緊急避難その他限られた一、二の場合に、自己の利益を守るために他人の法益を侵害することの許される場合はあるかも知れぬが、しかしこれらも自衛権と同様に、多くの条件でしばられた例外的制度である。一般に、他国の違法行為によって侵害を受けたからといって、ただそれだけの条件では、個々の国が自力で違法行為の排除又は求償のために、違法国に強制を加えることは禁止される。もし違法者に対する自力救済のうち、正当防衛の狭い概念に当てはまらない一般的のそれを、古くからの用語によって「復仇

reprisals」と呼ぶならば、復仇は、国内法においてそうであるように、国際法においても違法と見なされる。――これが立博士の自衛権の説明をそのまま受取った場合に生ずる印象である。

ところが立博士の著書の他の部分を見ると、復仇の題下に、外国がわが国の権利を侵害した場合、その違法行為を中止せしめ、または違法行為に対する救済をなさしめるために、わが国は外国の権利を侵害する措置をとることができる、と書いてあり、且つわが国が復仇として行なう措置は兵力の行使を含むといわれている。(11)もっとも復仇手段は、原因たる加害に相当するものであること、及び必要の程度を超えないものであること、の二条件に合致するものでなくてはならぬ、と説かれているが、第一の条件は、博士が復仇の実例として挙げられる諸事件に必ずしも適用されていないようである。自国民が応募した外国公債を債務者たる外国政府が支払わないため、または自国民の蒙った損害に対する賠償を外国政府が支払わないために、国家が外国に向って、自国民への金銭債務履行を強制する目的で兵力を行使した事件もあるからである。また理論からいってもこうならざるを得ない。違法国に対する強制措置はなるべく軽いものであることが望ましいが、しかし違法者に、彼の法益を害する措置をもって苦痛を与えて違法行為を中止せしめることが正当であると認められる以上は、はじめ微温的措置を講じて見ても、それが効を奏しないときは、より大きい苦痛を相手方に与える措置をとることの正当性を認めざるを得ないからである。その結果「復仇手段は原因たる加害に相当するものでなくてはならぬ」という条件は、加害国政府の態度の強硬さに相当するものであればよい、ということになる。そしてこの条件は、結局第二の条件すなわち「必要の程度を超えないこと」の中に含まれるものと見なしてよい。従って外国の違法行為によって侵害をうけた国は、兵力の行使その他この外国の法益を害する措置を、違法行為排除の目的を達するに必要な限度内で、とることを許されることになる。これは自力救済が原則的に認められることをいうに外ならない。

このことと、自衛権に関する博士の説との関係はどうなるのであろうか。フェアドロスのように、正当防衛と復仇との間には開始手続の違いがある、というのなら理解できるが、博士の書物にはそういう説明もない。国内法を模して説くその自衛権の説明は、自衛権の定義に合致しない実力行使は違法性を阻却されないという印象しかわれわれに与えない。その結果自衛と復仇とは、互に一は他を否定する要素をもったままで、一つの体系の中に割拠しており、より高次な全体の中で結ばれる契機を与えられないまま並行的に存在することになるのである。

横田喜三郎博士の自衛権の説明は、すでに引用した通りであるが、復仇についても、博士はその国際法の著述の中に、立博士に倣ってその適法な行為であることを述べておられる。[12]「復仇とは、ある国が他の国家に対して国際法上の不法行為を行う場合に、現に行われつつあるものを中止させ、すでに行われたものの救済を求めるために、他の国家が強力を使用することである」。この強力の使用の中には兵力の行使もふくまれる。復仇としてなされる行為は相手国やその国民の権利を侵害する行為であり、本来ならば違法な行為となるべきものであるが、「相手国の不法行為の中止や救済を求めるためであるから、特に適法な行為として認められる。違法性が阻却されるのである」。

この説に対しては、立博士の説に対して述べたこと以外に、特に批判すべきことはない。

私が、わが国の通説に倣って一般国際法上の自衛権なるものを、私の著書の中に説かなかった理由は、敍上によって諒解して頂けると思う。

(1) 立作太郎、平時国際法論、一九三〇年、一八一―二頁。現代法学全集中の平時国際法も同文。

(2) 横田喜三郎、自衛権、一九五一年、四五頁以下。

（3）　立博士が急迫不正の危害といわれ、横田博士も戦前の著書（国際法下巻、一九三四年）では同じ表現を用いられたに拘らず、戦後の自衛権という書物では「急迫又は現実の不正な危害」と改められた理由は、急迫という言葉が「ごく近い将来」を意味すると考えられ、従ってこの定義では「すでに開始された」危害をふくまないことになるから宜しくないとして、急迫の外に「現実の」という言葉を付加して改良を計られたのである。博士が「急迫」を右のように理解しておられることは、自衛権の定義の説明の中に「急迫な危害というのは、目前に迫った危害であり、まさに行われようとする危害である。現実の危害というのは、すでに開始され、現在も引つづいて行われている危害である」といっておられることから、明かである。急迫とは、まさに行なわれようとすること、即ち極く近い未来のことをいうのである。

田畑茂二郎教授の法律学全集「国際法Ⅰ」の中の自衛権の項の中にも、「自衛権とは、外国からの急迫又は現実の不法な侵害に対して、自国を防衛するための緊急の必要がある場合、それを反撃するために、一定の実力を行使し得る権利をさす」という言葉がある（二四九頁）。この定義の説明の中に、自衛権の発動は、外国からの侵害が現実に行なわれた場合だけに限るべきではなく、侵害が差迫っている場合にも認められる、と言っておられる（二五一―二頁）。従って急迫という言葉を「差迫ってはいるが未来のこと」をいうものと解して用いられたのである。

刑法が「急迫不正の侵害に対して、自己又は他人の権利を守るために必要な限度内の行為はこれを罰しない」というときの「急迫」は横田博士の理解されるような意味ではないであろう。刑法が「差迫ってはいるが未来のこと」である侵害に重点を置き、それに対する防衛を罰しないことだけを強調し、すでに開始された侵害については明文を省略したものとは考えられないからである。刑法が重点を置いているのは、勿論すでに開始された侵害に対する防衛であり、たとえ将来の侵害に対する正当防衛をも認めるとしても、それは発生が確実で、その意味において「すでに開始されたも同然」のものに限るのであるに違いない。そうとすれば「急迫」という言葉は、すでに開始された侵害及び開始されること確実な未来の侵害が、共に持ち得る何らかの性質を指すと考えるの外はない。従って単なる時間的概念では有り得ないのである。私が本文で、国内法上の自衛権を論じたくだりで、自衛権の存在理由から考えて、自衛権の対象となる侵害の持たねばならぬ性格を推論し、そこから急迫という言葉の意義を抽き出そうとしたのは、私が刑法諸大家の書を読んで、遺憾ながら私の頭の悪いためであろう、はっきりつかめなかった急迫の意味を、自家流に正確に表現して見ようとした一つの拙ない試みである。しかし私の読んだいかなる刑法の書も、急迫の語が「差迫った未来」を指し、すでに開始されたものを排除する意味でないことは、はっきりしていた。

勿論学者がその用語にその欲する意味を付するのは自由である。急迫という言葉を、自衛権に関連して用いるときには、差迫った未来を指す言葉として普通は用いなくても、横田博士らがその意味に用いられるのは自由である。しかし横田博士らの著書は広く流布しているから、私が自衛権を論ずる際に用いる「急迫」という言葉を、人は、これらの学者の用いるのと同じ意味に解し、その結果私の論旨は理解されぬことになる惧れがある。そういう例は「現実」にあったのであり、従って私のいう急迫は別の意味であることをはっきりさせ、且つ私としては、こと自衛権に関する限り、急迫の語を、接近した未来という意味に用いなかったのも理由があることを明かにするために、煩をいとわず筆を費した次第である。

私が横田博士に質問したいのは、昭和九年の国際法下巻では、立博士に倣い「急迫不正の危害」とのみ言っておられるが、これを書かれたときにも、「急迫の危害」という言葉は、まだ開始されない危害だけを指し、すでに開始された危害を含まないと思っておられたのか、ということである。

(4) D. W. Bowett, Self-defence in international law, 1958, pp. 8 et seq.

C. H. M. Waldock, The regulation of the use of force by individual states under international law, Recueil des Cours de l'Academie de Droit International, 1952, II pp. 466 et seq.

(5) バウェット右掲、一一頁。

バウェットの「他に代用すべき保護手段がその場に見当らぬ、という事情の下で、権利を、取返しのつかぬ損害から護るため」という言葉は、私が国内法上の自衛権の説明の中で述べた(b)(c)の条件を的確に表現したものであって、国内法の自衛権の定義としては良いものであると思う。

(6) ウォルドック右掲、四六七頁。

バウエット右掲にもこれに類似の説明がある。

(7) Hans Kelsen, Unrecht und Unrechtsfolge im Völkerrecht ドイツ公法雑誌、一九三二年、四八一—六〇八頁

(8) ケルゼン右掲、五六一頁以下。

(9) これはフェアドロスがハーグ国際法アカデミーでなした講義「平時国際法」から引用されたものである(講義集、一九二九年五巻、四八一頁)。

(10) Alfred Verdross, Völkerrecht 二版、一九五〇年版によれば、三三一頁。

(11) 立作太郎、前掲、六八一頁以下。

(12) 横田喜三郎、国際法下巻、一九三四年、一九〇頁以下。

二

昭和三十四年私は、日米安保条約に関連して国際連合憲章第五十一条の自衛権について研究する実際的必要を生じたことがあった。その機会に私は、最近の自衛権に関する著書論文を読み、そしてそこに自衛権の先例として引用されている多くの事件を、これらの書の中に述べられた解説にとらわれないで、一つずつ事実に即して研究して見た。この研究をして行くうちに、次のことが次第に私に明かになった。

カロリン号事件の外交文書に用いられて以来有名となった自衛権という言葉は、国内法上のこの語がわれわれをして想像せしめるような権利を指すのではなく、別種の権利を指すのである。従ってこの権利については、かねがね一

般国際法の体系から自衛権を省いた方がよいと私をして考えしめていた理由は、当てはまらないことになるのである。この権利は、社会組成員がその蒙った違法な侵害に対して、自己の権利を自力で防衛する措置をとる自力救済権とは別のものであり、従って自力救済が原則的に許されている社会制度の下においても、自力救済の概念の中に没入して独立の場席をもたなくなるものではなく、これについて一項目を設けて論ずるのは、学問上意義のあることである。ただし私がこの権利に独立の席を与えることができるといったのは、上述したような私らの理論では否定し去ることのできぬ権利であるというだけの意味であって、国際社会の諸国の実行の実証的観察によって、肯定できるかどうかは別の問題である。しかしいずれにしてもこれを一項目として研究して見ることは必要であると考えた。

このことが私に明かとなるとともに、これに付随して次のことも明かとなった。それは、自衛権に関する最近の著書論文には、憲章第五十一条の自衛権を説明するために、まずカロリン号事件以来の先例を引用して、一般国際法上の自衛権なるものを説き、それから筆を進めて憲章第五十一条に及び、本条は伝統的国際法上の自衛権を認めたものであるとか、または認めてはいるがこれに制限を加えたものであるとか論じているものが多いが、憲章第五十一条は、伝統的自衛権を、そのままにもせよ、制限付きにもせよ、認めたものではないということである。憲章第五十一条が伝統的自衛権と関係があるという説は、学者が伝統的自衛権の意義を正しく捉えないで、ただ国内法から自衛権の観念を借り来って国際法上の自衛権の観念を作り上げ、これを伝統的自衛権と称する所から来ている。憲章第五十一条は、伝統的国際法の理論をもってしては説明のつかぬ規定であり、むしろ第一大戦後の国際外交場裡の空気や、憲章成立当時の政治的事情の中に、その説明を求むべきものである。そしてこのことはこの規定を法律学の立場から再検討する必要あることを物語る。

右のような考察の結果を、私は同年の秋関西国際問題研究会の席で報告しようとしたが、時間の関係から詳しいことは言えなかった。私が国際法の体系から自衛権の項目を除いたのは、誤りであった。この過ちは、自衛権を、国内法上のこの語が想像せしめるような意味に受取ったことから生じたものである。私の読んだわが国及び外国の自衛権に関する文献――主として第一大戦後の――には自衛権をこういう意味に解しているものが多かった。この意味に解し、この自衛権の定義に合致しない武力行使その他の強制措置は違法となると解すれば、国際法は自力救済を一般に禁止するとの結論に達せねばならぬ。しかしこの結論は、前に私が縷説した所で明かなように、理論的にも実証的にも支持できない。そうだからといって、一方では広い自力救済権の存在を説き、他方では国内法上のそれと同じ意味での自衛権を説けば、自家撞着に陥らねばならない。ケルゼンが、緊急防衛の観念は一般国際法においてその座を見出しえない、といったのはそのためであり、私も同じような思索の経過を辿って[1]、一般国際法上の自衛権なるものを説かないことにしたのである。しかし私らの態度は、自衛権を国内法におけるそれと同種類の概念と見なす限りにおいて正しいのであり、別種類の概念であれば問題は別である。私がこの過ちを犯した原因の一つは、自衛権の先例たる諸事件を一つずつ詳しく観察して見なかったことにあるのを痛感するので、以下にこれらの事件をその時代の歴史事情と照合しながら説明して、私自身の怠慢の償いにしたいと思う。

(1) 国内法の自衛権の観念は、一般国際法社会に移せば自力救済の一般的許容に至らねばならぬという考えを、私が抱いたのは古くからのことであって、若い頃よんだアンチロッチの国際法講義第一巻にも「正当防衛の観念は、次のような法的社会においてのみ意義をもつ。それは権利の保護が、そのために設けられた社会の機関の手によってのみなされ、従って社会組成員が各自に権利を執行することの禁止されている社会である。この場合、正当防衛は、右の禁止の一つの例外を形作る（ものとして意義をもつ)。これに反して法がその主体の自己防護(自力によって各自がその権利を守ること)を認める所では、正当防衛は独立の制度たる性格を失って、自己防護の種々の型及びカテゴリーの一つに過ぎぬものになる。国際法における原則的な状態はこれである」(Cours de D. I. vol. I, 1929, p. 506) という一節があるが、当然のことで説明を要しないもののように取扱われている。私が同じ考えを筆にしたのは東北大学の「法学」一九三二年二月号がはじめであったが、不戦条約の解釈を主眼にした論文であったので、右の問題に多くの筆を費すことはできなかった(三二頁以下)。本文引用のケルゼンの論文はその年のドイツ公法雑誌に載せられたもので、私が右の論文を書いたときは、勿論知らなかった。

昭和卅四年秋、関西国際問題研究会で自衛権について報告したときも、同じ問題に言及はしたが、時間の関係で一、二分をこれに当てるに止った。しかし私の意見は、わが国でそれほど自明の理ではないという友人の注意もあったので、右に多少詳しく私の考えを開陳した次第である。

第一章　伝統的国際法学における自衛権

第一節　自衛権に関する先例の研究

国際関係で自衛権という言葉を有名にしたのは一八三七年のカロリン号事件であり、この事件に関する英米間の外交交渉において、英国政府は、この事件での自国軍隊の行動を self-defence という言葉を用いて正当化しようとし、アメリカ政府も最後にはこれを認めて紛争を落着せしめたために、その後の学者及び外交官によって、カロリン号事件と類似性をもつ武力行使を説明するために、又は正当化するために、自衛権という言葉が用いられるようになった。国際法の著書において自衛権行使の例としてよく挙げられる事件——この意味で古典的先例というべきもの——は、(1) カロリン号事件(1)（the case of the Caroline）一八三七—四二年、(2) アメリア島事件（the case of Amelia Island）一八一七年、(3) ヴァージニアス号事件（the case of the Virginius）一八七三年、(4) デンマーク艦隊事件（the case of Danish Fleet）一八〇七年、(5) ベーリング海漁業事件（the Behring Sea Fishery case）一八八六—九三年（前者は米国がベーリング海において英国漁船の拿捕をはじめた年、後者は仲裁裁判判決の年）、(6) ベルギー中立侵犯事件、一九一四年、などを挙げることができる。(2) このうち(2)アメリア島事件と(4)デンマーク艦隊事件は、カロリン号事件以前の出来事であり、これらの事件において当事国が self-defence を主張し、この主張をめぐって外交論争がなされたという事実はない。学者がこれらを自衛権の先例として掲げるのは、事件の性質がカロリン号事件と類似する点があると見なすからである。

このほかに、オッペンハイムの国際法教科書の中に校訂者ローターパクトによってあげられた第二大戦中の英海軍による仏艦隊襲撃事件（一九四〇年）は古典的先例とは言い難いが、上述したデンマーク艦隊事件と類似するものとして興味があり、最近の自衛権に関する専門書にも引用されている。(3) また国際司法裁判所の取扱ったコルフー海峡事件(the Corfu Channel case, 1946—49) も最近の自衛権の論文中によく引用される。(4)

左にこれらの先例について、事件の経緯と、その含む法律的意義を解説したいと思う。歴史的叙述はなるべく簡潔にしたいと思うが、今日までの国際法の著書の中に、歴史的事実が正確に捉えられていない結果、それから帰納される理論が正確を欠くものがあるように思われるから、その点をはっきりさせるために、多少詳しく歴史を述べることはやむをえないであろう。自衛権の代表的先例と目されるカロリン号事件について特にこの必要があることを私は感じた。

（1） The Caroline はわが国の著書に「カロライン号」または「カロリン号」と書かれている。正確には「キャロライン号」または「キャロリン号」というべきであろうが、いずれにしても洋語を仮名で書き表わすときには、完全に発音を正確に表わすことを期しがたいのであるから、ここでは一番簡単な「カロリン号」を採用した。

（2） 外務省条約局編纂の国際法先例集（一九五九年）は、自衛権の項を設けて十五の事件を列挙している。私が本文に掲げたのは自衛権に関する専門書、専門論文または国際法教科書の中によく引用されるものだけを拾い上げたのである。例えばウォルドックの論文 (C. H. M. Waldock, The regulation of the use of force by individual states in international law, Recueil des Cours de l'Academie de Droit International, 1952 II) には、私が本文にあげた(1)(3)(4)(5)と、一八一三—九九年、四十六回にわたりアメリカが自国民保護のために中南米諸国になした軍隊進駐をあげている。オッペンハイム国際法

（ローターパクト校訂）には(1)(2)(4)(6)のほかに、一九一六―一九年アメリカ軍のメキシコ進駐、一九三一年満州事変、一九四〇年英国海軍の仏艦隊襲撃が載っている。わが国の国際法の著述にあるのは大体本文の掲げた範囲内である。

（3）Oppenheim, International Law, vol. I, 八版によれば三〇三頁。Bowett, Self-defence in International Law, 1958, p. 172, note 2.

（4）例えばウォルドック前掲論文、四九九―五〇三頁。田畑茂二郎、国連憲章五一条と自衛権、法学論叢第六七巻第一号、二三頁―二六頁。

第一項　カロリン号事件（the case of the Caroline）

事件の経緯

一八三七年、その頃まだ英領植民地であったカナダにおいて、英国の支配から離脱する目的をもつ叛乱が起こった。米国の民衆がこの叛乱に同情を寄せる傾向があったのは当然のことである。その半世紀ほど前に英国から離反して独立した国であり、そしてアメリカ大陸の中にヨーロッパ強国の植民地が存在することを目の上のコブ視する気風が漲っていたからである。

カナダの叛徒たちはアメリカの民衆の同情を幸いとして、カナダと境を接するニューヨーク、ミシガン等の諸州から援助を仰ぎ、戦況不利となれば米国領内に退避して兵員を募り武器を補充した。合衆国政府はこの内乱に不介入の政策を堅持しようと欲したようであって、政府として、叛徒にいかなる援助も与えなかっただけでなく、アメリカ市民の個人的援助をも取締る方針をとった。時の国務長官フォーサイス（Forsyth）は十二月七日（後述するカロリン号破壊事件発生の三週間前）ニューヨーク、ミシガン、ヴァーモント三州の地方検事（District Attorneys）に書面を送って、合衆国大統領は「合衆国の義務を遂行する決意をもち、就中他国の内部紛争への介入を差控える義務を忠実に守る決意をもつ」ことを強調した。また同日右三州の知事に向っても「もし合衆国と友好関係ある外国に対する武力行動の準備がなされる事実があれば、即時に関係者を逮捕する措置をとること」を指令した。(1) このように合衆国政府は、その国民の叛徒への参加及び援助行為を警察的及び司法的に取締ることを、地方行政官憲及び検察局に命じているのであって、この事実はカロリン号事件の法律的評価に重要な意義をもつ。

カナダとの国境に駐在するアメリカ税関吏もまた中立法規（連邦法律としての中立法）の執行に協力するように指令された。ニューヨーク州北部地区を管轄する連邦保安官（Marshal of the United States for the Northern District of New York）もバッファローに赴いて現地の中立法規侵犯行為を防遏するように命ぜられた。十二月二十八日連邦保安官は現地から、叛徒――主としてアメリカから参加したもの――がネイヴィ島（Navy Island）に立籠ってその数は千名に及び、彼らは十分に武装され、彼らに対して出した逮捕令状（warrants）は執行不能の状態にあることを報告してきた。(2)

ネイヴィ島はカナダとニューヨーク州とを分かつナイアガラ川の中央にあり、英領カナダに属する島である。なお叛徒の他の一隊はブラック・ロック（Black Rock）にも陣取ったが、これもカナダ領である。(3)

カロリン号の破壊はその翌日、すなわち一八三七年十二月二十九日の出来事である。

カロリン号は、右の叛徒によってネイヴィ島とアメリカ本土とを連絡するために用いられた小汽船であった。その船長の事件後の証言によれば、十二月二十九日船はバッファローを出帆して若干の「passenger 乗客」(恐らく叛徒に投ずるもの)をネイヴィ島に降ろして後、Fort Schlosser(ニューヨーク州)に向い、その日のうちにこの港とネイヴィ島との間を二回往復して午後六時フォート・シュロッサーに帰港仮泊した。その真夜中カロリン号は武装した英国兵の襲撃を受け、三十三名の船員及び「乗客」のうち十数名は殺害され又は行方不明となった。船体は放火されて河上に放たれたため、流れてナイヤガラ瀑布に落下した。

この報に接したフォーサイス国務長官は、ワシントン駐在の英国公使フォックス(Fox)に通牒を送り、米国の領土であるニューヨーク州において米国国民の殺害及び財産破壊が行なわれたことに対して深い驚愕遺憾の念を禁じえないと言い、この事件に対する償いの要求がなされるであろうと述べた。これに対してフォックス公使は、カロリン号襲撃者が英国の正規軍隊であることを認めるが、カロリン号の海賊的性格は十分に証明されていると唱え、また当時国境地方において合衆国法令が実行されていなかった事実にかんがみて、カロリン号破壊は necessity of self-defence and self-preservation(自衛及び自己保存の必要)に基づく行為であると主張した。(4) 米国政府はこの反論に承服せず、一八三八年五月二日ロンドン駐在の米国公使スティーヴンソン(Stevenson)をして英国政府に賠償の要求を提出せしめた。英外相パーマーストン卿はこれを受領して考慮を払うことを約束したが、この後二年間英国から何の応答もなく、事件はうやむやの中に葬られる形勢になった。

これを再燃せしめたのは一八四〇年十一月英国人アレクザンダー・マックラウド(Alexander McLeod)なる者が、ニューヨーク州において、カロリン号襲撃の武勇伝を酒の勢いで自慢話したために、殺人及び放火罪容疑で逮捕された事件である。(5) パーマーストン卿は、カロリン号破壊は陛下の軍隊に属する者によって行なわれた自衛のための公の武力行為（public act of force, in self-defence, by persons in Her Majesty's service）であることを理由として、マックラウドの釈放をアメリカ政府に要求した(6)。フォーサイスの後をうけて一八四〇年国務長官に就任したウェブスター（Webster）は、マックラウドの行為は公的性格をもち従って彼を個人的責任から免除する、という英国政府の主張を容れて、法務長官に書面を送ってマックラウドの免訴を要求した(7)（結局マックラウドはアリバイが立証されたという理由で放免された(8)）。マックラウドの個人としての責任の問題はこれで落着したが、しかしアメリカ政府としては、英国政府の主張のうち、カロリン号事件における英国軍隊の行動が「自衛のため」になされたものであるという点を承認したわけではない。従ってカロリン号事件に対する英国の国家としての責任の問題は後に残されたのである。

この問題の解決には更に二年を要した。一八四二年英国政府は当時英米間に横たわる諸懸案（東北国境問題など）を解決する目的をもって臨時公使アッシュバートン卿（Lord Ashburton）をワシントンに特派した。カロリン号事件もこの際同時に交渉の対象とされたのである(9)。この時英米間には、右の事情によって醸し出された友好的雰囲気が漲っており、カロリン号事件もこの雰囲気の中で交渉されたのである。ウェブスターは、武力行為が自衛のためのものとして正当化されるためには「目前に差迫った重大な自衛の必要があり、手段の選択の余裕なく、熟慮の時間もなかったこと」が証明されることが必要であり、かつ自衛のためにとられる手段は「その必要によって限定せられ、明かにその限界内にとどまるものでなくてはならぬ」と唱え、カロリン号事件における英国の行動がこの条件に合致することの証明を英国に求めた。余談であるがこのウェブスターの見解は、彼が一八四一年四月二十四日英国公使フォックス宛の書面の中に既に開陳したものであり、この書簡の写しが翌年七月二十一日アッシュバートン宛通牒に添付されたのである。後に国際法史上に有名となったウェブスターの自衛権に関する見解はこの書簡に端を発する。(10) アッシュバートンは、英国の行動がこの条件に合致することを証明し、かつ米国領土を侵したことに対する遺憾の意（regret）及びこの遺憾の意を紛争の初期に表明しなかったことに対する陳謝の念（apology）を表わす書面をもってこれに答えた。ウェブスターは八月六日付の書面をもって、英の陳謝を受け容れ、また不介入の原則（ここでは、自国の利益を保護するために他国領土内において措置を講ずることの禁止を意味する）が重要なものであり、その例外は甚だ制限されておることについて、両国政府の意見が一致したことを喜ぶ旨を述べた。(11) かくして五年間にわたる紛争は落着した。

一八三八年から一八四二年までの外交交渉の中で、どの段階においても、英国政府は合衆国の側に国際義務違反のあることを主張して自己の立場を強めようと図らなかったことは、注意に価することである。

（1） J. B. Moore, A Digest of International Law, 1906. 第七巻、九一九頁。
国務長官が三州知事宛に書面を送った事実はバウエットの自衛権に関する著述（前掲書、五八頁、註三）にも述べられている。その出典はやはりムーアの書であるが、バウエットはムーアの第二巻四〇九頁を引用している。しかしここにそういう記事はない。第二巻にもカロリン号関係の記事はあるが、国務長官の一八三七年十二月七日の書面が載っているのは第七巻である。なおムーアは書面の日付を一八三八年十二月七日としているが、これは誤記である。

（2） Moore, 右掲書、第二巻、四〇九頁。

（3） Hyde, International Law Chiefly as Interpreted and Applied by the U. S., vol. I, § 66.

（4） 一八三八年二月六日フォックスから国務長官宛書簡は R. Y. Jennings, The Caroline & McLeod Cases, American Journal of International Law, 1938, 八五頁。ムーア、前掲、第二巻、四一〇頁。ムーアのダイジェストは主として合衆国文書を基とする研究であるが、ジェンニングスの論文は英国側文書によってカロリン号事件を研究したものであって、本事件の解明に有益なものである。

(5) ジェンニングス、右掲九三頁、ムーア、前掲書第二巻四一〇頁。
板倉卓造、国際紛争史考（昭和一〇年）の中に「山師の放言事件（英米開戦の危機）」と題するエピソードが載っている（四八三―四九一頁）。ここにマクレオドとあるのは McLeod のことである。この本はカロリン号事件については簡単であるが、マックラウド事件は興味豊かな筆で描かれている。

(6) ムーア、前掲書、第二巻、四一一頁。

(7) ジェンニングス、前掲論文、九四頁。

(8) ムーア、前掲書、第二巻、四一一頁。ジェンニングス、右掲九五頁。

(9) ジェンニングス、右掲八八頁。

(10) ジェンニングス、右掲八五―六頁、八九頁。

(11) ジェンニングス、右掲九一頁。

法律的意義

カロリン号事件に関する外交交渉の初期に、英国は、

（一）カロリン号の海賊的性格は完全に証明されていること

（二）当時国境地方において合衆国法令は完全に遂行されていなかったから、英国の措置は self-defence 及び self-preservation の必要に基づいたものであること

を主張した。第一点即ちカロリン号の海賊的性格は、国際法上の海賊の定義から考えて、当っていないことは明白である。従って後期の外交文書の中では英国政府もこの主張を固執しなかった。余談であるが、海賊的性格又は海賊的行為という言葉は、外国船の攻撃や拿捕を正当化するためにしばしば無造作に使用されることがある。後に引用するヴァージニアス号事件（本節三項）及びベーリング海漁業事件（本節六項）においても、スペイン及びアメリカ官憲はこの種の言葉を用いて自国の立場を正当化しようとしたことがある。従って国際法学が海賊の定義を明確にする必要は、公海における海賊の共同防遏の実際的必要が減少した十九世紀以後においてもなお失われないのである。

第二の点、即ち当時カナダと国境を接する米諸州の民衆のカナダ叛徒に対する好意的態度によって、合衆国の中立法規が完全に行なわれなかったことは事実である。しかしこの事実によって、アメリカ側に国際義務違反を構成すべき不作為があったと言うことができるであろうか。

歴史的研究が我々に示すように、連邦政府はカロリン号破壊事件の三週間前から、カナダと境を接する諸州知事及び地方検事に向って、カナダ叛徒を援助する民衆の行動を、行政的及び司法的に取締ることを要請している。また合衆国税関吏に対しても、中立諸法規を励行して人及び物資の出入を警戒するように指令し、また連邦保安官を現地に急行せしめ違反を防遏せしめようとした。決して情を知りながら放任する態度をとったのではない。合衆国政府は故意に取締を寛にして他国の内乱を助長しようとする意図を持っていなかったことは明らかである。

それにも拘わらず、なおアメリカの側に国際義務違反があると言うとすれば「政府の故意によらない手抜かりによって、自国内の個人が、国境を越えて他国の利益を害する行為をなした場合に、政府は国際義務違反の責を負わねばならぬか」という問題を考えて見なければならない。

もし「国家は自国の領土内に存在する自国民又は外人が、この領土を、外国の利益を害する行為を行なう拠点として使用することを完全に取締る義務があり、少しでも手抜かりがあって外国の利益が害されたときは、国際義務違反を構成する」という国際法の原則があるのならば、問題は簡単であり、アメリカの義務違反は直ちに証明される。しかしこういう原則は存在するか。一般に国家は、自国の領土が外国の利益を害する行為をなす基地とならないように注意せねばならず、自国民又は外人が領土をこのように利用することを「なしうる限りの手段をもって」即ち「できるだけのことはして」取締る義務があるとは言えるであろう。しかし国家が払える注意には限度があるから、国境を越えて外国の利益を害する行為が絶対に行なわれない程度にまで注意を払うことは実際上不可能である。いかなる国に向ってもこのような極端な義務の履行を要求することはできない。従って、合衆国官憲の取締りの不十分さによって英国の利益が侵害されたという事実から、すぐアメリカの側に違法の責任があるとは結論できないのであって、その時の実情に即し、具体的事実の観察によって、アメリカ側の取締りの手抜かりなるものの性格を考えねばならない。それがアメリカの国際義務違反を云々するに足る程重大なものであったか、また英国側がこれを主張できる立場であったか、を考えねばならない。

この事件において問題となったネイヴィ島は英領の島であり、ここへ米本土から船による人及び物の密輸が行なわれたことが、カロリン号破壊事件に導いたのである。従って問題の性格は、A国からB国へ国境をこえて密貿易が行なわれ、そのためにB国が利益を侵害された場合に、B国が「わが国の利益が侵害されたのはA国の国境警察が密貿易阻止に十分注意を払わない結果である」と称して、A国に向って国際義務違反に基づく賠償を求めうるか、という問題と同じ性格をもつ。この密輸によって損害をうけるのはB国側であるとすれば、B国の国境警察は勿論十分な監視を施していたであろう。それにも拘わらず密輸を完全に防げなかったとすれば、A国の国境警察の監視の不十分さを責めることができるであろうか。それは、この密輸にもっとも利害関係ある自国の官憲でさえできないことを、他国の官憲に向って、なせと要求するものである。

それと同じことがカロリン号事件についても言える。この時アメリカ領土から英国領土への人及び物の密輸が行なわれたことによって、損害を受けるものは英国である。ネイヴィ島は英領の島であり、この島へアメリカから武装した多数の私人が押し渡り、その数が千人に達するまで英国政府は打ち捨てておいた。事が重大となったのに気付いて、あわてて措置をとり、ネイヴィ島の叛徒へ物資と人を送る船を、アメリカの港にまで踏み込んで破壊したのがカロリン号事件の真相である。当時の状況に基づいて、英国官憲はアメリカから河上の国境を越えてカナダに入って来る叛徒を完全に締め出すことができなかったとすれば、アメリカ政府が彼らの出国を完全に喰い止めえなかったのも止むを得ないとせねばなるまい。もし英国政府がアメリカ側に国際義務違反があることを主張し、カロリン号破壊はこの違法行為を排除するために止むを得ない措置であると称したとすれば、それは上述の例におけるB国と同じ無理を言うものである。

幸いにして英国政府はこのような主張をなさなかった。歴史的研究の中でも触れたように、五年間の外交交渉のいかなる段階においても、英国政府は、アメリカの側に国際義務違反があり、それがカロリン号破壊を余儀なからしめたのであると主張したことはなかった。(1) それにも拘わらず英国政府は「self-defence 及び self-preservation の必要に基づいたもの」という言葉を用いて自国の行為を弁明しようとした。故にここにいう「自衛及び自己保存の必要」は国内法における自衛、即ち不法な侵害に対する反撃、とは別の観念を表わす言葉であると解釈しなければならない。

現在の各国の国内法制において、個人が自己の利益を守るため他にとるべき手段がなく、止むを得ないときに、他人の権利を害する措置をとっても処罰を免がれる場合として、自衛の他に緊急状態（Notstand, état de nécessité, stato di necessità）に基づく行為（緊急避難）なるものを認めている。これは個人の利益が人為的又は自然的現象によって危うくされ、そしてその利益がこの個人にとって重大なものである場合に、この事実の発生に責任のない他人の権利を侵害する措置によって自己の危難を免かれることを許す、ということである。勿論この場合に、彼がこの措置によって救おうとして利益が他人の権利を侵害するに価するほどに重大なものであるか、言い換えれば、この措置によって救われる利益と、この措置によって害される他人の法益との比較衡量が問題となるであろう。またこの措置によって権利を害された者への適正な補償が問題となるであろう。いずれにしても各国の法制はこの種の違法性または責任の阻却原因を自衛権と並んで認めるのを常とする。英国政府が「自衛及び自己保存の必要」という言葉で表現しようとしたのは、「緊急状態に基づき自国の利益を守るための必要」であったと解するのが、この事件の実情に即した解釈であると思う。

カロリン号事件において、国内法上の自衛権と混同され易い「自衛及び自己保存のための必要」という言葉が用いられたのは不幸であったと言えよう。このことが、後日一部の国際法学者をして、国際法上の自衛権を国内法上のそれと同じく「外国の急迫不正な侵害に対して自己を守る権利」と定義せしめ、それから更に進んでカロリン号事件における事実問題をこの定義に合致するように解釈して、アメリカ側に国際義務違反があったという――英国政府といえども主張しえなかった――説を唱えしめる原因となったからである。

もっとも英国政府の対米公文の中には「自衛」という言葉が最後まで用いられたが、英国外務省の Law Office

（法律局）はこの言葉を避けて、self-preservation という言葉だけを一貫して用いた。(2)「自己保存の必要」という言葉は「自衛」のように、この措置の対象となる相手方に違法があるという意味を表わさないから、緊急状態に基づく必要を表わすともとれるのであって、この方が穏当である。しかし政府の公文は self-defence と self-preservation とを混合して用いており、それに釣られて米国政府も同じ言葉を使用した。しかしこれは政治家の用語法であって法律的正確さを欠いたものである。政治家は法律用語を借用して自己の思想を表現する場合に、その言葉の法律学上の厳密な意味よりも、むしろその言葉の響き、その言葉が他人の感触に与える影響を重視して言葉を選択する傾きがある。後に本節第七項「ベルギー中立侵犯」で引用するドイツ宰相ベートマン＝ホルヴェッヒの演説の中の Notwehr（緊急防衛）という言葉もその例である。こういう用語法は外交文書の中にしばしば現われるばかりでなく、時としては条約文の中にも現われる。法律学者が単純にこういう用語を法律学的意味にとって理解することは間違いのもとである。

しかし国際法学者の中に、カロリン号事件における自衛権の意味について正しい注意を払った人がないではない。ことに十九世紀の英国の学者の中にこれを見出すことができる。フィリモアの「国際法註釈」第一巻には、カロリン号事件における英国の行為は self-preservation によって正当化される行為であると説き、self-defence という言葉を全然用いていない。英国政府の公文書に用いられた「自衛及び自己保存の必要」のうち後者だけを取上げて、前者を黙殺しているのである。(3) 彼の説はその後の英国の学者に或る程度影響を及ぼした。ホールの「国際法」もカロリン号事件を自己保存の権利の項目の中で取扱っている。但し英国の公文書が自衛という言葉を用いた個所はそのまま引用している。(4) オッペンハイムも同様である。(5)

（1）バウェット、前掲書、五九―六〇頁。
（2）ジェンニングス、前掲書、九一頁。
（3）Phillimore, Commentaries upon International Law, vol. I. 三版（一八七九年）によれば三一五頁。
（4）Hall, International Law 八版によれば三二三頁。
（5）Oppenheim, International Law, vol. I. § 133. 八版によれば三〇〇頁。

わが国の著書に現われたカロリン号事件

最後にわが国の国際法の代表的教科書及び自衛権に関する著書の中に現われたカロリン号事件の説明を紹介し、これに関する私見を述べたい。

故東大教授立作太郎博士の平時国際法論の中の自衛権に関する一節には、自衛権の先例としてカロライン号事件とアメリア島事件とがあげられている。前者に関する記述は次のようである。

「千八百三十八年イギリス領カナダの叛徒が、アメリカ合衆国の領内に集合し、合衆国の兵器廠より兵器弾薬を取り出し、カナダと合衆国との間に在るナイヤガラ河中の合衆国領の一島を占領して、カナダに向て発砲し、更にカロライン号なる一船に依り河を渡りてイギリス領に侵入せんとした。イギリス軍は合衆国領域内に侵入し、叛徒の艦船カロライン号をナイヤガラの河中に沈めた。合衆国が領土の侵害につき抗議し、イギリス政府は当時切迫せる侵入を防ぐ為めに合衆国政府の手を借りるの余裕無かりしことを説きて、已むを得ざるに出でたることを釈明した。思うに此場合に於ては、合衆国が其領域内に於けるカナダの叛徒の自国領域をイギリス攻撃の根拠地と為すを妨ぐるの責任を全うせざりしものと認め得べきを以て、自衛権の発動に関する上述の(5)の条件を具うるものと言い得べく、イギリスの自衛行為は自衛権の発動と認め得べきである。[1]」

この文中に自衛権発動の条件の(5)というのは「自国の蒙った危害が相手国又はその機関の不法行為によって起ったか、又は該国家又はその機関が危害発生を防ぐ責任を全うせざりしこと」をいう。[2] 言い換えれば、相手国の側に国際義務違反を構成する作為又は不作為があるのでなければ、自衛権は発動できないと言うのである。

前東大教授横田喜三郎博士の自衛権の専門書には、一般国際法上の自衛権に関する先例としては、ただカロライン号事件だけが引用されている。

「自衛の具体的な例として、一般によく引用されるのは、カロライン号事件である。一八三八年に、イギリス領カナダの叛徒がアメリカの領土内に集合し、アメリカの兵器廠から兵器弾薬を取り出し、カナダとアメリカとの間にあるナイヤガラ川の中の一つの小島を占領し、カロライン号という船によってカナダに侵入しようとした。イギリス軍はアメリカの領土内に侵入し、カロライン号に火を放ち、これをナイアガラの川へ流した。アメリカは領土の侵害に対して抗議したが、イギリスは急迫した侵入を防止するために止むを得なかったと主張した。この場合にアメリカは自国の領土が他国に侵入する根拠地となるのを防止しなかったから、不正の責任があると考えられる。したがって、イギリスの行動は、一般に自衛の行動と認められるのである。[3]」

この記事は立博士のそれを模して簡単にしただけのものである。ただ叛徒の占領した「ナイヤガラ川の中の一つの小島」が合衆国領であると明記されていない点は違うが、この島から「カロライン号という船によってカナダに侵入しようとした」という点は立博士の記事と同じであり、これによって島自身がカナダ領でないことは間接に表現されている。この二つの記事に対して私は次の諸点を注意したいと思う。

（一）　まずカロリン号事件の年代であるが、カロリン号の破壊は一八三七年十二月二十八日夜半の出来事であったことは間違いない。しかしこれはその年も押しつまった時であり、英米間の外交交渉の問題となったのはその翌年である。従って英国の著書の中にも事件の日付を一八三八年としているものが多い。(4) そのうちホールの「国際法」に現われた記事は東大の高橋作衛博士の平時国際法論の中に引きつがれた。(5) その影響が後にまで及んだものであろうと思う。いずれにしてもこの誤りは、本事件の法律的意義の研究にとっては重大なことではない。

（二）　これに反して、叛徒が集合したナイアガラ川の一島（ネイヴィ島をさすと思われる）を合衆国領であるとしたこと、及びカロリン号は、叛徒がこの島からカナダ領に侵入するために使おうとした船であるとしたことは、本事件の法律的研究にとって重大である。前に私が述べたように、ネイヴィ島は英領の島であり、カロリン号はこの英領の島とアメリカの港との間に兵員及び物資を輸送するために使用された船である。しかるに立博士の説明を聞けば、合衆国領土の一部が、英領カナダ攻撃の基地として使用せられ、そこに多数の武装した叛徒が集結しているに拘わらず、合衆国政府はこれを放任しておいたので、英国政府は止むを得ず米国領土に踏み込み、叛徒が英領侵入に用いようとした船を破壊して侵入の企てを未然に防いだことになる。

事の真相は、英領の一部ネイヴィ島に叛徒が集結してその数が千名に達するまで、英国政府は不注意にもこれを放任し、この島を襲って叛徒を捕えることもなさず、またアメリカ本土から国境を越えてこの島へ人員や物資の輸送されるのを阻止する措置もとらなかった。もし英国官憲が初めから「相当の注意」を払っておれば、これらの措置は、あえて合衆国の領土権を侵さずとも執れた筈である。英国官憲は事が重大となってから慌てて米国の港を襲いカロリン号を焼払うという非常手段に出たのである。もし立博士が事件の真相を正しく把握されたなら、国際法上の自衛権という言葉を国内法のそれと同義に解して「外国から急迫不法の侵害を受けた国がこの外国に対して自己の権利を守るために必要な措置をとる権利」と定義するのは困難であることに気付かれるであろう。しかしこれは博士の大著平時国際法の中で数頁のみを割かれた自衛権に関する記述であって、この大著の価値を傷つけるような問題ではない。

故京大教授千賀鶴太郎博士の国際公法要義は「自己維持ノ権（自衛ノ権）」の節の中でカロリン号事件を取扱っておられる。

「一八三七年ニ英領カナダニ一揆起リシ時其逆徒ハ北米合衆国ノ領内ニ入リテ戦闘ノ準備ヲ為シタリ。然シテカナダニ接近セル一小島ヲ戦闘ノ根拠地ト定メ、ヨッテ汽船『カロリン』号ニ戦闘品ヲ搭載シテ其島ニ運搬セント試ミタリシニ、カナダノ一士官ム・レオドハ水兵ト共ニ合衆国ノ領内ニ於テ其汽船ヲ拿捕シ之ヲ焼キナガラナイヤガラノ懸瀑中ニ放下シタリ。英国政府ハ之ヲ以テ自衛ノ権ヲ行イタルモノト弁解シタレバ合衆国政府モ遂ニ其説ヲ容レテ落着セリ。[6]」

この記事は年代に於いて正確であるが、ネイヴィ島を合衆国領としている点は前述の諸家と同じである。なおここに「カナダの一士官ム・レオドハ水兵ト共ニ合衆国ノ領内ニ於テ其汽船ヲ拿捕シ」とあるが、ム・レオドは McLeod のことを指すのであろうと思う。マックラウドは私が前述したように本事件の一つの立役者ではあるが、カロリン号を襲撃した部隊の指揮官ではなかった。このとき対岸カナダ本土の Chippewa 駐屯英軍指揮官はマックナブ大佐 (Colonel McNab) であり、カロリン号を襲撃した派遣部隊を率いたのはドルー大尉 (Captain Drew) であった。[7]

しかし千賀博士の本事件の法律学的取扱い方は、立博士と同じではない。本事件は、自国維持の権、括弧して小さく自衛の権、と題した節の中で取扱われている。この自国維持の権（自衛の権）に相応する洋語として載せられているのは、英語 the right of self-preservation, 独語 das Recht der Selbsterhaltung, 仏語 le droit de conservation であり、いずれも、普通「自己保存の権利」と訳される言葉である。self-defence, Notwehr, légitime défense などの洋語は使われていない。かつ博士がこの権利の説明として述べられるところによれば、自衛の権は「人為ノ出来事ニ対シ、或ハ自然ノ出来事（天災地変）ニ対シテコレヲ行使ス」と説かれ、「天災ヲ予防シ、或ハ罹災者ヲ救助スルタメニ所謂緊急法（Notrecht）ヲ適用スルハ自衛ノ権ノ行使ナリ」と言っておられる。[8] 従って「自衛の権」という言葉は用いられても、国内法における自衛権、即ち不法の侵害が行なわれたときこの侵害者に対して行使する権利とは別のものが考えられていることは明らかである。即ち国内法の緊急避難と同性質の権利を指すのである。

（1）立作太郎、平時国際法論、一九三〇年、一八三頁。現代法学全集の中にも同じ記事がある。
（2）立、右掲書、一八二頁。
（3）横田喜三郎、自衛権、一九五一年、五四頁。
（4）ホール、前掲書、三二三頁。
Westlake, Internationall Law, vol. I. 一九一〇年版によれば三一三頁。
（5）高橋作衛、平時国際法論、五三四頁（十一版による）。
（6）千賀鶴太郎、国際公法要義、一三六頁（六版による）。
（7）ジェンニングス、前掲、八三―四頁。
（8）千賀、前掲、一三二―四頁。

第二項　アメリア島事件（the case of Amelia Island）

アメリア島は現在合衆国領であってジョージア州の南端を流れる St. Mary 川の河口に位する島である。十九世紀の初め南米大陸のスペイン植民地が独立を企て叛乱を起こしている最中に、一八一七年マックグレガー（McGregor）と称する一アドヴエンチュラー（冒険的野心家）が同気相求める一味徒党を率いて、当時スペイン領であったアメリア島を、ブエノス・アイレス及びヴェネズエラ革命政府の名において占領した。そしてこの島を根拠として、附近を航行するスペイン船及びアメリカ船を襲い、又この島をアメリカへの密輸の基地とし、又アメリカから逃亡する黒人奴隷の asylum（かくまい場所）とした。彼らはスペイン政府を目ざして攻撃を加えたのではなく、ラテン・アメリカ一帯の混乱に乗じて無法的所業を働く匪賊と化したのであり、スペインにもアメリカにも等しく損害を及ぼしたのである。

スペイン政府がこの暴徒を討伐しようとする試みは成功しなかった。もっともスペイン官憲もこれを放擲しておいたのではなく、当時スペイン領であった東部フロリダのスペイン軍司令部は兵をアメリア島に差向けて、島を暴徒の手から奪還しようと図ったが、兵力劣勢のため目的を達しなかったのである。合衆国政府は、アメリア島の暴徒の行動が、いかなる政府の権威にも基づかない私的な冒険行為であると見なし、スペイン政府が支配権を行使しえない以上は合衆国の力によって暴徒を討伐しても差支えないという見解の下に、軍艦を送って暴徒を掃蕩し、この島を占領した。(1)

この事件はカロリン号事件に先立つこと二十年であり、そして自衛権という言葉が国際法及び外交用語として有名になったのはカロリン号事件の米英交渉以来のことである。アメリア島に対する合衆国の措置については、一八一七年のモンロー大統領の年次教書（annual message）にも、またアダムス（Adams）国務長官の声明の中にも、自衛という言葉を用いてこれを正当化しようとした個所は、私の見た限りでは発見されない。カロリン号事件によってこの言葉が有名になって後に、学者がこの事件とアメリア島事件との類似性に着眼して、自衛権の先例の中に加えたのである。この島の名目上の領有者であったスペイン政府が、マックグレガー一味の無法的所業を取締ることができなかったため、彼らの所業によって損害を蒙った外国の政府がその利益を防衛するための止むを得ない措置として、軍隊をこの島に派遣したという点で、カロリン号事件との類似性を見出すのである。

しかしここに問題となるのは、アメリア島事件の場合には、カロリン号事件の場合と同様に、自衛権の行使をうける国の側に国際義務違反はなく、従ってここにいう自衛権は、国内法にアナロジーを求めれば緊急避難に該当すると見なすべきものであろうか、それともアメリア島の場合には、スペインが自国領土の一部の治安を推持する能力なく、この島を基点として外国の法益が害されるのを放任しておいたことは、国際義務違反を構成するものであろうか、という点である。この問題に答えるために、第一に考慮すべきことは、アメリカが遠征隊を送るに先立ってスペイン軍司令部はこの島を暴従の手から奪還する試みをなしたという事実である。この事実は、アダムス国務長官の声明の中にも述べられており[(2)]、スペイン政府が暴徒を放任しておいたのでないことはこれによって証明される。従ってスペイン政府の不作為――アメリア島の支配を掌握しなかったこと――が故意によるものでなかったことは明白である。

第二に、スペインに故意はなかったにもせよ、少くとも国際義務違反を構成する重大な懈怠（gross negligence）がなかったかという点が問題となるが、この頃アメリカ大陸のスペイン領植民地はブエノス・アイレスを筆頭として相次いでスペイン統治から独立を企てて叛乱を起こし、スペインの国力ではもはや押えきれない状態に陥っていたという事実を、この問題を論ずるに当って考慮せねばならぬと思う。一般に、一国内に内乱が起こり、国の一部の治安が乱れたために自国民及び外人の身体財産に危害が及ぶような場合に、この国が外人の身体財産の損害に対して不法行為の責任を負わねばならぬとはされていない。アメリア島事件はまさにそういう内乱の中に起こった事件であり、スペイン政府に国際義務違反があったということは困難であると思う。

立博士の著書にアメリア島事件は次のように記されている。

「スペーンに属せるアメリア島が、千八百十七年南アメリカの革命軍に属すると称する一群の海賊の拠る所となり、該島はアメリカ合衆国に向て奴隷の密輸入を為すの中継地となり、又此等海賊は、アメリカの商船に対して擅りに拿捕、掠奪を加え、アメリカの通商が海賊的行為の為に害を被った。スペーンが海賊を該島より追う能はざりしにより、アメリカ合衆国は軍艦を派遣し、該島より海賊を追い、一時該島の占領を行い、海賊の工作物及其船舶を破壊した。(3)」

この歴史的記述に基づいて博士は、アメリア島に対して米国のとった措置はカロリン号事件において英国のとった措置と同様に、急迫不正の侵害に対して止むをえざるに出でた措置であり、従って真の意味における自衛権の発動であると説明される。(4)

アメリア島事件を右の記述だけから判断すれば、こういう結論に至るのも止むをえないことであろう。博士がここに述べておられないのは、第一に、スペインはアメリカに先立ってこの島の暴徒を討伐するために兵を送ったという事実、第二に、当時アメリカ大陸のスペイン植民地は相次いで叛乱を起こして混乱の真最中であったという事実である。この二つの事実を考慮に入れて、なお博士は右の如き結論に至られたであろうか。おそらくこの結論に至られることは困難であろうと思う。

（1） F. Wharton, A Digest of International Law of the United States, 1886, vol. I, pp. 222―4. Strupps Wörterbuch des Völkerrechts, Bd. I, Ameliainsel.

（2） ホアートン、右掲書、二二三頁。

（3） 立作太郎、平時国際法論、一八三―四頁。

（4） 立、右掲、一八一頁。

第三項　ヴァージニアス号事件 (the case of the Virginius)

事件の経緯

一八六八―七八年のいわゆるキューバ十年戦争（キューバ島民がスペインの支配から脱するために起こした叛乱）の途中に発生した事件であって、当時アメリカの世論がキューバ独立運動に好意的であった事実は、この事件を理解するために記憶されねばならぬ。[1]

ヴァージニアス号は合衆国において登録されアメリカ国旗を掲げる汽船であったが、一八七三年十月三十一日キューバの近海においてスペイン軍艦トルナード（Tornado）号によって拿捕された。拿捕のなされた場所は公海であり、また追跡も公海において開始されたのである。拿捕された後ヴァージニアス号はキューバのサンチャゴ港に引致され、米人英人及びキューバ人からなるその乗組員と船客は、ごく簡単な軍事裁判（court martial）によって海賊の罪名の下に、五三名は銃殺の刑に処せられ、その他は獄に投ぜられた。海賊の罪名は、この船がキューバ叛乱軍のために武器及び兵員の輸送に従事したことを理由としたもののようである。(2) しかしこの米船の行為は、一八三七年の米船カロリン号のなしたところと同じく、叛乱の起っている外国の或る地方へ叛軍のための人及び物資を輸送したことである。

スペイン官憲の処置によって損害を受けた外国は、第一には米国であるが、英国もまたその国民の逮捕及び処刑によって損害を受けた。従って被害国は二つであるが、この二つのスペインに対する態度は非常に違っていた。故に二つを分けて説明するのが良いと思う。

（一）　英国は、まず一八七三年十一月七日軍艦をサンチャゴに送り、キューバ官憲に、英国国民でまだ死刑に処せられていないものの処刑を、本事件が英スペイン両国のより高い権限ある機関によって調査されるまで中止することを要求した。続いて英国はマドリッド政府と交渉を開始して、スペイン軍によって処刑された英国国民に関する賠償を要求した。しかしスペイン軍によるヴァージニアス号の拿捕及び乗員の拘禁については、スペインの責任を追究しなかった。英国政府は「個人の場合と同様に国家の場合にも、差迫った損害を予期して自衛のためになす行為は、寛恕さるべき事情がある、ヴァージニアス号の拿捕及び乗員の抑留それ自身は、たとえ船が公海にあったときになされたものであっても、自衛のための止むを得ない手段と認めることができる」という見解の下に、この点についてスペイン政府に抗議しないことを明らかにした。しかし、船が既に拿捕され乗員が抑留されて後は、自衛のための緊急必要の口実はもはや成り立たない、従ってスペイン軍が船員及び乗客の一部を、海賊という不当な罪名の下に、簡単な軍事裁判の後直ちに死刑に処したことについて、スペインの責任を問わざるをえない、と主張したのである。(3)

この比較的寛容な態度の根底には、カロリン号事件の記憶が潜んでいることは疑いない。英国はスペインと同様に、アメリカ大陸に植民地を持ち、その植民地内に起こった叛乱に対して米国市民の寄せる援助によって迷惑を感じている国として、自国がカロリン号事件のとき米国政府に対して主張した自衛権は、スペインにも認めざるを得ないと感じたのである。

（二）　合衆国政府は一八七三年十一月十四日マドリッド駐在の米国公使シックルス将軍（General Sickles）をしてヴァージニアス号の返還、ヴァージニアス号の乗員のうち米国市民の引渡し、米国に謝罪の意を表するためサンチャゴ市において米国々旗に対する敬礼、本事件について責任のあるスペイン官吏の処罰、の四点を要求せしめた。(4) アメリカ政府の要求は、ヴァージニアス号がアメリカ旗を掲げる船であり、譬えキューバ叛乱軍への人員及び軍需品輸送に従事していた事実があろうとも、スペインはこの船を公海で拿捕する権利はなく、ただスペイン（従ってキューバ島）領水内においてのみこの権利を行使できる筈である、という理論に根拠をおいている。(5) アメリカ政府は「一般に公海における外国船拿捕は違法である」という原則論だけを基礎にしてスペインの非を責めようとしたのであって、英国政府のように、スペイン側に自国の重大利益を守るための非常手段をとる緊急必要があったのではないか、ということは全く考慮に入れなかったのである。

この高飛車な態度に対してマドリッド政府の態度は甚だ宥和的であった。恐らくキューバ問題についてアメリカの悪感情を挑発することの不利益を感じて、それを避けようとしたからであろう。アメリカの朝野がキューバの革命運動に寄せた同情は、後に一八九八年キューバのハヴァナ港におけるメーン号爆沈が口火となって米西開戦に導いたものであるが、一八七三年当時の情勢もスペイン政府としては楽観を許さなかったであろう。従って時を移さず同年十一月二十九日ワシントン駐在スペイン公使ポロ・デ・ベルナーベ（Polo de Bernabé）と国務長官フィッシュ（Fish）

との間に本事件を解決するための取極（protocol）が調印された。

これにより、スペイン政府はヴァージニアス号及びその船員船客をアメリカに送還し、かつ十二月二十五日を期してサンチャゴ市において米国々旗に対する敬礼の式をとり行なう、但しその日までに、もしスペイン側が、ヴァージニアス号はその拿捕のとき正当にアメリカ国旗を掲げる権利をもっていなかったことを、アメリカ政府の納得のゆくように証明することに成功すれば、米国旗に対する敬礼の件は取止める、ことになった。(6)

幸いにしてスペイン政府はこの証明に成功した。ヴァージニアス号所有者たるアメリカ人は、ヴァージニアス号を登録する際に、アメリカ以外の国民が直接にも間接にもこの船に利害関係をもたず、またこの船から生ずる利益を取得しないことを、米国法律に従って宣誓している。しかるにこの宣誓は偽りであった。船の購入資金はニューヨーク在住のキューバ人の間で募られたものであり、船は彼らによって支配せられ、彼らの命によって航海していたことは確かである。アメリカ政府もこのスペイン側の証明に納得して、スペインにとって不名誉な米国旗に対する敬礼の式は取り止めることにした。

しかし米国務省は「船の所有者たる米国民が登録の際に政府を欺いたとしても、それはこの個人とアメリカ政府との関係であり、スペイン政府の目から見ればヴァージニアス号が外国船であることに変りはない。従ってスペインがこの船を公海において捕獲する権利がないのは同じことである。」という見解を固持して、(7)十一月二十九日の取極のうち米国旗への敬礼以外の部分の履行を求めた。スペインはこの要求を容れ、ヴァージニアス号を返還するとともに、ヴァージニアス号の船員船客をサンチャゴにおいて米国官憲の手に引渡した。その後一八七五年三月両国間に補償協定が成立して、船会社、乗員の若干名及びその家族への補償に当てるため、スペイン政府は八万ドルをアメリカ政府

に支払って、事件は落着した。(8)

(1) Strupps Wörterbuch des Völkerrechts Bd. III, Virginius-Fall.
(2) ムーア、前掲書、第二巻、八九五頁。
(3) ホール、前掲書、三二八—三三〇頁。
(4) ムーア、前掲書、第二巻、八九六頁。
(5) 右掲書、八九九頁。
(6) 同、八九六—七頁。
(7) 同八九九頁。
(8) 同九〇一—二頁。

法律問題

ヴァージニアス号事件は若干の興味ある国際法上の問題を提供する。そのうち一部分(次にかかげる一及び二)は自衛権と無関係であるから簡単に述べる。

(一) スペイン側がヴァージニアス号の拿捕及び処分を正当化するために海賊という言葉を用いたのは勿論不当である。国際法学が伝統的に説く海賊の定義に、ヴァージニアス号の行為が合致しないことは明白である。カロリン号事件においても英国政府は初めカロリン号の海賊的性格は疑いないと称して、自己の行為を正当化しようとした。本事件においてスペインも期せずしてその弊に倣おうとしたのである。こういう不当な主張を防ぐために海賊の定義を喧ましくいう必要は、十九世紀以後にもなお存するのであり、国際法の作用は、海賊防遏のための国際協力の促進よりも、むしろ海賊でないものを海賊として攻撃することの防止に向けられることになった。

（二）　ヴァージニアス号が正当の権利なくして米国々旗を掲げていたという事実をスペイン政府が証明し得たことは、外交上の一つの勝利であるが、この事実は、スペイン海軍が公海においてヴァージニアス号を捕獲したことを正当化しない、というアメリカの主張は正当である。或る国の旗を、その権利なくして掲げて公海を航行する船を拿捕し、処罰するのは旗国（Flaggenstaat, pays de pavillon）の権限に属することであり、ヴァージニアス号の場合にはアメリカ連邦政府の権限である。もっとも国際法の著述には、どの国の軍艦も洋上で遭遇した船の国旗に疑いを抱いたときは、その船を臨検して、国旗が偽りのものでないかを調べる権利がある、と書いてある。しかしこの権利は、海賊行為その他公海においてなすことを禁ぜられた行為――更に正確に言えば、その行為をなす船をどの国の軍艦でも捕えることができる種類の犯罪行為――の共同防遏のために認められたものであるから、取調べの結果船旗が偽りであることが判明しても、右の種類の犯罪行為をなした証跡がなければ、この船を捕獲することはできない。ただその船旗の旗国にこの事実を通知して注意を促すことができるだけである。

故にヴァージニアス号捕獲はそれ自身違法な行為である。ただこの違法行為を免責する緊急必要がスペイン側に存したかという問題が残るのである。以下にこの問題を考えて見よう。

（三）　ヴァージニアス号事件は自衛権の古典的先例の一つとされているが、スペインの自衛権行使によって自国の船又は国民が損害を蒙った国（米国及び英国）の側に、国際義務違反を構成する作為又は不作為が存することは証明できない。従ってスペインの行為を、国内法から受継がれた国際法上の自衛権の定義（急迫不法の侵害を受けた国が違法行為国に向って加える反撃）によって正当化することは不可能である。

スペインの行為を正当化しようとすれば、それは、ヴァージニアス号によってなされるキューバ叛乱軍への援助が、スペインの重大利益を害し、そしてこの援助を阻止する措置を領海内だけでとることは実際上至難であるために、措置を公海にまで及ぼさざるを得なかったことを理由として、ヴァージニアス号拿捕は止むをえない緊急措置であったと弁明することである。公海における外国船の拿捕抑留は本来外国の法益を害する行為であるが、より重大な法益の侵害がヴァージニアス号の行為によってスペインに生ずる危険があり、そしてこのヴァージニアス号の行為を阻止するためには、公海におけるその拿捕より他に道がなかったという理由によって、責任の阻却を唱えることである。

従って、従来の国際法学がヴァージニアス号事件を自衛権の先例と称するときの「自衛」の意味は、国内法に類似するものを求めれば「緊急避難」であり、自衛権とは別の意味である。このことはカロリン号事件及びアメリア島事件についても既に論じたことであるが、ヴァージニアス号事件についても全く同じ結論に達せざるを得ないのである。

（四）　英国政府は、ヴァージニアス号の拿捕及び乗員の抑留についてのスペイン政府の責任を問うことを止めて、ただサンチャゴの軍事裁判所が彼らを海賊の罪名の下に処刑したのは、自衛の必要を逸脱した行為であるとしてその責任を問うことにした。これはカロリン号事件における自国の主張との間の論理の一貫性を保とうとしたからである。これに反してアメリカ政府は、自衛のための必要がスペイン側にあったか否かを頭から問題としないで、公海での外国船拿捕は違法であるの一本槍で突っ張って、スペインの責任を問い賠償を求めた。この態度はカロリン号事件のときに英国政府に対した態度とは矛盾していると言うことができる。(1)　一八三七年の英国も一八七三年のスペインも、共に自国領土内に起こった叛乱に対して外部から与えられる援助によって悩まされており、叛乱軍に向って人員武器を輸送する船を、領土外で捕えることによってその禍根を断とうとしたのである。カロリン号襲撃とヴァージニアス号拿捕とはこの点で類似性を持っており、前者の正しいことを是認すれば、後者についても同じことがなされねばならぬ筈である。むしろ後者は公海における拿捕であり、アメリカ領水内に侵入してこれをなしたのでない点において、カロリン号事件より情状が軽いとも言えるであろう。しかるにカロリン号事件について責任阻却を認めたアメリカ政府は、スペインに対しては異なる態度をとったのである。

アメリカ政府の態度がこのように違う理由は、カロリン号事件の処理された一八四二年の米英間の外交的雰囲気と一八七三年のアメリカの対スペイン感情との相違にある。カロリン号においても、事件直後のアメリカ政府は英国の不法を難詰して責任を問い、賠償要求を提出したことは、前に述べた通りである（本節一項参照）。一八四〇年アメリカでは大統領も国務長官も替り、その翌年英国でも内閣の更迭があって、両国間にそれまで横わっていた東北国境問題等の懸案を友好的に解決しようとする気運が起こり、英国政府はそのために特使をワシントンに差遣した。カロリン号事件はこの雰囲気の中で処理されたのである。この特殊な雰囲気がなかったとすれば、英国の自衛権の主張がアメリカによって是認されたか否か疑わしい。

この事実は、自衛権を理由とする弁明が受け容れられることの困難性を物語る。ここに言う自衛は、外国の側に国際義務違反あることは証明できないに拘わらず、自国の重大利益を救うために外国の利益を犠牲にする緊急避難行為の意味である。「自分の側には何の違法もない場合でも、他人の利益の保護のために自分の利益を犠牲にすることは、保護される利益が重大なものである場合には忍ばれねばならぬ」とは、法律理論として言いうることであっても、国内の個人間の社会より以上に、社会組成員が自己の主権を強く主張し、他の組成員の利益のために譲る気風の薄い国際社会において、この国内法の理論をそのまま適用することは困難である。自衛権の先例の歴史的研究から我々が学ばねばならぬことは、自衛権の主張が貫徹されるためには余程有利な外交的雰囲気の存在を必要とするということである。

（五）ヴァージニアス号事件において米英両国は共にスペインに賠償を求めたが、その根拠は共にスペインの行為を国際法違反と見なしたことにある。アメリカ政府は、外国船を公海において捕獲するのは国際法違反であるという立場から、ヴァージニアス号の捕獲、乗員の抑留、その処刑の全部についてスペインの責任を問い、現状の回復及び賠償を要求したのであり、英国政府は、ヴァージニアス号の拿捕及び乗員の抑留はスペインの安寧秩序を維持するために緊急の必要ある行為であったことを認め、この点については賠償を請求しなかったが、海賊の罪名の下に彼らを銃殺したことは緊急必要を認められない行為であるとして、賠償を請求したのである。

故に米国も英国も、スペインの行為のうち自衛（正しく言えば緊急避難）と見なされない部分について賠償を求めたのであり、ただその部分が米国の場合には広く、英国の場合には狭かった点で相違があるのみである。両国ともに、スペインの行為を緊急状態に基づく止むを得ない行為と見なしながら、「緊急避難のために他人の法益を害した者はこの損害を償う義務がある」という考えに基づいて賠償を求めたのではない。この点を注意する必要があるのは、自衛権に関して我が国で広く流布する学説の当否を判断するためである。

立作太郎博士は、上述したように自衛権の意味について国内法上の自衛権と同じものを考え、外国から来る急迫かつ違法の侵害に対して自国の権利を守るために必要な措置をその外国に向ってとる権利を自衛権という、とされた。そしてヨーロッパの伝統的国際法学が自衛権の先例として掲げるカロリン号事件、アメリア島事件、ヴァージニアス号事件、デンマーク艦隊事件を検討された結果、その中に博士の自衛権の定義に合致しないものがあることに気付かれた。博士の考えによれば、カロリン号事件やアメリア島事件は自衛権の定義に合致する、言いかえれば自衛権の行使を受けた側の国に国際義務違反があった、しかしヴァージニアス号事件やデンマーク艦隊事件（本節四項参照）においては、自衛権の行使を受ける国（米・英又はデンマーク）の側に国際義務違反があったとはどうしても言えない。そこで従来の国際法学が自衛権の先例として挙げる諸事件を二つに分けて、狭義の自衛権の先例――立博士が国内法を模倣して作られた自衛権の定義に合致する先例――としてカロリン号事件、アメリア島事件を挙げ、そしてヴァージニアス号事件やデンマーク艦隊事件は、これも広義の自衛権の中に入るが、正確に言えば緊急状態行為の先例であるとされた。この説は、ただちに我々の心中に「このように二つに分けることが何故必要か。両方とも宥される行為ならば、法的効果において変りはないではないか、二つのカテゴリーのどちらかに属することによって法的効果が違ってくるのか」という疑問を生ぜしめるのであるが、この疑問に対して立博士は、両者の間に法的効果の相違があると唱えられ、自衛の権を行使した場合には相手国に向って謝罪、釈明又は賠償を一切必要としないが、緊急状態行為の場合には、「不法行為の責任を負わず、従って謝罪を行う必要はないとしても、止むを得ざるに出たことを解明し、かつ外国又はその国民に蒙らしめた損害を賠償せねばならぬ」と説かれるのである。(2)

この説は横田喜三郎博士の自衛権に関する専門書にも受けつがれ、(3)また他の学者の著書にも述べられている。(4)これらの説の当否を判断するためには、

（一）　立博士のいわゆる狭義の自衛権の先例とされる諸事件（カロリン号事件及びアメリア島事件）において、自衛権の行使を受けた国の側に果して国際義務違反があることは証明できるか。この点で、博士が「広義」の自衛、す

なわち緊急状態の先例とされる諸事件とは異なる性格をもっているか、

（二）　立博士が緊急状態行為の先例とされる諸事件においてはみな釈明及び賠償がなされたか。そして博士が狭義の自衛権の先例と称せられる諸事件ではみなこれがなされず、この点で両者ははっきりと区別されるか、という二つの問題を考える必要がある。両問題はともに自衛権の先例研究を終えて後に論ずるのが適当であると思うから、本章第二節に譲る。ここではヴァージニアス号事件において米英がスペインに要求した賠償の法律的意義を述べて読者の記憶を乞うに止める。

（1）　英国のウォルドックは、ヴァージニアス号事件における英国の立場の公平さを賞賛するとともに、米国の立場を非難している。それはカロリン号事件のときと矛盾しているばかりでなく、アメリカが密輸入防止のために公海において外国船に対して行使する権利があると自から主張していることとも矛盾すると彼は言う。Waldock, The regulation of the use of force by individual states in international law, Recueil des Cours de l'A. D. I., 1952, II, p. 465.

（2）　立作太郎、平時国際法論、一八一—五頁。

（3）　横田喜三郎、自衛権、五五—七頁。但し立博士の緊急状態という言葉は緊急避難によって置きかえられている。

（4）　田畑茂二郎、国際法I、法律学全集第五五巻、二六五—七頁。用語は横田博士と同じ。

第四項　デンマーク艦隊事件（the case of Danish Fleet）

一八〇五年十一月トラファルガーの敗戦によってフランス・スペイン連合艦隊がその戦力を喪失して後、デンマークの海軍は英国に次ぐ世界第二位のものとなり、それがナポレオンの手中に陥いるか否かは英国にとって重大な関心事となった。当時デンマークは中立政策を採っていたが、地理的にヨーロッパ大陸の一国であり、その周囲のドイツ地方はフランス軍の制圧下にあったのであるから、ナポレオンの強圧の下に中立政策を放棄する危険は十分にあった。少くとも英国の政治家はそう信じたのである。その結果トラファルガーの翌年一八〇六年に早くも英国政府はデンマーク政府に働らきかけて、フランスの攻撃に対してデンマークの独立と領土を守るための保護を与えることを約束して、フランスに対する共同戦線を張ることを提案した。(1) しかしデンマーク政府は、その平和政策を放棄して英と同盟してフランスに敵対することを欲しなかったので、英国の提案に耳を貸さなかった。

フランスが早晩デンマークに対して行動を起こすことを予期していた英国は、ここにおいて、フランスに先んじて行動を起こし、デンマークに英海軍を派遣して、この示威の下に英国との同盟を受諾せしめるか、さもなくばデンマーク艦隊を押収してナポレオンの手に陥ることを防ぐか、いずれかの方法をとる必要を認め、秘密裡にデンマーク遠征計画を進めた。しかしこの秘密は厳重に守られえなかったようであり、一八〇七年六月から七月上旬にかけてデンマーク政府は、ロンドン駐在の代理公使、領事及びデンマーク商社から、英国の遠征隊がコペンハーゲンに派遣せられる気配あることについて頻々と警告を受取った。(2)

果たして七月の中旬に至りカンニング外相は特派使節をデンマークに向って派遣するとともに、英国艦隊をコペンハーゲン沖に集結せしめ、その威圧の下に、英国との同盟か、しからずんば艦隊の引渡かを求める交渉を開始せしめた。この時カンニングが派遣した使節は二名であり、一人はデンマークの首府且つ海軍根拠地たるコペンハーゲン（Zealand 島にある）に、今一人はデンマーク陸軍の総司令部があり摂政が駐在しているキール（本土 Jutland にある）に差し向けられた。前者は七月中旬先発してコペンハーゲンに至り、八月二日外相ベルンシュトルフ（Bernstorff）と交渉を開始したが、ベルンシュトルフは態度を曖昧にして時日の遷延をはかり、英使節が直接国王又は摂政に謁見しようという希望をも阻止した。従って英国は第二段の策、即ち武力によってデンマーク艦隊を手中に収める方法に訴えることになったのである。

英艦隊のコペンハーゲン市砲撃は八月十六日に開始せられて九月まで続いた。デンマーク軍も防戦に努めたのであるが、遂に九月七日コペンハーゲン市防衛軍司令官は英軍に降伏を申し出た。英海軍は直ちにデンマーク艦隊の接収に着手し、十月二十一日七十六隻のデンマーク艦隊を連行してコペンハーゲンから撤退した。しかしこの戦闘によってデンマークと英国とは戦争状態に入ったのである。

この事件における英国及びデンマークの責任を判定するために、次の諸点が注意されなければならない。

（一）　この事件における英国の行為を弁護する学者は、一八〇七年七月七日チルジットでフランス皇帝とロシア皇帝との間に調印された講和条約を引き合いに出すのを常とする。(3) これらの学者の中には、チルジット条約には、フランスとロシアが協力してデンマークを強制して英国に敵対せしめることを約束した条文があるという者があるが、これは明白な誤りであって、公表された条約文中にそういう条項はない。対イギリス政策についてフランスとロシアの協力を約束しているのは、第八条の、ロシア皇帝は仏英間に立って調停者として両国の講和が成立するように尽力する、という規定だけである。その結果一部の学者は、この第八条に付属する秘密条項があり、これによって、もしロシア皇帝の努力が効を奏しないで英仏間の講和が成立しなかった時には、ロシアはフランスと同盟して英国と戦い、またデンマーク、スエーデン、ポルトガルを強制して参戦せしめることに協力することが約束されていた、と唱え、この秘密条項が英国をして非常手段を執る決意をなさしめた理由であると称するのである。

一八〇七年七月七日のチルジット条約は、八月のコペンハーゲン砲撃の直前に当るために、post hoc, ergo propter hoc（その後だから、そのせいだ）という単純な論理によって、前者を後者の原因とする説はもっともらしく思われるのであるが、英国の政治家がデンマーク艦隊をナポレオンの手に陥ることから防ぐために、デンマークを抱き込んで英国の麾下に付けようとする策動をはじめたのは、一八〇五年十一月トラファルガー海戦の直後からのことであり、最初は外交々渉によって目的を達しようとしたが、デンマークが容易く英国の誘いに乗らないために、一八〇七年に至って遠征軍を送る決意をしたのである。英国がこの計画を秘密裡に進めていたことは、一八〇七年六月頃から在ロンドンのデンマーク商社、公使館、領事館から櫛の歯を引くが如く本国に報道され、また本国の新聞にも載せられた。英海軍の全力を挙げての大規模な遠征はその準備に相当の時日を要したことは明らかであり、英国政府の決意は六月以前になされたのではないかと思う。チルジット条約の調印は七月七日であり、当時の交通通信の状況から考えれば、条約の内容が正確にロンドンに届いたのはその一週間以上後であると考えねばならない。このとき英国の特派使節（Taylor）は既に出発していたのである。前に述べたようにテーラーがコペンハーゲンでデンマーク外相との会談を開始したのは八月二日であり、この時は勿論チルジット条約の調印は両当事者によって知られていた。テーラーはこの条約に言及して、この条約によって予見されているデンマークの将来の地位について外相に警告したが、ベルンシュトルフは、チルジットにおいて何がなされたかは誰も知らぬことであり、英国は単なる噂によって動揺している、と一笑に付したと言われる。(4) 恐らく英国の唱える秘密条項存在説は信を置くに足りないことを言おうとしたものであろう。

これらの事実を綜合して判断すれば、英国をしてデンマーク遠征の決意をなさしめたのはチルジット条約調印であったとは思われない。むしろこの条約は、コペンハーゲン会談においてデンマークを説き伏せるため、また英国々会及び諸外国に向って英国政府の立場を正当化するための材料として、政府によって強調されたもののように見える。

（二）フランスは英国の対デンマーク遠征軍派遣に対して何の手も打たず袖手傍観していたわけではなく、八月十七日ナポレオンはデンマーク大使を引見して、自分はベルナドッテ元師（Maréchal Bernadotte 当時ドイツに進駐）に向ってデンマークの救援に赴く命令を出したと語った。その十日後ベルナドッテは参謀長ジェラール将軍（Général Gérard）をキールのデンマーク軍司令部に派遣して援助を申入れさせた。しかしデンマーク政府はこの申入れを受け容れなかった。(5) この事実は、デンマーク政府が、当時いかにフランスの支配下に立つことを警戒していたかを雄弁に物語るものである。コペンハーゲンの砲撃が始った後においてもデンマークはその態度を変えなかったのである。

（三）コペンハーゲン事件をめぐって英国の国会において政府と野党との間に論戦が展開されたとき、政府は、ナポレオンがデンマーク艦隊を英国侵入のために使用する意図を持っていたこと、及びフランス軍はデンマーク国境に近いドイツ地方に駐屯しており、何時でもデンマークを席巻できる地位にあったことを挙げて、

「危険は確実であり、切迫しており、極度のものであったから、緊急かつ重大な必要（urgent, paramount necessity）ある事態を形造っており、陛下の政府をして他にとるべき手段を選ばしめる余裕を与えなかった」

と説明した。この説明はコペンハーゲン砲撃を、デンマーク側の違法行為から惹き起こされたものであるとして正当化しようとしたのではない。ただフランスがデンマーク艦隊を英国侵入のために使用する危険は明白であり、かつ目前に迫っていたから、この危険を排除するためにデンマークを強制して艦隊を引渡させる緊急必要があったことを述べているのである。言いかえれば、緊急状態に基づいて止むを得ない措置として英国の行為を正当化しようとしたの

である。[6] しかし野党は政府を非難して、この事件を自己保存の原理（principle of self-preservation）によって正当化しようとする政府の説は証明不十分であると唱えた。言いかえれば、緊急状態に基づき止むを得ない措置であるとする政府の説に疑惑を差挾んだのである。

（1）Kulsrud, The seizure of the Danish Fleet, American Journal of International Law, 1938, p. 292.
（2）クルスルード、右掲論文、二九七頁。
（3）例えばクルスルード、右掲、二八〇頁。ホール、国際法、八版、三二六—七頁。ウェストレーキ、国際法、二版、三一五頁。E. C. Stowell, Intervention in international Law, 1921, pp. 409—411.
（4）クルスルード、前掲論文、三〇一頁。
（5）同右、三〇五—六頁。
（6）Strupps Wörterbuch des Völkerrechts Bd. I, Dänische Flotte.

デンマーク艦隊事件はその後永く国際法学者の間に、英国の行動は違法であったか否かについての論争を捲き起こした。一般的に言えば大陸の学者は違法を肯定し、英米の学者は否定するに傾く。しかしこれには例外もある。[1] 英国の行為に違法性はないと唱える学者は二つに分かれる。一つは、国家が自己保存のために、言いかえれば自国の重大利益を守るために、他国の法益を侵害してもよいのは、国内法上の self-defence に類似する場合、即ち他国の側に国際義務違反の存する場合に限るのが正しい、という説を唱えながら、デンマーク艦隊事件を self-defence によって正当化しようとする人である。例えば英のウェストレーキの如きがこれであって、自衛のために他国法益を侵害することの許さるべき場合を右のように説明しながら、[2] デンマーク艦隊事件を自衛権行使の例として掲げている。[3] しかしこれは到底受け容れることのできない説である。コペンハーゲン砲撃事件以前のヨーロッパの歴史を見れば、デンマークが英仏のいずれにも味方しないで中立を守ろうと努力してきたことは確かである。英国からの同盟又は艦隊引渡しの要求を拒絶したのもこの政策の一つの現われである。英国に対するいかなる国際義務違反もあったとは考えられない。

今一つは、デンマーク側に故意過失はなかったとしても、フランスがその艦隊を手に入れて英国攻撃に使用することは確実であり、かつその危険は目前に迫っていたから、英国はその存亡にかかる重大利益を守るために、非常手段に訴えざるを得なかったという人々である。英国の行為を正当化する学者の多数はこのカテゴリーに入る。この説は上述した英国政府の弁明をそのままに受け容れているのであるが、そこに指摘されているような危険が確実であり、その発生は疑いの余地なく、かつ目前に迫った問題であったか。それともこの危険はただ発生の公算があるというだけのことであり、また発生するとしても将来の問題ではなかったか。私の知るかぎりの歴史的事実から帰納すれば、むしろ後の方の考えが真実に近いように思われる。従って私はデンマーク艦隊事件を緊急権の行使として正当化することも躊躇する。

（1） 例えば B. Rodick (The Doctrine of Necessity in International Law, 1928, p. 113) は明白に英国の違法を認める。
（2） ウェストレーキ、前掲書、三一〇—一三頁。
（3） 同右、三一五—六頁。

デンマーク艦隊事件は、我が国の国際法の著書で自衛権を取扱っているものに大方引用されているが、みな英国の行為を緊急権の行使として是認している。

故東大教授高橋作衛博士の平時国際法論はこの事件を三頁に亘って説明している。(1) そこには英国学者の説に従って、チルジット条約に付せられた秘密条項に基づき、フランスはデンマーク艦隊を自由に英国との戦争に利用しうることが約束されていたこと、この条項が履行されたならば、フランスは必らず英国に上陸し得たであろうことが述べられ、それに続いて次のような記事がある。

「而シテ英国政府ハ充分ニチルシット条約ノ秘密条欵ノ必ス実行セラルヘキコトヲ思料スヘキ理由ヲ有セリ。是ニ於テカ命ヲベルナドット（Bernadotte）及ヒデヴァウスト（Davoust）ノ軍隊ニ伝ヘナポレオンノ探知シ得サル間ニデンマーク国ニ進入セシメタリ。然ル後英国政府ハデンマーク国政府ニ対シテ其艦隊ヲ英国ノ保管ノ下ニ置クヘキコトノ要求ヲ為シ、其要求ヲ強行スルタメニ多数ノ陸海軍ヲ派遣セリ。」

この最後の一句に述べられているのが、一八〇七年七月の対デンマーク遠征軍派遣のことである。博士の説が英学者の通説と違うのは、この遠征軍派遣に先立って英国はベルナドット及びデヴァウストなる将軍に命じて、ナポレオンの探知しない間にデンマークに進入せしめたという点である。この二将軍は、博士が付せられた原語名から察すれば、ベルナドッテ及びダヴー（Davout）のことであり、二人は共にナポレオン股肱の元帥である。私の上述した歴史の中にも、ナポレオンが、コペンハーゲン砲撃開始の後ベルナドッテにデンマーク救援の命令を発したことを書いている。英国政府がフランスの両元帥に向って、ナポレオンの気付かぬ間にデンマーク国内に進入せよとの命令を出したとは、奇妙な話ではないか。高橋博士はこの歴史的事実の出典を挙げておられないが、大体この個所はホール「国際法」によっておられるように思われたので、後者の書の該当個所を開いて見た。そこには次のような記事があった。

「The English Government had every reason to expect that the secret articles of the Treaty of Tilsit would be acted upon. Orders were in fact issued for the entry of the corps of Bernadotte and Davoust into Denmark before Napoleon became aware of the dispatch, or even of the intended dispatch of an English expedition. In these circumstances the British Government made a demand, the presentation of which was supported by a considerable naval and military force, that the Danish fleet should be delivered into the custody of England.(2)」

ここでホールが言っているのは次のような意味のことである。

「英国政府はチルジット条約の秘密条項が実行に移されるであろうと予期する十分の理由を持っていた。現にベルナドッテ及びダヴー(3)の軍団をデンマークに進入せしめる命令は出されており、それはナポレオンが英国の遠征部隊派遣の事実を知る前に、いな遠征部隊派遣の計画あることを知る前に既に出されたものである。この事態に直面して英国政府は、有力な陸海軍の支持の下にデンマーク政府に対して、デンマーク艦隊を引渡し、英国の保管の下に置くことの要求を提出した。」

ホールの歴史的記述も正確ではないが、しかし英国政府がベルナドッテ及びダヴーにデンマーク進入命令を出したというような奇想天外なことは言っていない。この命令を出したのが、英国政府でなくてナポレオンであることは、右の文章から一目瞭然である。

立作太郎博士は、前に紹介したように（本節三項）、自衛権の先例としてヨーロッパの国際法著述があげる事件を二つに分け、カロリン号事件、アメリア島事件を狭義の自衛権（急迫かつ違法の侵害に対して反撃する権利）の例であるとし、その他を緊急状態行為であるとする。そしてデンマーク艦隊事件をヴァージニアス号事件とともに後者のカテゴリーに属するものとするが、事件の内容は次のように説明されている。

「千八百七年の頃ナポレオン一世が海を超えてイギリスに侵入するの志があったが、独り其海軍力の足らざるを憂えた。然るにデンマルクには軍艦の用うべきありて、其陸軍はフランスの陸軍を防ぐの力が無かった。而してティルジット条約に依りナポレオンはロシヤ帝と相約するに、必要あれば相共にデンマークを強制し、イギリスに敵対せしむべきことを以てした。イギリスはナポレオンの侵入を恐れ、其侵入の手段を供すべきはデンマルク艦隊なりと為し、ナポレオンの未だデンマルクの勢力を占めざるに先立ちて、艦隊をデンマルクに派し、デンマルクの其艦隊をイギリスに寄託することを要求し、一般の平和の恢復せらるるに及べば、現在の状態に於て艦隊をデンマルクに返戻すべきを附言した。デンマルクが此要求を聴かざりしより遂に戦端が開かれた。

イギリスの学者は（自衛権の発動に関して上述の(5)の条件――相手方の国に不法行為が存すること――を要すると為せるウェストレーキの如きに至るまで）イギリス政府のデンマルク艦隊引渡要求を以て、自衛権の発動と認むべしと為すのである。蓋し一国が他国の生存の為に自己を犠牲にする義務あるを認むべからざるを以て、デンマルクのイギリスの要求を聴かざりしことは、イギリスに対する国際法上の責任を全うせざる所以と認むるを得ない。故に此事件は自衛権の発動に関する上述の(5)の条件を欠けるものであって、権利行為たる自衛権の発動として認め得ない所である。(4)」

故に博士は本事件を緊急状態行為と称されるのであるが、博士が「チルジット条約によりナポレオンは云々……」と言われるのは正確でなく、この条約の正文の中にこういう条項は全然ないことは上述した通りである。

横田博士の自衛権に関する専門書は、立博士の説を引きついで、自衛権と緊急避難とを分けるが、前者の先例とし

てカロリン号事件、後者の先例としてデンマーク艦隊事件だけを挙げている。(5)

「緊急避難の具体的な例としては、イギリスによるデンマルク艦隊引渡要求事件を挙げることができる。ナポレオン戦争のときに、かれは早くからイギリスに侵入することを希望していた。しかし、そのために必要な艦隊をもたなかったから久しくこの希望を実現することができなかった。一八〇七年に、ロシアを破り、ヨーロッパ大陸をほとんど自己の勢力の下におくに及んで、かれはいよいよイギリスへの侵入を熱望した。たまたま、そのころに、デンマルクが相当に強力な艦隊をもっていた。そこで、ナポレオンはこの艦隊を利用して、イギリスに侵入しようと計画した。そのことをイギリスが知ったので先手を打ち、デンマルクに対して、戦争の終るまで、その艦隊をイギリスに寄託すべきことを要求した。デンマルクはこれを拒絶した。そこで、イギリスは有力な艦隊をデンマルクに派遣し、その艦隊を攻撃させ、ついにそれを自己の手中に収めた。

イギリスの国際法学者は、この事件を自衛権であるといっている。しかし、この場合に、イギリスの考えたように、非常に急迫した危害があったとしても、その危害が生じるについて、デンマルクに国際法上で責任を負うべき不法な行為があったわけでないから、自衛権に必要なところの、「不正な」という要件が欠けている。たんに「急迫な」危害があっただけである。したがって、イギリスの行為は、自衛権ではなくて、緊急避難と見るべきものである。」

横田博士のデンマーク艦隊事件の説明は立博士のそれを簡単にしたものであるが、簡単なために誤解を生む個所ができたように思われる。例えば博士は「イギリスの国際法学者はこの事件を自衛権であると言っている。しかし、この場合に、イギリスの考えたように、非常に急迫した危害があったとしても、その危害が生じるについて、デンマルクに国際法上で責任をおうべき不法な行為があったわけでないから、自衛権に必要なところの、「不正な」という要件が欠けている。たんに「急迫な」危害があっただけである。したがって、イギリスの行為は、自衛権ではなくて、緊急避難と見るべきものである」といわれる。この説明を聞けば、イギリスの学者は自衛権を、急迫かつ不正な侵害にたいして自己を防衛する権利と定義しながら、デンマーク艦隊事件を自衛権の一例とみなしている、という風にとれる。しかし実際は、私がカロリン号事件の中で述べたように、カロリン号事件以来有名となった自衛権という言葉は、国内法上の自衛権とは別の意味であって、国内法の中にこれに対応するものを求めれば、緊急状態に基づく権利に近いものである。英国の学者の多数は、デンマーク艦隊事件を緊急権の行使として正当化しようとしてはいるが、横田博士の言われる意味の自衛すなわち不正な侵害を排除する行為という定義に合致するものとしてではない。故に右のような非難は当らないのである。ただ私が前に述べたウェストレーキのように、自衛権は不法行為に対してのみ認められる、という説を唱えながら、デンマーク艦隊事件を自衛権の一例として掲げる人がある。従って立博士の書物には「イギリスの学者は（自衛権の発動に関して上述(5)の条件――相手方の国に不法行為の存すること――を要すとなせるウェストレーキの如きに至るまで）イギリス政府の行為を自衛権の発動と認めねばならぬ、というのである」と書かれているから、ウェストレーキの如きを除き一般のイギリス学者は、本事件を自衛権の行使と称していても、デンマークの側に不法行為があると主張しているのでないことは、分かるようになっていた。この括弧内を省略した横田博士の記述は誤解を招く虞れがあるように思われる。

（1）　高橋作衛、平時国際法論、五三九―五四二頁。
（2）　ホール、国際法、第八版、三二七頁。
（3）　ホールの書には Davoust となっており、それを高橋博士は引ついでデヴァウストと発音しておられるが、Maréchal

Louis-Nicolas Davout のことであると思う。

(4) 立、前掲書、一八二―三頁。

(5) 横田、前掲書、五六―七頁。

第五項　オーラン（Oran）及びメルス・エル・ケビール（Mers-el-Kebir）沖海戦

この事件は第二大戦中の出来事であって、これまで掲げた一般国際法上の自衛権の先例と並べて説くのは不適当かも知れないが、デンマーク艦隊事件と似た点があり、そのために自衛権の最近の著書論文にも時々引用されるから、デンマーク艦隊事件を述べた序にそのあらましを説明しよう。有名な先例でないから呼び慣わされた名称もない。正確に言えば「英国によるフランス艦隊強制接収事件」であり、その場所の範囲は表題に掲げた地名より遙かに広きにわたるが、フランス海軍の抵抗が行なわれて英国艦隊との戦闘となり、世人の注目を惹いた場所の名をとって「オーラン及びメルス・エル・ケビール沖海戦」と名付けた次第である。

一九四〇年ドイツ軍はフランスに侵入して、フランス本国領土を占領し、ヒットラー総統はペタン元師との間に休戦協定を結んだ。その第八条により、フランス艦隊は、フランス植民地を守るために必要な部分を残して、その他は「ドイツ又はイタリアの監視の下に、指定された港に集合して破壊又は武装解除されねばならぬ」と定められ、これに付け加えて、ドイツは戦争の期間中フランス艦隊を自国の用に供しないという誓約がなされた。(1)第八条は、フランス艦隊がドイツに敵対する軍事行動に使用されることを妨げるため破壊又は武装解除されるが、それと同時にドイツもフランス海軍を英国その他の敵国に対する軍事行動に使用しないことを誓ったものであって、勝ち誇ったドイツの側から言えば甚だ譲歩した規定である。この譲歩の背後には、右の休戦締結に先立ってペタン元師が英国政府に、フランスがドイツと休戦条約を締結することについての英国政府の意向を打診した際、後者はフランス艦隊を英国の港に回航せしめることを条件として承諾を与えたという事実がある。(2) 第八条が、フランス艦隊をドイツの用は供せしめないことをはっきり規定したのは、この事実を考慮したからであろう。

しかし英国政府としては、ヒットラーの誓約に信頼を置くことはできなかった。フランス艦隊を現実に自国の管理下に入れるのでなければ安心ならぬと考えた。この時フランス海軍は、本国ツーロン軍港に残った僅かの艦艇を除いては、大部分は英国のポーツマス及びプリマス、アフリカ北岸の諸港(アレクサンドリア、オーラン、アルジェ、カサブランカ、ダカール)及びマルチニーク島に分散していたのである。一九四〇年七月上旬英国海軍はこれらのフランス艦艇の接収に着手し、大体は抵抗を受けないで手中に収めることができた。ただダカールにあった新造戦艦リシュリューと、オーラン及びメルス・エル・ケビールに仮泊していた仏海軍の精鋭ダンケルク、ストラスブール等の四隻の戦艦及び若干の巡洋艦、駆逐艦、潜水艦は英国の命令に服しなかったために、英国は海軍と空軍とを動かしてこれを攻撃するの止むなきに至った。(3) このうちフランス側の応戦によって激烈な戦闘を展開したのはオーラン及びメルス・エル・ケビール沖に於いてである。

七月三日ソマーヴィル(Sommerville)提督の率いる英国艦隊はオーラン沖に至ってフランス艦隊に次の四つの条件のいずれかを選ぶことを求めた。

(a) 英国海軍と協力して独伊に対する戦闘に参加するか、

(b) 英艦隊に随伴して英国の港に赴き抑留されるか、

(c) 仏領ウエスト・インディースの一港、例えばマルチニークに赴いて自から武装を解除するか、

(d) 六時間以内に自沈するか、

フランス提督ジャンスール（Gensoul）はこのいずれにも応諾を与えなかったので、英艦隊は砲火を開き、仏艦隊も沿岸砲台の援護の下に応戦しつつ遁走しようと企てた。しかしその大半は撃沈され、または坐礁して英艦隊に捕えられ、ただ巡洋戦艦ストラスブールと数隻の巡洋艦のみがツーロンに逃げ込むことに成功した。

この事件をデンマーク艦隊事件と比較すれば、デンマークが中立国であったのに対して、フランスは英の同盟国でありながら敵に降伏したものである点が異なる。(4) しかしペタン政府は英国を敵として戦う意図がなかった点において、デンマーク政府と同じである。英国は、相手方がその海軍を自国攻撃に使用する意図をもっていないに拘わらず、これを放置すれば英国の敵国に利用される危険があると考え、これを強制的に押収し、命を聞かないものに攻撃を加えたという点で、両事件は類似性を持つように思われる。

（1）　W. Churchill, The Second World War, vol. II, 4th ed. (1954) によれば二〇五頁。

（2）　チャーチル、右掲書、一九〇頁。

（3）　同右、二〇六―二一〇頁。

（4）　英国の学者バウエットはこの相違点を強調している（バウエット、国際法における自衛権、一七二頁註二）。しかしこの相違点は英国の行為の評価に影響を及ぼすものではないと思う。デンマーク政府もフランス政府も共に英国を敵として戦う意図はなく、またその艦隊を英の敵に利用せしめる意図もなかった点では同じだからである。

但しチャーチルの言うように、独仏休戦締結に先立つペタン元師の英政府意向打診に対して、英政府はフランス艦隊の英国回航を条件として承諾を与えたということが真実であれば、デンマーク艦隊事件の場合とは多少異なる要素が含まれており、この相違点は英国のその後の措置の評価に影響するであろう。しかし果してペタン元師の側に食言があったか、又あったとしても彼としては如何ともできない事情の下においてではなかったか。現在私の持つ資料の範囲では判断できないことであるから、問題を提示して他の学者の教えを乞うことにしたい。

第六項　ベーリング海漁業事件（the Behring Sea Fishery case）[1]

事件の経緯

一八二一年ロシア皇帝アレキサンダー一世は、勅令をもってベーリング海におけるオットセイ猟その他一切の漁猟の権利をロシア国民にのみ認めることを布告した。[2] 当時ロシアは米大陸のアラスカを領有しており、従ってベーリング海は両岸とも露領であった。しかし両岸の最も接近した個所――アメリカ大陸側のプリンス・オブ・ウエールス岬とアジア側の東岬との間のベーリング海峡――も幅六〇カイリを超えていた。従って米英両国はロシアに抗議して、一八二四年及び二五年の条約によって、合衆国及び英国の漁船がこの海域においてロシア官憲から妨害されることなく漁猟する権利を認めさせた。[3]

その後一八六七年の米露条約によってロシアは金貨七二〇万ドルと引換えにアラスカ及び付属島嶼をアメリカに譲渡した。譲渡された部分の限界は、西ベーリング海峡の中央から南北に引かれた線であり、南はセント・ローレンス島の西北肩を通過してアリューシャン列島を西経一九三度（東経一六七度）の点で切断する線と定められた。[4]

アラスカを譲り受けた後のアメリカ政府は、その近海のオットセイの保護に注意を払い、数次の法律によってその捕獲を制限した。しかし法律の適用される海域の範囲は、初めのうち明瞭でなく、一八七二年に財務長官バウトウエル（Boutwell）は、海岸から一マリン・リーグ（三浬）以外の漁猟に干渉する権利がないという見解をとったが、一八八一年に至って財務省は方針を改め、一八六七年の条約（アラスカ割譲条約）によって海上に引かれた線以東の海の全部がアラスカ水域に属し、このアラスカ水域内での毛皮用動物の漁猟はアメリカ法律の適用をうける、という解釈をとるに至った。(5) その結果一八八六年若干のカナダ漁船が米国官憲に捕えられてその乗組員は有罪の判決を受ける事件が起こった。

英国政府はこの事件について国務省に抗議し、後者は一八八七年二月、この事件の中に含まれている諸問題の決定を保留しつつ、訴訟手続の中止、抑留中の船及び船員の解放を大統領の名において指令した旨を英国公使に通告した。同年八月国務長官ベイヤード（Bayard）は仏、英、独、日、露、スェーデン＝ノールウェー（当時一国）に駐在する米国公使を通じて、ベーリング海のオットセイ保護について米国への協力を要請した。(6) この要請の中で米国政府は「領有権（アラスカ水域の）の特殊な性格に基づいて、米国政府がとることを正当化されるかも知れない例外的措置についての問題を論ずることなく」という言葉を挿入することによって、アラスカ水域の漁業の取締りについて米国の一方的権利を強調せず、条約的基礎の上に漁業問題を取極める意思があることを明らかにすると同時に、この条約締結交渉を開こうという提案がアラスカ水域に対する領有権の主張の放棄を意味するものでないことを示唆したのである。

アメリカ政府の提案に対して仏英日露は直ちに好意的回答を寄せたので、まずロンドンにおいて米英露三国の会談が開始された。しかしこの交渉は一八八八年五月に中止された。ロンドン駐在の米国公使フェルプス（Phelps）が、この中止について国務省に送った報告の中に、米英間に条約は殆んど成立しかけたのであるが、カナダ政府が英国政府に商議の中止を要求したために（当時英自治領の外交主権は英国政府の手にあった）、英国政府もこれに屈したのであると述べ、

「こういう事情の下に合衆国政府は、貴重な海洋資源の壊滅を袖手傍観するか、または（一方的に）壊滅を防ぐ措置をとりオットセイ猟船を捕獲するか、いずれかの道を選ばねばならぬと思う。私はこの二つのどちらを選ぶかについて狐疑する余地はないと思う。」貴重な海洋資源が外国の一植民地の政策によって壊滅されようとしており、この壊滅を防ぐ措置を我が国がとることは、海洋は海岸から一定距離のほかは公海であるという理窟によって邪魔されている。こういう理窟によれば、海賊行為や奴隷取引も公海で行われる限り保護されることになる。「人及び財産に関する自衛の権利は、他の場合と同じように、ここにおいても完全に妥当する筈である（The right of self-defence as to person and property prevails there as fully as elsewhere)。」と言って、オットセイ保護のための一方的措置をアメリカがとるのは、自衛権行使であると唱えておる個所がある。(7)

一八八九年再び起こったカナダ漁船の拿捕事件において、これに関する英国政府の抗議に答えた国務長官ブレーン(Blaine）の一八九〇年一月の対英通牒の中に、

「拿捕されたカナダ漁船は良俗に反する営業（pursuit contra bonos mores)、米国政府及び人民の権利に重大かつ永久的な損害を必然的に惹起する営業に従事するものである。」この拿捕の合法性を証明するために、米国がロシアから譲り受けたベーリング海の主権の範囲又は性格の問題をここに論ずる必要はない。ロシアはアラスカ発見のときから一八六七年までベーリング海のオットセイ猟を管理してきたのであり、アメリカも一八六七年以後一貫して中断することなくこれを管理してきたのである。一八八六年以来カナダ船がこの海洋資源を掃滅する濫獲に従事するのに対して、米国がこれを阻止するための措置をとったのは当然のことであり、英国もセイロン島の真珠貝漁業に関して三カイリ外にその管理権を及ぼしているではないか。「ベーリング海においてアメリカがとることを余儀なくされ

た強力による抵抗措置は、永い伝統のあるアメリカの権利と、全世界の善良な政治及び道徳の権利を守る必要に基づき止むを得ないものであった。」という言葉がある。(8) この対英通牒は、先のフェルプス公使の報告書のように自衛権という言葉を用いていないが、しかしアメリカのとった強力による一方的措置が、アメリカの権利を守るための必要に基づき止むを得ないものであるということによって、同じ観念を婉曲に表現したものであると言える。

この通牒に対して同年六月、英外相ソールズベリー（Salisbury）卿の反駁があったが、これに答えるブレーン国務長官の対英通牒の中に、一八二四年及び二五年の米露及び英露条約は、ベーリング海に対するロシアの領有権を制限するいかなる規定をも含まないという解釈が主張された。(9) 同年八月ソールズベリー卿は再びこの主張を反駁して、一八二一年のロシア勅令によるベーリング海領有の主張が一八二五年の条約によって放棄されたことは、英国側もロシア側も認めていたと述べ、そしてこの問題及びこれに関連する諸問題を仲裁々判に付して解決することを提案した。(10)

米国政府もこの提案に応諾して一八九二年ワシントンにおいて仲裁々判のための条約（コンプロミー）が成立し、七名の裁判官――合衆国大統領の指名する二人、英国女王の指名する二人、フランス大統領の指名する一人、イタリー国王の指名する一人、スエーデン＝ノールウェー国王の指名する一人――から成る仲裁々判所を設けて、紛争を解決せしめることになった。この条約によって両当事者が裁判所に解決を請求した諸問題、及びパリーで開かれたこの裁判所が一八九三年八月十五日に出した判決の内容を、逐一紹介するのは多くの紙面を要することであるから、他の書に譲り、(11) ここでは自衛権に関係ある部分だけを要約して述べる。

アメリカ政府はその主張を、(一) ロシアが一八二一年の勅令によって自から付与した権利はアメリカにそのまま譲渡せられ、このロシアの権利は一八二五年の英露条約によって廃止されていないこと、(二) 英国漁船の捕獲は、オットセイ濫獲を阻止するアメリカの権利の遂行のために必要止むを得ない措置であって、他にこの権利を護る適当な方法はなかったこと、に基礎づけようとした。[12] そしてこの英米紛争の途中に英露間に起こった一事件——一八九二年ベーリグ海西部でロシア官憲が、カナダのオットセイ猟船を拿捕したことから生じたもの——に言及して、一八九三年二月十二日ロシア外相は英国大使に書面を送り「国際的規律が成立するまでの間、ロシアは正当な自衛の措置（a measure of legitimate self-defence）として、すべての露領海岸から十浬以内、及びコンマンダー諸島及びロッベン島（Robben Island）から三〇浬以内の海域のオットセイ猟を禁止する」の止むなき旨を述べたのに対し、英国は「現在の事態の下ですべての合理的かつ正当な援助をロシアに与えるため、ロシア外相の提案する保護水域（protective zone）の設置のために直ちに交渉に入る用意がある」と答え、その結果同年五月英露協定が調印されたという事実を、アメリカの立場を強めるために引用した。[13]

しかし一八九三年八月十五日の仲裁々判所判決は、ベーリング海に対する主権的権利に関するアメリカの主張を退け、またオットセイ保護のためアメリカのとった一方的措置はアメリカの権利を守るために必要止むを得ない措置であるという主張をも容れなかった。それと同時に裁判所は、コンプロミー第七条によって与えられた権限に基づいて、ベーリング海のオットセイ保護を目的とする一条約案を作成し、その中で両当事者の利益の調節を計ろうとした。この条約試案を基礎として英米両国は、領海外におけるオットセイ猟（領海の幅は三浬と定められた）に関する条約を結び、更に一八九七年にロシア及び日本と同趣旨の条約を結んだ。これらは後に一九一一年七月七日ワシントンにおいて米英露日の四国によって調印された北太平洋オットセイ保護条約の前身をなすものである。

（1） ベーリングは英語では Behring と書くのが普通であるが、Bering とも書く。例えば Moore, A Digest of International

Law, vol. I, 八九〇頁以下。独仏語では Bering, Béring である。この地名は一七二八年両大陸間の海峡を発見した探険家（デンマーク人でロシア海軍に勤務）の名を取ったものであるが、この人の名も、Beering, Bering, 又は Behring と書かれている。

(2) Ukase（ロシア勅令）の内容はムーア、前掲、八九〇—一頁。

(3) 米露及び英露条約の要旨はムーア、右掲書、八九一—三頁。

(4) アラスカ割譲条約の内容は右掲書、八九三頁。

(5) ムーア、右掲書、八九四—五頁。

(6) 同右、八九六頁。

(7) 同右、八九七—八頁。

(8) 同右、八九九頁。

(9) 同右、九〇一頁。

(10) 同右、九〇二頁。

(11) 同右、九〇五—九二三頁。

(12) Bowett, Self-defence in International Law, 七九頁及び同所註四。

(13) ムーア、前掲書、九〇九—九一〇頁。

法律的意義

ベーリング海漁業事件は、公海に面する国が自国の領海の彼方にある公海の中で、海洋生物資源保護の目的をもって国家権力を行使することができるか、という一般的な法律問題につながる事件であって、この法律問題は十九世紀後半以来の漁船及び漁具の機械的発達によって次第に重要性を加えてきたものである。沿岸国が外国と条約を結んで、条約的基礎の上に外国船に向って国家権力を行使するのならば、その正当性は何人も疑わない。こういう条約がなく、関係国がこれを作ろうとする努力も水泡に帰した場合に、沿岸国は何の権利も持たないのか。この問題はことに第二大戦後には幾多の国際紛争を惹起している。ベーリング海漁業事件はそのはしりともいうべきものである。この事件において沿岸国（アメリカ）は他の利害関係国（英露日など）に条約による解決を提案したが、英国政府の拒否的態度によって条約の交渉が頓坐したため、遂に仲裁々判によって問題を解決することになった。この解決方法は、一九五八年のジュネーヴ海洋法会議の採択した「公海における生物資源の漁撈と保存に関する条約」が指示する解決方法と結局において同じである（四条、九―一一条、一四条を参照）。平和的に問題を解決するためにはこれ以外に道はないであろう。ベーリング海漁業事件はこの点についての興味ある先例である。

この意味における重要性に比べれば、自衛権の先例としての本事件の価値は乏しいように思われる。一八八八年ロンドン駐在の米国公使フェルプスが国務省に送った報告の中に、オットセイ濫獲を防止するために必要な措置をアメリカがとるのは自衛権の行使である、という言葉があるが、アメリカ政府の対英通牒、又は仲裁々判の際のアメリカの主張の中には、自衛権という言葉を直接に用いた個所はない。ただブレーン国務長官の通牒の中に、英国漁船の拿捕はオットセイ濫獲を阻止するアメリカの権利を守るために必要止むを得ぬ措置であり、他にこの権利を守るのに適当な方法はない、ということがあること、及び仲裁々判におけるアメリカの主張の中に、ロシア外相が英国大使宛書簡において、ロシアの取った類似の措置を「正当な自衛の措置」と称したのに対して英国政府が異議を挟まなかった事実をあげることによって、間接にその意を表わそうとしているだけである。

のみならずアメリカ政府は、この主張に並行して、自国の行使するベーリング海漁業管理権はロシア皇帝の行使した権利を継承したものであるという主張を持ち出すことによって、自国の立場を強めようと計っており、上述の主張のみによって自国の国権行使を正当化しようとしたのではない。そして仲裁々判所はアメリカ政府のこの主張も前述の主張もともに容れなかったのである。

ベーリング海漁業事件は多くの国際法の著述に自衛権の先例として挙げられているが、この事件が種々の意味で国際法上興味深いものであることは疑いないにもせよ、自衛権の意義及び範囲を研究するための先例としての価値は少ないと私は考える。

第七項　ベルギー中立侵犯事件

第一大戦開始の際の事件であって、ドイツ宰相ベートマン＝ホルヴェッヒ（Bethmann-Hollweg）がこの事件におけるドイツの行動を正当化しようとして Notwehr（緊急防衛）という言葉を用いたために、ドイツの行為が緊急防衛と見なされるか否かが国際法学界の問題となった。このときドイツはベルギー王国とルクセンブルグ大公国へ同時に侵入したのであり、両国は共に永世中立国であった（王国は一八三一年及び三九年のロンドン条約により、大公国は一八六七年のロンドン条約により）。しかしベルギー侵入が政治的に重大であったために、この方が一般に有名であり、通常ベルギー侵入事件又はベルギー中立侵犯事件と呼ばれる。またルクセンブルグ侵入は一九一四年八月一日になされ、ベルギー侵入は八月四日から開始されたが、ドイツ宰相が緊急防衛という言葉を用いたのは、八月四日のライヒスターク（Reichstag）の演説に於いてであり、ベルギー侵入に関してであった。

ベルギー及びルクセンブルグの中立に関する両ロンドン条約が成立した後に発生した一八七〇年のドイツ・フランス間の戦争に於いて、二国の中立は両交戦国によって尊重された。しかしこの時と第一世界大戦の時との間には若干の事情の変化があった。

（一）一八七〇年の戦争で惨敗を喫したフランスは、ドイツに対する戦略として守勢方針を取り、独仏国境の要塞を堅固に改築してドイツ軍のフランス領土内への侵入を阻止することに努めた。その結果もし再び独仏間に戦争が開かれ、この戦争に於いてドイツが即戦即決を求める必要に迫られた場合には、独仏国境を避けて他に道を求めねばならぬことになった。

（二）一八七〇年の敗戦後フランスはヨーロッパの外交場裡で、一時は壁の花《ウォールフラワー》としてビスマークの華々しい活躍を指をくわえて見守るの他はない位置に置かれたが、一八九〇年ビスマークの失脚後その外交的鋒鋩を現わし始め、まずロシア帝国との間に対独防禦同盟を結ぶことに成功した。その結果独仏が再び戦えば、ドイツはロシアも敵とせねばならぬ破目に陥り、当時としての二大陸軍国の挾撃を受けねばならぬ危険に曝されることになった。この戦略的不利を免かれるために、ドイツ陸軍参謀本部が立てた作戦計画は、各個撃破の戦法であった。即ちロシア帝国の交通機関及び行政機構の不完全さによってロシア軍の動員が敏速に行なわれ得ないことを見越して、開戦と同時にドイツ軍の主力を西に傾けてフランスに侵入し、フランス軍を捕捉殲滅した後に、兵を東に返えしてロシア軍に当るという作戦計画であった。ところがこの計画の成功は、一にフランス軍を撃滅する時間の速さにかかっている。従って前に述べた「ドイツが即戦即決を求める必要」は、露仏同盟の成立によって現実のものとなった。少くともドイツ陸軍参謀本部はこのように考えたのである。

シュリーフェン将軍が陸軍参謀総長の時代（一八九一―一九〇五）に作った有名なシュリーフェン作戦計画（der schlieffensche Feldzugsplan）はこの事情の下に立てられたものである。要塞の厳重に構築された独仏国境を突破するために時間を空費することを避け、防備の手薄なベルギーを通過してフランス北部に侵入し、直ちにパリーを衝こうとする案である。

一九一四年世界大戦が開かれるや、ドイツ陸軍参謀本部はこの作戦計画を、これを阻止しようとした皇帝ウィルヘルム二世の意思をも無視して、躊躇することなく実行に移した。このときカイゼル及びドイツ政府首脳者は、ベルギー中立侵犯はドイツを世界与論の前において不利な立場に置く惧れがあることを感じており、また英国の参戦を早める危険があることを、ロンドン駐在のドイツ大使リチノウスキー（Lichnowsky）からの警告によって知っていたから、この軍事行動がドイツにとって止むを得ないことを世界に向って釈明し、また法律的にこれを理由づけることを必要と考えた。一九一四年八月四日ドイツ国会に於けるベートマン＝ホルヴェッヒの演説中の次の一節は、この考慮に基づいたものと思われる。

「諸君、われわれは今や緊急防衛に立っているのであり、緊急の必要あるとき法規は認められない。……わが軍は恐らく既にベルギー領土に入ったであろう。諸君、これは国際法に反する。……われわれが行なうこの不法――私ははっきりと言う――この不法を、われわれは軍事的目的を達した後に償うであろう。何人も、吾人の如く危険なる地位にあり、その生存のために戦う者は、ただ如何にして切抜けるかということより外は考えることを許されぬ。(1)」

ここにドイツ宰相は緊急防衛（Notwehr）という言葉を用いているが、国内法上で緊急防衛は、不法な侵害に対する反撃として、不法行為者に対して執られる手段を言う（序言の一参照）。ドイツ軍のベルギー領土侵犯は、後者がドイツに対してなした不法行為に基づいて執られた手段ではない。右の演説の中に於いてもベルギーの側に違法がないことは暗に認められている。ベートマン＝ホルヴェッヒの言わんとする所は「ドイツ国民は露仏の挾撃を受けねばならぬ危険な緊急状態（Notstand）に立っている」ということであり、(2)「緊急」状態にあって自国を「防衛」することを緊急防衛と表現したものであろう。私は、前にカロリン号事件で英国政府が自衛権という言葉を用いて自己の行動を正当化しようとしたことを批判した際に（本節一項参照）、政治家が法律用語を用いるとき、必ずしもその法律学上の厳密な意味に捉われないで、その言葉の響きや、世人の感触に与える影響を考えて言葉を選択する傾きがあることを述べ、国際法学者が政治家の用語を解釈する際に注意せねばならぬ点であると言ったが、ドイツ宰相の演説の如きはその典型的なものである。

　ベートマン＝ホルヴェッヒの法律論は、ベルギー中立侵犯に対する列国の非難を和らげるのに役に立たなかった。しかもドイツ国内に於いては、彼がこの演説に於いてドイツの行為は不法なものであると公然と言明したことは、緒戦の勝利に気の驕ったドイツ国民の間に不評を買い、世論の攻撃を受ける始末となった。彼はこの不評を打破しようとして、後に独軍がベルギー首府ブラッセルを占領した時、ベルギー政府の文書庫の中に、大戦開始前ベルギーと英国との間に軍事的密約が結ばれた証拠を発見したのを幸いとして、十二月二日国会に於いて「ベルギーはその永世中立の地位を自ら破ったものであるから、我軍が八月三日の夜ベルギー領土に侵入した時には、既に中立を放棄した国の領土に入ったにすぎない」と述べて、中立侵害行為をあらためて弁解しようとした。(3)ドイツ宰相の言う英ベルギー軍事密約なるものは、一九〇六年ベルギー参謀総長と英国公使館付武官との会談により、独がベルギーの中立を侵害した場合に於ける英国軍隊及び軍需品の輸送方法その他の作戦計画を取極めたものに外ならなかった。かかる約束も軍事協定の一種であり、従って一つの同盟であると言えないことはないが、しかしこの会談のなされた時期は、独の参謀本部がシュリーフェン作戦計画に基づき、ドイツが露仏と戦う場合ベルギーを突破してフランスに侵入する方針を決定していた時である。従ってシュリーフェン計画が実行に移される場合を想定して、ベルギーの永世中立の保障国たる英国が、一朝事あるときベルギー救援のために派遣する軍隊の輸送及び配置について、あらかじめベルギーと協定しておくのは不法ではなく、こういう協定を結んだことによってベルギーが永世中立国としての義務に反したということはできない(4)。

以上述べたように、ドイツのベルギー中立侵害を緊急防衛として弁護することは不可能であり、またベルギーの側に中立の地位に反する行為もなかったとすれば、残る問題は、ベルギー侵犯は、ドイツが露仏両国の挟撃を受ける危険を免かれるための止むを得ない行為として弁護できるかという問題である。即ち国内法上の緊急状態に関する法理をここに適用すればドイツの執った軍事行動は許されうるか、という問題である。

第一大戦開始のときドイツが二大陸軍国の挟撃を受ける危険な戦略的地位に陥ったことは事実である。この意味で、ドイツは緊急状態に陥ったとも一応言えるであろう。しかし国内法上の緊急状態の法理を国際関係に適用するとすれば、緊急状態に関して国内法上一般に認められる諸原則はこれをドイツの場合に適用して、ドイツの行為がこれらの諸原則に従っているかを検討して見なければならない。就中重要なのは、「自己の責任によって緊急状態を招いたものは、この状態の発生を理由として無辜の他人の法益を害することを許されない」という原則と(5)、ドイツの行動との関係である。

ドイツのいわゆる緊急状態はドイツ自身の責に帰すべきものではなかったか。この問題に答えるためには、一九一四年六月二十八日サラエヴォのオーストリア皇儲夫妻暗殺から、八月三日のドイツの対仏宣戦に至る迄の五週間のヨーロッパ諸国の動きについての十分な知識が必要であり、紙面の都合上ここに詳しく説明することは不可能であるが、まず第一に注意せねばならぬことは、ドイツとロシア、及びドイツとフランスとの間の戦争状態は、ドイツの側からの開戦通告によって開始されたものであり、ロシアまたはフランスの側からの攻撃又は宣戦によって開かれたものでないということである。一九一四年七月三十一日ドイツ政府はロシア帝国に向って、その企てつつある動員を中止すべきことを要求し、またフランスに向って、もし独露開戦せばフランスは中立を守るべきことを要求する最後通牒を発し、その期限内（対露通牒は十二時間、対仏通牒は十八時間）に応諾がなかったため、ドイツは八月一日ロシアに、また八月三日フランスに向って宣戦したのである。従って露仏を同時に敵として戦わねばならぬ状態は、ドイツ自身の行為によって作り出されたものであった。

しかしこの形式論理だけで問題は解決されたと考えることはできない。先んじて戦端を開くという政策上不利益な行動を、ドイツをしてとらしめた事情は何であったか。ドイツはその時の周囲の情勢によって、この行動をとることを余儀なくされたのではないか。そしてこの周囲の情勢はドイツ以外の国によって作り出されたものであり、ドイツにとって責任のないことであったのではないか。この点を明らかにしなければ、ドイツの緊急状態はドイツの責任に帰すべきものであると断定することはできない。

七月三十一日のドイツの対露最後通牒の内容からもわかるように、この通牒に先立ってロシア帝国はその全軍に動員令を下したのである。既に七月二十九日夜半に部分的動員令を公布し、七月三十日午後六時にはこれを総動員令に切換えている。ドイツの対露最後通牒はこの動員令の撤回を求めたものである。また対仏最後通牒は、ロシアが動員中止を肯んぜず、その結果独露の戦端が開かれた場合に、フランスがロシアに加担してドイツを攻撃するのを警戒して、フランスに中立を守ることを予め約束せしめようとしたものである。露仏間には一八九二年の軍事協定があるから、ドイツがこの警戒を払ったのは当然のことと言える。(6) 故に問題の解決の鍵は、ロシアの動員は、もしロシアがそれを中止しなければ、ドイツとしては自国防衛のため必らずロシアと戦わねばならぬような性質のものであったか、という点である。

ロシアの動員は、本来ドイツに向けられたものではなく、オーストリアの対セルビアの開戦に刺戟されて行なわれたものである。オーストリア政府は一九一四年六月二十八日のサラエヴォに於けるオーストリア皇儲夫妻暗殺事件にセルビア政府が連累しておるのを好機として、一九〇八年エーレンタール（Aehrentahl）のボスニア・ヘルツェゴヴィナ両州強制併合以来セルビアが両州の人民に向って絶えず行なっていた反乱独立を煽動する行為を中止せしめるために、セルビア政府に一撃を加えようと欲して、七月二十三日セルビア政府が到底受諾しがたい内容の最後通牒をベルグラードに送った。この最後通牒に接してセルビア王国は、摂政の名においてツァールに電報を送り、セルビアの独立を守るための援助を要求した。ロシア外相サゾノフ（Sazonov）はオーストリアを威嚇してセルビアから手を引かす目的をもって、ロシア軍の動員を行なうことをツァールに提案した。但しドイツをも刺激することを恐れて、全国的総動員令を発布することを避け、オーストリアと境を接する四軍管区（Kiev, Odessa, Moscow, Kazan）の動員だけに限定しようと欲した。ツァールがこの趣旨に基づいて陸軍に出した命令を受けた陸軍の動員局は、かかる部分的動員のプランを持合せておらず、急にこのプランを立てることは困難であると唱え、また結局戦争が実際に生じた場合に、これを総動員に切換える必要が生じたとき軍隊の輸送に大混乱が生じると唱えて、部分的動員に反対した。その結果一旦七月二十九日夜半に出された部分的動員令は取止めとなり、三十日午後六時の総動員令公布となったのである。

従ってロシア軍の動員は、オーストリアを威嚇して対セルビア戦争を中止せしめる目的をもってなされたものである。この威嚇は、オーストリアがこれに屈しなければ、結局ロシア、オーストリア間の戦争にまで発展したかも知れない。しかしそれは公算の問題であって必然の問題ではない。いずれにしてもこの動員がドイツを目ざすものではなかったことは確かである。当時の情勢から判断すれば、ドイツの側からロシアを攻撃しない限り、ロシアはドイツを敵として戦う意図はなかった。従ってドイツ政府としては、自国を攻撃するためになされたのでないロシア軍の動員を、最後通牒――もしロシアが受諾せねば戦争となる――を突きつけてまで中止せしめる必要はなかった筈である。それにも拘らずドイツが敢えてこの挙に出なければならなかったのは、ドイツ・オーストリア間に、後者がロシアから攻撃された場合に前者は後者を援けてロシアと戦うという約束があったからであり（一八七九年、ドイツ・オーストリア同盟条約第一条）、この約束があったためにドイツは、ロシアの対オーストリア動員は自国にも向けられたものとして対処せざるを得なくなったのである。この条約はビスマーク時代に作られたものであり、ウィルヘルム二世の治下においても、この条約が一方的廃棄を許す条項を含んでいるに拘わらず（第三条）廃棄されないままで効力を持ち続けて来たものである。故に一九一四年ドイツが、ロシア・オーストリア間の戦争に捲き込まれる立場に陥ったのは、ドイツ政府自身の行為によるものであると言わねばならない。

のみならず、ロシア・オーストリア間の戦争に捲き込まれたのはドイツ自身の責任であるという考えを更に強めるのは、ドイツ・オーストリア同盟条約によってドイツが参戦の義務を負うていたのは、「オーストリアがロシアから攻撃された場合」であるに拘わらず、ドイツはオーストリアが攻撃を受けるに先立ってロシアに向って宣戦したという事実である。ロシア政府がオーストリアに宣戦し、又はロシア軍がオーストリア国境を越えるのを待って、しかる後にロシアに宣戦しても、ドイツは同盟条約に違反したことにはならない。上述のように、ロシアの動員は本来オーストリアを威嚇して対セルビア戦争を中止せしめる目的でなされたものであるから、ただ動員の段階にとどまり、未だ攻撃に移ってはいなかった。その間に、ドイツの方から進んで事を起こして急転直下戦争を勃発せしめるのは、同盟条約の義務に基づいたものとは言えない。それにも拘わらずドイツがこの挙に出たのは、シュリーフェン作戦計画に捉われすぎたからである。この作戦計画は、ロシア帝国の動員が、その交通機関及び行政機構の不完全さに基づき遅々として進まない間に、ドイツ軍の主力を挙げてフランスに突入し、フランス軍を撃滅した後にロシア軍に当ろうというプランである。一九一四年七月下旬ロシアが、オーストリアに向って公然と戦端を開かないままで着々と動員を進めて行ったことは、ロシアがこれを意図したか否かを問わず、シュリーフェン作戦計画の裏をかく形になった。そのためにドイツは焦って自ら開戦を早める始末になったのである。

これらの事実を総合すれば、ドイツが仏露の挟撃を受ける立場に陥ったのは、ドイツ自身の行為によるものと結論しなければならない。従ってドイツの陥った緊急状態を、ベルギー中立侵犯の不法性を緩和する理由とは為しがたいと思う。

（1）　Bredt, Die belgische Neutralität und schlieffensche Feldzugsplan 一九二八年、一二一―一二二頁。

（2）　右同書、一八四頁以下。

（3） 右同書、一五一頁。

（4） 永世中立国が他国と結ぶ同盟条約が永世中立の地位に及ぼす影響については、拙著、永世中立と日本の安全保障、昭和二五年、一九〇頁以下参照。

（5） 後に本章第二節で述べるように、緊急避難に関する各国の国内法の規定は国ごとに著しく相違しており、この点は自衛権に関する各国国内法制と著しい対照をなしている（序言の一及び註参照）。しかし緊急状態が、これに陥った人自身の行為によって作られたものである場合に、緊急状態を理由として他人の法益を害することは許されない、とする点では、各国の法制は大体一致しているように見える。

緊急避難について包括的規定を設けた最近の立法の一つであるスイス刑法（三四条一項）は

「自己の利益を、或る直接の且つ他に避ける道のない危険から救う行為をなした者は、この危険が、行為者の責に帰すべきものではなく、また危険に瀕した利益を放棄することを、その時の状況から考えて、彼に期待できなかったときには、罰せられない（……ist straflos, wenn die Gefahr vom Täter nicht verschuldet ist und ihm den Umständen nach nicht zugemutet werden konnte, das gefährdete Gut preiszugeben.)」

と定める（Schwander, Das schweizerische Strafgesetzbuch, 一九五二年、六九頁による）。

ドイツ刑法典は、自己又は近親の身体生命の危険を救うための緊急避難行為について規定し（五四条）、別に民法典の中に、緊急避難のために他人の財産を損壊することについての規定を設けているが、前者即ち刑法五四条は、明文をもって「責任なき緊急状態」からの避難行為だけが罰せられないことを謳っている（Ein strafbare Handlung ist nich vorhanden, wenn die Handlung……in einem unverschuldeten Notstande……begangen worden ist.）。後者即ち民法典中の緊急状態に関する規定（二二八条、九〇四条）には民事上の損害賠償の問題以外については明文がないために、解釈上争いがあるようである。

ドイツ刑法五四条の「責任なき緊急状態」の解釈として問題となっているのは、自己以外の者のためにする緊急救助に関してである。AがBを緊急状態から救おうとしてCの法益を害した場合、Aがこの緊急状態の発生について責任がなければ、たとえ緊急状態はBの行為によつて惹起されたものであっても、緊急救助は許されるか。ドイツの通説はこれを消極的に解し、Bに責任がある時は、緊急避難は成立しないとするようである。(Schönke-Schröder, Strafgesetzbuch, Kommentar, 一九五九年版、三一六頁及び同所に引用する文献参照)。

イタリア刑法五四条は、自己又は他人の身体生命その他の人格権を、重大な損害の危険から救うための必要にもとづいて止むなく行為した者は、その危険が差迫っており、また彼によって故意に惹き起こされたものでないときには (da lui non volontariamente causato) 罰せられない、と定めている (De Santis, Commento del Nuovo Codice Penale, 一九三一年、五四頁による)。

カトリック教会のカノン法でも、自己の生命、身体またはその他の法益に対する差迫った危険が、自己の責にもとづかないものであれば、これを避けるため他に方法がない場合に、他人の生命又は財産を犠牲にすることを認めている (一九一七年、Codex Juris Canonici, 森下忠、緊急避難の研究、昭和三五年、二七頁による)。

フランスの刑法典は、本章第二節で述べるように、緊急状態について規定を設けていないが、しかし同種の観念は最近の刑法の著述の中に état de nécessité の名の下に説かれている。緊急状態が、これに陥った者によって惹起されたものでなければ緊急避難は成立しないかの点については説が分れているが、否定説が有力なように思われる。

「危険は不可避 (inévitable) なものでなくてはならぬ。もし危険が予期されうべきものであったか、又は彼の行為によって惹起されたものであれば (S'il résultait d'un fait volontaire de l'agent) 不可避とは言えない」(Garraud, Précis de Droit Criminel, 一九二六年版、二六七頁)。

我が国の刑法三七条は、危難が、緊急避難者又は緊急救助者の責任によって生じたものである時も、緊急避難が成立するか、の問題については沈黙しており、従って解釈の争いがある（但し肯定論は少数。植松正、刑法概論Ⅰ、一八七頁。牧野英一、日本刑法上巻、三八二頁註）。大審院の判例は、危難が行為者の有責行為によって彼自ら招いたものであり、社会の通念に照して、止むを得ざるものとしてその避難行為を是認できないような場合には、第三七条は適用されない、としている（大正一三・一二・一判決、総合判例研究叢書、刑法8、三一―二頁による）。

この問題を論ずるに当って、

「私が他人の法益を害するより他に、助かる道のない緊急状態に陥ったことの直接の原因たる事実が、私の故意又は過失によるものであったか」という問題と、

「私がこの状態に陥るに至った過程における出来事で、それが遠因をなしているが、しかし同じような出来事が常に私を右のような緊急状態に導くとは決っていないものについて、私の故意又は過失があったか」という問題とは、区別して考えねばならぬと思う。

緊急避難は、第二の意味において私に責任がある場合にも、成立すると見なしてよいであろう。これに反して、第一の意味において私に責任があるときには、緊急避難は認められないと解すべきであると思う。

例えば我が家の出火が私の過失による場合にも、私が火中から逃れようとして他人を突き倒してこれを傷害したことは、緊急避難と認められ、私は罰を免かれるであろう。我が家の出火は常に私を右のような緊急状態に必らず追い込むとは決っていないのであり、この出火によって私が、右のような方法によってのみ命を助かる状態に陥ったとすれば、その直接の原因となる事実が他にあった筈である。この事実について私に責任があったか。それが問題なのであり、この問題が肯定されたとき、緊急状態は私の責任に帰すべきものとなる。もしこれが否定されれば、緊急状態は私の責任に帰すべきものとはならない。たとえ失火について私に責任があるとしても、失火は緊急状態に導く過程の中の一つの出来事にすぎず、それに関する責任が直ちに緊急状態を惹起した責任には結びつかないからである。このように緊急状態と、結局緊急状態に導いた出火その他の出来

事とを区別して、前者について私に責任がある場合に緊急避難は認められないとするのが、正しい解釈ではないかと思う。「自己の責任によって危難を招いたときでも緊急避難は認められる」という肯定説を唱える人々が「危難」の語によって意味するのは「結局緊急状態に導いた過程の中の出来事である失火その他の椿事（Gefahr)」の事ではなかろうか。もし危難の語によって緊急状態（Notstand）そのものを指すと解すれば、結論は変ってくるのではなかろうか。ドイツ刑法の解説書には、Gefahr が有責であることと、Notstand が有責であることを区別せねばならぬことが強調されているようである。

「危険――それが結局緊急状態に導いたところの――が行為者の責に帰すべきものであるか否かは問題ではなく、状態――行為者が他人の法益を害することによってのみそれから免かれることができたところの――が責に帰すべきものでないことが必要なのである」(Schönke-Schröder 上掲、三一六頁。同様に Mezger, Strafrecht, Lehrbuch, 一九四九年版、三六七頁。Frank, Strafgesetzbuch, 一九二六年版、一五九頁。)

一九一四年のドイツは、本文に述べるように、自からフランス及びロシアに宣戦して、その結果両国の挾撃を受ける立場に陥ったのである。この行為を緊急避難の法理に照らして評価すれば、いかなる刑法学者も、ドイツの緊急避難が成立すると認めるのを躊躇するのではあるまいか。

（6）　一八九二年八月ロシア陸相 Vannovski とフランス陸軍参謀次長 Boideffre との間に調印された軍事協定は、二国のどちらかがドイツから攻撃された場合に、他の一国はその使用しうるすべての兵力をもってドイツを攻撃することを約束したものであり、ロシアの側からドイツを攻撃した場合に参戦する義務をフランスに負わせるものではない。しかしどちらが先に攻撃を開始したかを判断するのはフランス政府であり、フランスの判断はその時のフランス政府の政策によって左右される公算がある。ポアンカレー大統領の下の一九一四年のフランスを支配した空気は、ドイツ政府をして、露独開戦の際にフランスは、攻撃開始の責任がどちらにあるかを問題としないで、直ちに参戦する惧れがあると判断せしめたとしても、誤りではない。従ってドイツ政府がフランスに向って、最後通牒によって露独開戦の際中立を守る確約を求めたことそれ自身は、当然の措置であると思う。

第八項　コルフー海峡事件（The Corfu Channel Case）

これは第二大戦終了後に起こった英国・アルバニア間の紛争事件であって、この紛争に対する国際司法裁判所の判決は、最近の自衛権に関する著書論文にしばしば引用される。しかしこの事件は、一九二八年の不戦条約、一九四五年の国連憲章より後の出来事であり、そして後に第二章で説明するように、これらの条約以後、自衛権という言葉は伝統的国際法学のそれと異なる意味を含むようになった。英国政府が、一九四六年アルバニア領水内においてその海軍力をもって強制的に行なった掃海作業を、自衛権という言葉によって正当化しようとしなかったのは、この事情を考慮したからであろう。英国政府はこれに代えて「干渉の理論の新しい適用」とか「自己防護又は自力救済（self-protection or self-help）」とかいう言葉を用いた。従って国際司法裁判所は、英国の行為が自衛権の定義に該当するか否かを問題として取上げなかった。かつ裁判所は、英国政府が主張した干渉の理論その他の正当化事由をも否認した。そして英国のなした強制的掃海作業は違法であると判決したのである。

故にコルフー海峡事件は、自衛権を研究するための先例として取扱うのは適当ではないと思う。しかし良く引用される事件であるから、その内容を紹介する意味で、本節を終るに臨んでこれを付記する次第である。

事実、及び一九四九年四月九日判決の要旨

一九四六年十月二十二日英国巡洋艦二隻及び駆逐艦二隻は北コルフー海峡を南方から北に向って通過しようとした。

コルフー海峡はアルバニアの領水内にあるが、公海と公海とを連絡する場所に当っている。この通過の際に英国駆逐艦の一隻 Saumarez が機雷に触れて大破し、その救援に赴いた他の駆逐艦 Volage も同様の厄に会った。英国の士官及び水兵四五名は死亡し、四二名が負傷した。

この事件の前、同年五月十五日に同地点で二隻の英国巡洋艦がアルバニア海岸の砲台から砲撃を受けた事件があり、この時英国政府の抗議に対してアルバニア政府は、外国の軍艦及び商船は、アルバニア政府の事前の許可なくしてアルバニア領水を通過する権利はない、と答えた。英国政府はこのアルバニア政府の見解を否定し、今後英国軍艦がコルフー海峡を通過するに当って砲撃を受けたときは反撃を加えることをアルバニア政府に通告した。十月二十二日の事件はこういう雰囲気の中で起こったのである。(1)

十月二十二日の椿事の直後英国政府はチラーナ（Tirana）に通牒を送って、コルフー海峡の掃海作業を行なう意図を告げた。アルバニア政府は、掃海作業がアルバニア領水外で行なわれるのでなければ、アルバニアの領土及び主権の侵害であると抗議したが、英国政府はこれに構わず、十一月十二、十三日掃海作業を敢行し、二十三個の機雷（ドイツGY式）を引揚げた。この作業は、航空母艦一隻、巡洋艦数隻を含む強力な艦隊の援護の下に実施されたのである。(2)

英国の右のような一方的行為によって生じた英・アルバニア紛争は、一九四七年五月二十二日英国によって国際司法裁判所に付託された。アルバニアの異議申立て（本事件に関する裁判所の管轄権についての）に対して裁判所は一九四八年三月二十五日判決を下し、自己の管轄権を肯定した。(3) 続いて国際司法裁判所は本案（merits）の審理に入り、一九四九年四月九日これに関する判決を下した。

英・アルバニアのコンプロミー（付託合意）が裁判所に解決を求めた問題は二つある。(4)

（一）　国際法上アルバニアは一九四六年十月二十二日の爆発事件について責任があるか、また賠償を支払う義務があるか。

（二）　国際法上英国は、その海軍のアルバニア領水内における十月二十二日及び十一月十二、十三日の行為によって、アルバニア人民共和国の主権を侵害したか、又その償いをなす義務があるか。

第一の問題について、裁判所はアルバニア人民共和国の側に責任のあることを認め、また英艦の損害に対して賠償を支払う義務のあることを認めた。しかし判決のこの部分は当面の問題と直接の関係はないから省略する。(5)

第二の問題について裁判所は、アルバニアが、外国軍艦のコルフー海峡通過に事前の許可を必要とすると言うのは、国際慣習法に反するとの見解をとった。コルフー海峡は公海の二つの部分をつなぐ海峡であり、平時にはどの国も自国の軍艦をしてこの海峡を通過せしめる権利を持っている。アルバニア政府は、この海峡が公海の二つの部分をつなぐという事実を否定はしないが、この海峡が国際交通路として重要性少なく、公海の二つの部分を航行する船が必らず通過せねばならぬ水路でないことをもって抗弁したが、しかしこのことはアルバニアに、外国船通過を禁止する権利を与えるものではない。(6)従って十月二十二日の英国軍艦のコルフー海峡通過は正当な権利に基づいたものであり、アルバニアの主権侵害を構成するものではない。(7)

これに反して十一月十二日、十三日コルフー海峡においてなされた英国の掃海作業については、裁判所は英国の側に非があると考えた。この掃海作業はアルバニア政府の明白な反対を押切って行なわれたものである。英国政府は、この掃海作業が極度の緊急（extreme urgency）に基づいたものであり、他国の同意を求める必要はなかったと唱える。英国政府はこの掃海作業を正当化するために二つの根拠を提示したが、その最も重要なものは、掃海作業の目的が、機雷敷設責任者が証拠湮滅を図るに先立って、機雷を押収するにあったという点である。英国の執った処置は、一国が他国の領土内において、証拠物件（corpora delicti）を押収して裁判所に提出し、裁判所の仕事を容易くするためになした一種の干渉であり、干渉理論の新らしい、また特殊な適用（a new and special application of the theory of intervention）であると説明された。裁判所はこの説明に承服することはできない。いわゆる干渉の権利は力の政策の表現にほかならず、過去においても重大な濫用の弊害を招いたものであり、また現在の国際機構の欠陥はどうであろうとも、国際法の中にその地位を認めることはできないものである(8)。

英国政府は更にまた、その掃海作業を自己防護又は自力救済（self-protection or self-help）の手段であると主張する。裁判所はこの弁明をも受け入れることはできない。独立国間において領域主権の尊重は国際関係の重要な基石である。爆発事件（十月二十二日の）以後のアルバニア政府がその義務の履行を全く怠ったこと及び外交通牒に示した不誠意は、英国の行為の情状酌量の原因となるが、しかし英国の行為がアルバニアの主権侵害を構成することは否認できない(9)。

以上が国際司法裁判所の判決の要旨である。

（1） Recueil des Arrêts etc. de la Cour Internationale de Justice, 1949, Affaire de Détroit de Corfou (Fond) 二七—八頁。コルフー海峡事件について国際司法裁判所は三つの判決と若干の命令を出している。三判決のうち最後のもの（一九四九年十二月十五日）はアルバニアが英国に支払うべき賠償額を定めたものである。他の二つ（裁判所の管轄権の肯定および本案判決）は本文の中で説明した。

（2） 前掲、国際司法裁判所判決集（一九四九年）三三頁。

（3） 前掲、判決集（一九四七―八年）Affaire du Détroit de Corfou (Exception préliminaire) 一六―二九頁。
（4） 前掲、判決集（一九四九年）、一二頁及び二六頁。
（5） 右同、一二―二六頁。
（6） 右同、二八―九頁。
（7） 右同、二九―三二頁。
（8） 右同、三四―五頁。
（9） 右同、三五頁。

法律的意義

コルフー海峡は公海の二つの部分を連絡する海峡であり、国際社会のすべての国がその軍艦及び商船を通航せしめる権利をもつ通路であることは、国際司法裁判所の判決でも強調されている。そうとすれば、アルバニア政府がこの海峡の通行の障碍となるべき危険物を除去しないで放置しておいたことは、英国のみならず、この海峡を利用しようとするすべての国の法益の侵害である。アルバニア政府は、十月二十二日英国軍艦二隻が危難に遭った後においても、その義務の履行を全く怠り、英国政府との外交交渉においても誠意を示さなかったのであり、判決も Albanian Government's complete failure to carry out its duties and the dilatory nature of the diplomatic notes という強い言葉によって、これを指弾している。英国政府はこの事情の下において、自力をもって通行障碍物を除去したのである。これがアルバニアの領水内に於いて、かつアルバニア政府の反対を押し切って行なわれたものであり、従って本来ならばアルバニアの権利侵害と言い得るものであろうとも、この行為は、（一） 国家が自己の権利に加えられた明白な侵害を除去するために、(二) 止むを得ずして執った措置であり、(三) 又この行為によって救われる英国その他この海峡を利用する諸国の利益と、この行為によって損われるアルバニアの利益とを比較するとき、後者の方が重大であると断定することは困難である。従って本節に列挙した自衛権の先例に照らせば、英国政府のとった措置もその範疇に入ることは明かである。ことにこの事件に於いては、自衛権の行使を受けた国（アルバニア）の側に「国際義務の完全な不履行」があったことは、他の事件におけると異ってはっきりしており、このことは英国の行為を正当化すべき理由をなお更強めると思う。

しかし英国政府は自国の行為について「自衛権」という言葉を用いなかった。十九世紀にこの言葉を用いて自国を正当化しようとした先駆者であり、また他国に対してもこれを認めるに吝かでなかった英国（ヴァージニアス号事件においてスペインに、またベーリング海事件においてロシアに）がその伝統的政策を放棄したのは、或いは、第二大戦の直前及び途中の若干国による自衛権の語の濫用が、この言葉に好ましからぬ匂いを付与したことを顧慮したためであろうか。または国連憲章等の最近の条約に自衛権という言葉が甚だ狭義に用いられており（武力攻撃に対する防衛権）、英国がその掃海作業を自衛と名付ければ、世人は直ぐ憲章のいう自衛権を想起して、これに該当しないという非難をなすことを考慮したためであろうか。いずれにしても英国は、自国の行動を自衛権に基礎づけることを避けて、(一) 自己防護又は自力救済という漠然とした言葉を使用したり、(二) 相手方が証拠の湮滅を図る惧れがあったために、先手を打って証拠物件を押収して裁判所の仕事を容易くした、という弁解によって自己を正当化しようとした。

このうち第二点は、外国の違法行為の証拠を集めるために必要な場合、外国の領域内において武力の援護の下にこれをなしてもよいという考えであって、こういう規則が慣習法上あることは証明できない。また第一点は、自己防護又は自力救済という言葉が、自衛権という言葉以上に漠然としており、甚だ広い内容を持ちうる言葉であることから、もしこれを是認すれば、武力行使の許される範囲を曖昧ならしめ、また法外に広くする惧れがある。英国政府がこれらの根拠によって自己の立場を正常化しようとしたのは、不幸であったと言わねばならぬ。

しかし又一方裁判所が、英国の唱えた干渉の権利に対して、「干渉の権利は力の政策の表現にすぎない。現在の国際機構の欠陥がどのようであろうとも、国際法の中にその場席を認めることはできない」と一蹴し、また自己防護または自力救済に基づく弁明に対しては、「独立国間において領域主権の尊重は国際関係の重要な基石である」という簡単な反論で片付けてしまったことに対して、私は深い不満を覚える。

もし裁判所が国連憲章を根拠として英国の行為の違法性を判定したのであれば、問題は別であるが、しかし判決は本事件の評価について国連憲章を援用していない。そしてそれは当然の事である。当時アルバニアは国連に加盟していなかったから、英国・アルバニア間の紛争を裁判するために国連憲章を適用することはできないわけである。(1) 国際司法裁判所が本事件を一般国際法上の事件として取扱ったのは正しい態度である。

しかるに一般国際法の問題として取扱うとき、英国の違法性は、国際司法裁判所の言うように簡単に断定できないと私は思う。「独立国間において領域主権の尊重は国際関係の基礎である」という原則はその通りであるとしても、この原則を破るすべての行為を違法と断定するのは、大雑把に過ぎる議論である。緊急必要がこの原則に対する例外を構成しないか、英国の行為はこの例外に該当しないか、が検討されねばならない。この点に触れないでひたすら英国の違法を宣言するのを急いだ様子が見えるのを私は遺憾とするのである。(2)

（1）　外国の学者の中に、コルフー海峡事件の判決を国連憲章二条四項（武力の行使及び武力による脅威の禁止）及び五一条（集団的及び個別的自衛権）の解釈に援用する者があり、従ってわが国の学者の中にも憲章の解釈に本事件を引合いに出す者がある。しかし判決は国連憲章に全然触れていないことに注意せねばならぬ。本文に述べたように、裁判所のこの態度は当然である。国際司法裁判所規程非加盟国が、国際司法裁判所に事件を付託する場合に、受諾することを要求されるのは憲章のうち九四条だけであり、憲章のすべての条項ではない（一九四六年一〇月の安全保障理事会の決議、拙著、国際法講義上巻、三一九頁、註三十六参照）。

（2）　ウォルドックは、裁判所の判決が、一方において、国家がその正当な権利を守るために武力を行使する self-defence の権利を認め、他方において、既に受けた侵害にたいする償いを求めるための self-help としての武力行使を否定したものであるという（Waldock, The regulation of the use of force by individual states in international law, Recueil des Cours de l'A. D. I., 1952, II, pp. 499—502）。

しかし私は判決の趣旨をこのように理解することはできない。自国の軍艦及び商船をしてコルフー海峡を通過せしめることは、判決も言っておるように、英国の正当な権利であり、この権利を守るために英国は武力の援護の下に掃海作業を行なったのである。従って英国の行為はウォルドックのいう「国家がその正当な権利を守るために武力を行使したもの」にほかならない。そして判決はこの掃海作業を違法と断定したのである。

第二節　先例研究から抽出される自衛権の意味

第一項　先例諸事件の共通的性格

一般国際法上の自衛権の先例と称せられる諸事件の内容と、その含蓄する法律的意義とは、前節で各々の事件について述べたが、これを総合して見ると、諸事件は次のような特徴を共通に持っていることがわかる。もっとも諸事件の全部が次に掲げる特徴を、一つ残らず完全に具備していると言うのではない。中にはこれら特徴のうちどれか一つをはっきりと打出していないものもあるであろう。しかし原則として具備している特徴として、次の三つを挙げることができると思う。(1)

（一）　自衛権に訴えた国（以下A国と呼ぶ）にとっての何らかの重大な利益が危険に瀕していること。少くともA国の政府又は軍事当局はこのように信じていたこと。

例えばカロリン号事件及びヴァージニアス号事件においては、英国の植民地及びスペインの植民地に、本国から分離独立しようという叛乱が起こり、これを放置すれば英国又はスペインはその領土を喪失する危険があった。デンマーク艦隊事件においては、ナポレオンがデンマークの艦隊を利用することによって、英国はフランス軍に蹂躙される危険が――少くとも英国政府の主張するところによれば――切迫していたのである。ベルギー中立侵犯事件においては、ドイツは露仏両国の挾撃を蒙って滅亡する危地に臨んでいたのである。これらはみな一国の重大利益（intérêts vitaux）が危険に瀕しており、又は少くとも政府当局はそのように信じた場合である。これに反してベーリング海事件においてアメリカの蒙った損害は、或る毛皮用海獣が壊滅に瀕したということだけであり、上述の諸例に比べれば重大性が乏しいように思われる。アメリカの政治家は、アメリカ一国の経済的見地よりも、国際社会の共同の利益に加えられる損害という見地から、これに重大性を認めようとしたようである。

（二）　A国がその脅やかされた利益を救うためには、他の或る国（B国）の利益を、本来ならば国際法上違法な方法をもって、害するより他に道はなかったこと。少くともA国の政府又は軍事当局はこのように信じていたこと。

ここに言う「本来ならば国際法上違法となる方法をもってする外国利益の侵害」とは、或いは、外国の船籍を持つ船を公海において捕獲し、その乗組員を処罰することであり（ヴァージニアス号事件、ベーリング海事件）、或いは、外国政府の意思に反してその領土領水内にA国の兵力を侵入せしめ、A国の利益保護のために或る措置をとることであり（ベルギー中立侵犯事件、アメリア島事件、カロリン号事件）、或いは、その兵力をA国に対して使用する意志なき国の艦隊を強制的に押収又は撃沈することである（デンマーク艦隊事件、オラン沖事件）。

これらの行為は本来みな国際法に違反するものであるが、A国は自己の重大利益を守るためのやむを得ない手段であるとの信念の下に、これを敢えてしたのである。前節で各事件を研究した際に述べたように、それがA国の利益を守るため止むを得ないものであったか否か疑がわしい場合もあるが、しかし少くとも、これらの行動に訴えたA国の機関としては、これ以外に方法なく止むを得ないという見解に基づいて行動したことは確かである。

(三)　A国が右のような非常手段によって排除しようとした危険は、B国の国家機関の行為によって生じたものではなく、それ以外の何らかの原因に基づくものであり、そしてこの原因たる事実の発生についてB国の側に国際義務違反はなかったこと。

A国が排除しようとした危険は、或いは第三国によって醸されたものであり（デンマーク艦隊事件ではナポレオン支配下のフランス、ベルギー中立侵犯事件では露仏両国、オラン沖事件ではナチドイツ）、又はB国国家機関以外の私人又は私船舶によって醸されたものである（カロリン号事件、アメリア島事件、ヴァージニアス号事件、ベーリング海事件）。これらのすべての場合を通じてB国の国家機関が第三国、私人又は私船舶の行為を煽動又は命令した証跡は全くない。

しかしこのことから直ちにB国の国際義務違反がないことを断定することはできない。一般に国家は、自国の国家機関以外の者の行為については、すべて責任を免かれるかというと、そうではなく、B国の領土内において、又はB国の領土を拠点として、A国の利益を害する行動が私人又は第三国国家機関によってなされることがないように、適当な注意を払うことは、国際社会のすべての構成員が他国にたいして負う義務であり、この義務に違反すれば国際義務違反の責に問われなければならぬ。そしてカロリン号事件、アメリア島事件、ヴァージニアス号事件は、A国の利益を害する行為がB国の領土内において、又はB国の領土を拠点として、B国民、A国民又は第三国民によってなされた場合である。従ってB国の側に、右の意味における国際義務違反があったのではないかという点が問題となる。

しかし国際法は諸国に、その領土が絶対に外国の利益を害する基地とならないように注意する義務を果し、少しでも外国の利益が害されたら皆責任を負えと定めているものではない。国際法の要求するのは相当の注意（reasonable care）を払うことにすぎない。そしてどの程度の注意が「相当の注意」に当るかは、その時の事情によって異なるものである。前節一項二項三項でなした研究によって、我々はカロリン号事件、アメリア島事件、ヴァージニアス号事件におけるB国の例に、国際義務違反と称すべきほどの重大な懈怠（gross negligence）があるとは言えないことを知った。

従って、一八〇七年のデンマーク艦隊事件から一九一四年のベルギー中立侵犯事件までの、自衛権の古典的先例と称せられる諸事件の中に、B国の国際法違反が原因となってA国の自衛権行使を誘発したと見なすべき場合は一つもない。またこれらの事件のいずれにおいてもA国政府が、B国に対する通牒その他の公文書において、自己の自衛権行使の正当性を、B国の国際法違反行為に基礎づけようと企てた例は、私の知る限りではない。A国の側から「B国の側に国際義務違反があり、自国のとったB国法益侵害行為は、これに対する反撃として正当化さるべきである」との主張がなされたことはなかった。

カロリン号事件においては、英国政府は、その五年間に亘る外交交渉のどの場面においても、合衆国側に国際義務違反があったと主張したことはなく、むしろ最後の段階において、公文書をもって米国政府に陳謝の意を表したことは、前節二項に述べた通りである。もしカナダ駐屯英国軍によるカロリン号襲撃は合衆国の国際法違反行為によって誘発されたものであると信じていたのであれば、権利を主張することの固い英国人として、いかに外交上円満に事を結ぶ必要からとは言え、合衆国に向って陳謝の意を表することはなかったであろう。

また一九一四年八月四日ドイツ軍がベルギー国境を越えた日の国会において、ドイツ首相はこれを緊急防衛として止むを得ない行為であると唱えながら、「諸君これは国際法に反する。……我々が行なうこの不法（Unrecht）、私ははっきりという、この不法を我々は軍事目的を達した後に償うであろう。」と言っている。もしベルギーの側に違法行為があるために、これに対する反撃として為された緊急防衛ならば、これを自から不法であると称する者はないであろう。ベートマン＝ホルヴェッヒの言は、ベルギーに何らの違法行為がないに拘わらず、ドイツとしては自国の利益を守るためにベルギーに迷惑を及ぼすのであることを、明らかに認めたものである。

従って自衛権の先例のすべてを通じて、B国の側に違法がなかったことは、B国の側からだけでなく、A国の側からも承認されている。前に述べた第一点「A国の重大利益が危険に瀕していること」及び第二点「この危険を避けるためにB国の法益を害するよりほかに道がないこと」の二点については、A国とB国との間にこのような意見の一致は必らずしも存在しなかったのであり、若干の事件において、この二条件の存在はA国の側から主張されたに止まり、B国又は第三者によって否定された。しかるに第三点については、どの事件においても両当事者間の意見の一致があったのを発見する。故にこの点は、自衛権の最も明白な特徴であるとも言えるであろう。

一部の国際法学者が、自衛権の持つこの明白な特徴を見失っているのは、A国がその行為を弁護するために用いた「自衛権」という言葉に惑わされて、この言葉を、直覚的に国内法上普通用いられる意味に受け取り、その結果、A国が違法かつ急迫の侵害をB国から蒙ったと主張しているもののように解したために他ならぬ。

以上が、自衛権の先例と称せられる諸事件の共通的性格である。ここに言う自衛権が、国内法上の自衛権と根本的に性質を異にすることは明らかである。国内法上の自衛は、他人から違法な侵害を受けた者が、自己の利益を守るために違法者に対してなす反撃であることを、その最も重要な特徴とするに反し、自衛権の先例として挙げられる諸事件は、自衛権の行使を受ける側に違法がなかったことを、その最も明白な特徴とするからである。

そうとすれば、一般国際法上の自衛権と称せられるものは、国内法の中にこれに類似するものを発見できないであろうか。上述したような三つの特徴を具えた違法性阻却原因（又は責任阻却原因）を国内法は認めていないであろうか。十九世紀および二十世紀初頭の国際法学者が、上述のような諸事件を包括して表現するために、自衛権という言葉を用いた時、国内法のどういう制度を念頭に浮べつつこの言葉を用いたのであろうか。

（1）　前節八項に述べた理由によって、コルフー海峡事件は、第一大戦以前の諸事件と大分性格が違うように思われるから、本節における研究の対象から除外した。

第二項　自衛権の正しい位置づけ

一

多くの国の国内法は、個人が、自己又は他人の法益が危険に瀕したときこれを救うために、この危険の発生に責任のない第三者の法益を害することを、一定の条件の下に許している。わが国の刑法が緊急避難と言い、ドイツ系諸国の刑法が Notstand イタリア刑法が stato di necessità フランスの刑法学説が état de nécessité 英国の刑法学説が necessity という言葉で表現しているものがこれである。(1) その古典的な例は、海上に漂う一片の板を争う二人の海難者の物語りであり、この例をもって自家の哲学を説いたギリシャ人の名をとって la planche de Carnéade（カルネァードの板片」と呼ばれる。

正当防衛と緊急避難は、共に個人が自己の上に襲いかかった危難を免かれるために他人の法益を害する措置である点において似ているが、正当防衛の場合には、この措置によって法益を害される者が違法な侵害者であるに反して、緊急避難の場合には、その措置によって法益を害される者は無辜の第三者である点において相違する。例えば、私の家に放火しようとする犯人と闘ってこれを傷害するのは正当防衛であり、私が劇場で火事に遭い、逃れ出ようとして他の人々を突きとばしてこれを傷害するのは緊急避難である。

正当防衛は、私が違法な侵害を受け、この侵害を排除するために、公権力の発動を待っていては私の蒙むる損害は回復しがたいものとなるような場合に、違法行為者の法益を害する措置によって私の利益を守ることを言うのであるから、私がこの際他人の法益を害することの正当性は、容易く首肯される。衡平の観念も、また社会規範を維持する必要の考慮も、この正当性の肯定に導く。違法に私の法益を侵害しようとする者が私の反撃によって蒙る損害は、俗語を用いて言えば自業自得である。これに反して緊急避難は、私の法益が危険に瀕したとき、この危険の発生について責任のない第三者の法益を害することによって、私の法益を守ることを言うのであるから、この行為を許され得べきものとする根拠は、正当防衛の場合のように明らかではない。法益を害される者にとって、彼の損害は自業自得ではないからである。

勿論人間は、何人も自己の法益の価値を重大に考え、他人の法益の価値を軽視する傾きがある。他人の利益を害しても自分の利益を守ろうとする緊急避難行為の根底にある動機はこれである。しかしこの人間自然の性情を完全に発動せしめて、「すべて自己の法益が危険に瀕し、他人の法益を害する措置によるのほかこの危険から免かれる道がない場合には、いつでも他人の法益を害することは許される」という規則を設けることはできないであろう。自己の法益の価値を大きく考え、他人の法益の価値を無視し易い人間自然の性格は、緊急避難行為に訴えようとする者の側に存すると同様に、この行為によって損害を蒙るべき地位に立つ者の側にも存在する。一方のみにこれを認めて他方にこれを否認するのは、衡平の観念に反することである。またかかる原則が実際に行なわれるとすれば、社会的価値の大きい法益が、価値の小さい法益のために犠牲にされる場合がしばしば生じ、社会全体としても重大な損害を蒙ることになる。故に衡平の観念からも、また社会的利益の見地からも、かかる原則を認めることはできない。もし違法な侵害者以外の個人の法益を害することによって自己の利益を守る緊急避難を認むべしとするならば、それには「自己の法益が危険に瀕し、そのままに座視すれば取り返しのつかぬ損害を生ずる惧れのあること」、「他人の法益を害するより他に自己の利益を救う道はないこと」、「他人の法益を害する措置は自己の利益を救うために必要な限度内に止まらねばならぬこと」などの条件——これらは正当防衛と共通であるが——の他に更に条件を加えて制約することによって、衡平の観念、及び社会全体の利益と調和をはかる必要がある。

この点について各国の国内法はどういう規定を設けているであろうか。正当防衛については、序言の中で述べたように、各国の刑法の規定は概ね類似しており、そこから共通の原則を抽き出すことは比較的容易であるが、緊急状態について同じことは言えないようである。

十九世紀のはじめ法典編纂によってヨーロッパに範を垂れたフランスにおいては、その Code pénal の中に緊急避難を規定した条文は発見されない。ただ緊急避難の具体的現われと言うべき若干の細かい問題についての規定はあるが、(2) これによって緊急避難のすべての場合を掩いつくしているわけではない。判例と学説とによって補うの他はない有様である。フランスにおいて état de nécessité (緊急状態) という言葉は刑法上の用語ではない。ただ学説上の用語にすぎない。

ドイツ国刑法は第五四条に、自己又は近親の身体はまた生命に対する目前の危険を免かれるための (zur Rettung aus einer gegenwärtigen Gefahr für Leib oder Leben des Täters oder seines Angehörigen) 緊急避難行為について規定している。本条の規定する緊急避難はただ「身体・生命」に関するものだけであり、それ以外の人格権的及び財産権的な法益に関する緊急避難を含んでいない。これはドイツ国刑法に先駆けて十九世紀前半からドイツ帝国統一までの間に、ドイツ各州が制定した刑法(3)に共通の原則を採用したもののようである。また本条は他人のための緊急救助行為を認めず、ただ「緊急避難行為をなす者又はその近親」の身体生命を守る行為を認めるのみである (近親の範囲は第五二条二項に定められている)。

もっともドイツ国法は、この他に民法典の中に緊急避難に関する二つの条文を設けている。ともに他人の財産権を緊急避難のために侵害する場合に関するものであるが、その一つは、自己又は他人の法益が第三者の物によって害を蒙る危険に瀕したときに、その物を破壊することは違法でない、という規定である（二二八条）。今一つは、目前の危険を避ける手段として第三者の所有物を――危険はその物から生じたのでない場合にも――使用し、または処分することを許す規定である。（九〇四条）。第一の場合には、他の物に加えられる損害が危険と釣合いを失したものでないことが要求され、第二の場合には、危険に瀕している法益の方が重大であることが要求されている。これに反して上述した刑法五四条は、緊急避難行為によって生ずる損害と危険との間の釣合い、又は損害と救われる法益との間の釣合いについて、何事も言っていない。

　しかし右のドイツ刑法及び民法の規定を総合しても、緊急状態のすべての場合を掩いつくしているとは言えないことは明らかである。従ってこれらの明文以上に緊急避難を拡張する実際的必要が最近感ぜられているようである（いわゆる übergesetzlicher Notstand の問題）。

　イタリア刑法は第五四条に「自己又は他人を、差迫った重大な人格権的損害の危険から（dal pericolo attuale di un danno grave alla persona）救うための行為」を緊急避難として罰しないと規定する。人格権的損害という言葉が用いられているから、生命身体のみならず、名誉、自由などの毀損を含むことになり、この点はドイツ刑法五四条よりやや広いといえる。緊急避難行為によって醸された損害の大きさと、この行為によって救われる利益の大きさとの間に、一定の釣合いを必要とすることを定めていない点は、ドイツ刑法と同様である。もっとも第五四条の末尾に「この行為が危険と釣合いのとれたものである限り（sempre che il fatto sia proporzionato al pericolo）」罰しないという言葉がある。この言葉は、緊急避難行為によって醸される損害と、救われる利益との間の釣合いを要求するように見えるが、これと同趣旨の言葉は正当防衛に関する第五二条にもあり（防衛が侵害と釣合いのとれたものである限り sempre che la difesa sia proporzionato all'offesa）、その意味は私が「国内法上の自衛権」の説明の中で述べたように[4]、防衛行為によって救われる利益と、害される相手方の利益との釣合いを言うのではなく、侵害の態様によって防衛の態様が決定されることを言うと解することができる。

　緊急避難について包括的規定を設けた最近の立法例の一つであるスイス刑法（一九四二年一月一日施行）は第三四条一項に

「自己の利益（Gut）を、ある直接のかつ他に避ける道のない危険から救う行為をなした者は、この危険が、行為者の責に帰すべきものでなく、また危険に瀕した利益を放棄することを、その時の状況から考えて彼に期待できなかったときには、罰せられない（原語前出、第一節七項註（5）参照）」と規定し、第三四条一項に、他人の利益（Gut eines andern）を救うための緊急救助（Notstandshilfe）も緊急避難と同一に取扱われることを定めている。従ってスイス刑法は、緊急避難行為によって救うことのできる利益の範囲又は種類について、一切の制限を設けていない。また救われる利益と害される利益との釣合いについても規定を設けていない。しかしスイスの刑法学説は、本条の適用に当って「釣合い（Proportionalität）」の考慮が必要であると説くようである。(5)

なお右に引用したスイス刑法三四条一項の中に「危険が行為者の責に帰すべきものでないとき」という言葉があるが、これに類する言葉は上述のドイツ刑法やイタリア刑法にも発見される。この問題は既に本章第一節第七項「ベルギー中立侵犯事件」に関連して論じたから、ここでは説明を省略する。(6)

一九五八年改正のソ連刑事基本法の緊急避難に関する規定もまた包括的な立法例の一つである。第一四条によれば「ソヴィエト国家の利益、公共の利益、自己又は他人の人格又は権利を脅やかす危険を回避するために為された行為」は、本来ならば刑罰法規に触れる行為であっても、「当該事情の下において他の手段ではこの危険を排除することができず、また加えられた害が回避された害に比して軽微である場合には、犯罪とならない」。

この規定は、その保護のために緊急避難に訴えることの許される法益を特定していない点で、スイス刑法と似ているが、行為によって生じた損害と避けられた損害との釣合い（均衡性）についての規定を含んでいる点はスイス刑法と異なる。緊急避難が単なる免責事由でなく、違法性阻却事由であることを、「犯罪とならない」という言葉によってはっきりと表現したのも、この基本法の一特徴であると言われる。(7)但し立法の趣旨によれば、自己の生命を救うため他人の生命を害するように、同等の価値の一を救うために他を害する場合に対しては、同条の適用はないと言われる。(8)

我が刑法三七条もまた比較的広汎な規定の一つである。「自己又は他人の生命、身体、自由若くは財産」に関して差迫った危険を避けるために止むを得ざるに出た行為は、「その行為から生じた害がその避けようとした害の程度を越えない場合には」罰せられない。この三七条は、その保護のために緊急避難行為に訴えることの許される法益の種類を列挙しているが、実際の運用においては、この列挙は exhaustive なものとして取扱われていないようである。(9) また避難行為によって生じた損害と救われた利益とが釣合うことを要求する規定は、小さい利益を保護するために大きい利益を犠牲にすることを禁止するのであって、救われる利益の価値が損われる利益のそれに優越することを要求するのではない。二つの利益が同等の場合にも緊急避難は成立すると解されている。(10)

右に掲げた僅かの例示からも分かるように、緊急避難に関する各国法制の取扱いは区々であって一貫していないという印象を受ける。これらの学説及び立法を通観すると、我々は、緊急避難という一つの屋根の下に、二つの異る制度が雑居しているという印象を禁じえないのである。

既に述べたように、或る個人の緊急避難行為によって損害を受ける者は、正当防衛の場合と異り、前者の危難に対して責任のある違法行為者ではない。このことから、正当防衛の場合と共通の若干の条件——「自己の法益が危険に瀕し、そのままに座視すれば取り返しのつかぬ損害を生ずる惧れのあること」、「他人の法益を害するより他に自己の利益を救う道はないこと」、「他人の法益を害する措置は自己の利益を救うために必要な限度内に止まらねばならぬこと」——以外に、更に条件が課せられ、枠が設けられることが必要となるのであり、この枠をどう定めるかが緊急避難の根本問題であるが、この問題について二つの異る立場が存在し、その二つの立場を基礎とする二つの制度が、緊急避難の名の下に併存しているように思われるのである。

（一）　一つは、緊急避難行為によって救われる利益の方が、害される利益よりも価値が大きい場合には、この行為を許しても、社会全体として考えれば不利益とはならないという考えから、諺に言う「小の虫を殺して大の虫を生かす」ことを是認しようという立場である。もちろん社会の秩序を保つということが社会の重要利益の一つであり、社会の組成員が自己の利益を救うために他に方法がない窮状に陥ったからといって、他の組成員の、法によって保護された利益（legally protected interests, Rechtsgüter, intérêts justifiés ou intérêts juridiques）を、相手方の同意も得ず、公権力にも諮らず、自己の意思だけで侵害するのを許すことは、この社会的利益を害することである。しかし、この行為によって救われる利益と害される利益とを較べて前者の方が価値が大きい場合には、このことに一つの社会的利益を認め、今一つの社会的利益――規範的秩序の維持――に加えられる損害を不問に付するのである。従ってここに言う法益の価値は、避難行為に訴える当事者の目から見ての価値ではなく、社会の目から見ての価値でなくてはならぬ。

この立場に基づいて緊急避難に設けられる枠は、次のようになる。

（a）　避難行為によって救われる利益より害される利益の価値が高い場合には、緊急避難は禁止されねばならぬ。二つの価値が等しい場合にはどうなるか。社会的見地から言えば、一方の利益を殺して他を生かすことによって何の得るところもなく、しかも社会は規範的秩序が損われるという損害を受けねばならぬ。従って救われる利益と害される利益とが等価値の場合には、規範的秩序保護の観念を尊重して緊急避難行為を禁止せねばならぬ。

刑法学者の中に、緊急避難行為が罰せられない理由を説明して「緊急避難によって救われる利益が害される利益より価値が大きい場合には、緊急避難は社会的に見てむしろ有利であるから、これを罰しない。価値が等しい場合には、社会はどちらに味方しても利益はないから、これを放任して罰しないのである」と言う者があるが[11]、この説は、いかなる社会においても規範的秩序を維持することとそれ自身が一つの重大な社会的利益であることを忘れた議論である。

(b) 自己の利益が危難に陥った場合だけでなく、他人の利益が危険に陥った場合にも、これに対して緊急救助の手を差し伸べることは許される。小の虫を殺して大の虫を助けることが、社会的に意義あることであると認められる以上は、他人の利益についてもこの処置をとることは、妨げないと見なされるからである。

(二) 今一つは人間の生命身体が危険に瀕した時は、本能的・反射的にこの危険から免かれようとして、他人の法益を顧みる精神的余裕を持たないのは止むを得ないことであるとして、これを許す立場である。人間がその生命に対して持つ執着心は、他の種類の利益に対するものと比較にならぬほど強いものであるのは真実であり、社会もこの真実に譲歩して、社会組成員の一人がその命を助かるために他にとるべき道がないときには、他の組成員の法益を害することを、止むを得ないものとして是認する。この場合に害される他人の法益は、財産権のみでなく、人格的権利、極端な場合には生命であることがある。既に述べたカルネアードの板片の物語りでも分かるように、古来の各国の法制及び学説が、この種の緊急避難を是認していることは疑いない。

外国の刑法教科書を読むと、この種の緊急避難がむしろ緊急避難の代表的なものであるような印象を受けることがある。フランスの或る教科書が état de nécessité を説明するために挙げている例は、アルプスの山中で風雪に襲われて寒さと飢えのために死に瀕した登山家が、気象観測所(オプセルヴァトワール)の戸を打ち破って侵入し、食物を奪う話、漂流船の乗組員が食物欠亡のために、仲間を殺して自分の命を助かる話、火災に遭って生命の危険に瀕した人が、逃れようとして他の人々を突倒し、彼らを焼死に至らしめる話の類いばかりである[12]。またフランスの他の教科書は、船が難破して海上に漂う人が他人のつかまっている板片を奪ってこれを溺死せしめることや、飢えのために死に瀕した者がパンを盗むことなど、命を助かるために法を破ることのみを、緊急避難の例として掲げている。(13) スイスの或る刑法教科書は、第三四条一項（緊急避難）の解説の個所に、スイス連邦最高裁判所の一九四九年の判決に現われた一事件だけを緊急避難の例として引用している。それは、夫から刃物で脅かされた妻が階段を走り降りて逃げようとしたとき、階段の途中に立って道を塞いだ姑の手を手摺からもぎ離して突き落し、その負傷によって死に致らしめた事件である。(14)

これらの書物の挙げている例は、みな人が生命を救うために他人の法益を害する場合である。そのうち或るものは、自分の生命を救うために他人の財産権を侵す場合であり、これらは、大きい法益を救うために小さい法益を害するものとして、上に述べた（一）の立場からも、その許さるべき所以を説明できるであろう。しかしその外の例は、一人の生命を救うために、他の一人または数人の生命を奪う場合であって、法益の比較衡量では説明がつかない。ある学者はこの場合をも、法益の価値の比較衡量の立場から説明しようとして「法益の価値が等しい場合には、社会はどちらに味方しても損得はないから、これを放任して罰しないのである」と言うが、この説明の不適当なことは明らかである。カルネアードの板片を争う二人のうち、一人は社会に用のないヤクザであり、他は学徳すぐれた国宝的存在である場合に、前者が後者に勝って板片を奪い取ったとしても、彼の緊急避難は認められるであろう。また私が劇場の中で火災に遭い、焼死を免れるために他人を突きとばして逃げた時、数名を同時に火中に陥し入れたとしても、私の緊急避難は成立するであろう。そうとすれば、救われる法益と害される法益とが等価値の場合にのみ緊急避難は認められるのではなく、救われる利益より害される利益の方が価値が高い場合にも認められるのである。従ってここでは法益の釣合い（Proportionalität）の問題は起らないのである。これらの場合に、自己の生命を救うために他人の命を害した者を罰しないのは、

「人間に向って、他人の法益を犠牲にするより他に自分の命を救う道はない立場に陥った時、自己の命を犠牲にしても他人の法益を尊重することを求めるのは、非凡な英雄的精神（heroism）を要求することであり、命を助かるために他人の法益を害したことをもってこれを罰するのは、英雄たらざるが故に罰することになるからである。」

という理由によるとしか考えられない。

この立場から緊急避難に設けられる枠は、上述（一）の立場から設けられる枠とは、自ずから異なるものにならざるを得ない。

（a）緊急避難行為によって害される利益と救われる利益との釣合いは、ここでは問題とする必要はない。害される法益と救われる法益とが、社会の目から見て等価値である時でも、また害される利益の方が救われる生命よりも価値が高いと見なさねばならぬときでも、緊急避難は成立する。

（b）他人の緊急状態を救うための救助は、上述（一）の場合のように広く認めらるべきではなく、ここではごく制限的にしか認めてはならない。カルネアードの板片を争う両当事者が、互いに相手の命を顧慮し得ないのは、人情として止むを得ないであろう。また我が子が右のような緊急状態に陥ったのを見た親が、我が子の命を救うために相手方の命を顧慮しないのも許さるべきことであろう。このとき手を拱いて傍観することを親に求めるのは、彼自身の生命が問題となったときにこれを求めると同様の heroism を要求することになるからである。これに反して赤の他人が、板片を争う二人のうち、一人に加担して他を死に致らしめることは許さるべきではない。他人の生命を救う緊

急救助行為は、そのために第三者の財産権を侵害するような場合には、勿論許さるべきであるが、これは上述（一）の立場からも正当化できるからである。一方の生命を奪って他を助けるような場合の緊急救助は、親子、夫婦、兄弟等の近親に限るべきであると思う。

このように、緊急避難という言葉の中には、その社会的根拠を異にする二つのものが雑居している。この二つは社会的根拠を異にする結果、その適用範囲を限定する規範も異ってくる。そして両者の規範は互いに矛盾することは上述の説明によって明らかである。従ってこの二つは、厳格に言えば別個の制度であると言わねばならぬ。(15) この二つが緊急避難という言葉でひっくるめて表現されていること、また多くの国の立法例では単一の条文によって包括的に規定されていることが、緊急状態の本質の把握を困難ならしめる結果を招き、また解釈適用の困難な法文が発生する原因となるのであると思う。

（1）　英国法について知識のない私が断定するのは憚かりがあるが、英国では緊急状態又は緊急避難という如き特別の法律用語はなく、necessity（必要）という漠然たる一般用語でこの観念を表わそうとしているようである。

リスト編纂の比較刑事立法（La législation pénale comparée）の第一巻「ヨーロッパ諸国の刑法」の中の英国法に関する部分に（執筆者 Ernest Schuster, Barrister-at-Law）「危険に対処するためにとられた行動が犯罪性を除去される場合」として、第一に self-defence を挙げ、第二に necessity を挙げている。後者の説明として

「この観念は認められているが、しかし未だはっきりと定義されてはいない。スティーヴン（Stephen）によれば、『それ自身犯罪となるべき行為も、もし行為者が次のことを証明し得たならば、許されることがある。それは、自己、又は自己の保護の下におかれた人々の上に起ったところの、不可避で且つ回復不能の損害をもたらすべき事態を避けるために、この行為をなしたのであること（従って生命又は身体が危険に瀕した場合だけに限らない）、その時の状況の下で必要な範囲

に止っていること、この行為によって惹起された損害は、彼の避けようとした損害と釣合いを失したものでないこと、の三点である。』云々」（六四五頁）

故にここに necessity という言葉で表現されているのは、仏伊の état de nécessité, stato di necessità, 独の Notstand と同じ観念であることは疑いない。

（2）森下忠、緊急避難の研究、昭和三五年、七五頁に、一八一〇年のフランス刑法典には、緊急避難に関する一般的規定はないが、緊急避難に関する若干の特定規定がある、として「緊急の場合以外で」他人の所有動物を殺した者を罰する四五三条、四五四条、公道の往来を妨害した者を罰する四七一条四号、労務、任務の助力の不作為を罰する四七五条一二号を挙げている。ベルギー刑法典もまた同様である。五四〇条、五四一条、五五七条五号、五六三条四号及び Code Rural 八八条八号（Braas, Précis de Droit Pénal, 1936, pp. 130—131)。

（3）森下、右掲書、八〇—八五頁にドイツ諸州の立法例が集録されている。

（4）序言の I の「国内法上の自衛権」の註（5）に引用した Vannini, Istituzioni di diritto penale, Parte Generale, 1939, p. 184 の説を参照。

（5）Schwander, Das schweizerische Strafgesetzbuch, 1952, S. 72.

（6）第一章第一節七項「ベルギー中立侵犯事件」註（5）参照。

（7）法務省調査部発行、法務資料三六三号、二八頁。

（8）私はソヴィエト刑法について全く無知識であり、本文に述べたことは、京大助教授中山研一氏の意見及び同氏の貸与された資料によるものである。

（9）総合判例研究叢書、刑法8、安平政吉、緊急避難、一五—一七頁。

（10）木村亀二、刑法総論、法律学全集第四〇巻、二七四頁、二六九頁。

(11) Huguenery, Traité théorique et pratique de droit pénal, 1933, p. 401.
(12) Garraud, Précis de dorit criminel, 14e ed., pp. .267—8.
(13) Huguenery 前掲書、四〇一頁。
(14) Schwander 前掲書、六九頁。
(15) 緊急避難は、社会的根拠を異にし、従って適用範囲を異にする二つの制度を含んでいるという私の考えは、緊急避難の本質論に関するいわゆる二分説とは別物である。後者は緊急避難が違法の阻却原因か責任のそれかという論争において、緊急避難の一部を違法阻却原因、他の一部を責任阻却原因と見なそうとする説である。この問題は実定的刑法典が緊急避難をどういう風に取扱っているかという問題である。私が本文に述べたのは、実定的刑法典以前の問題であり、緊急避難の制度を発生せしめる社会的根拠を論じたものに他ならぬ。

二

緊急避難に関して右に述べたことを要約すれば、いかなる社会においても、その社会内の規範的秩序を維持することは、社会的利益の重要な一つであると見なさねばならぬ。この規範的秩序を破って他人の法益を害する者に対して、公権力による阻止が直ちになされ得ない場合に、被害者が違法者に向って反撃を加える正当防衛は、右の社会的利益と両立するものである。これに反して、社会の組成員の一人が他の組成員の法益を、その人が違法な侵害者でないに拘わらず、単に自己の利益を救う必要に基づいて毀損する緊急避難は、右の社会的利益と正面から衝突することになる。それにも拘わらずなお社会がこれを是認するとすれば、それは、或いは、特定の種類の法益に関する人間の強い執着心を汲んで、これに対して譲歩するためであり、また或いは、救われる法益の社会的価値が、害される法益のそれよりも大きいと見なされる場合に、前に述べた今一つの社会的利益——規範的秩序の維持——の蒙る損害は相殺され、従って寛恕されてもよい、という観念に基づくものである。緊急避難はこの二つの何れかの観念によって支持される二つの制度を総合したものに他ならない。

しかしこの二つの異なる立場は、更に高所から考えて見れば、共通の分子を含んでいるとも言える。一方は、或る特定の種類の法益についてその重大性を認め、他方は、害される利益との比較衡量における相対的重大性を認めるのであるが、二つの場合ともに、救われる利益の重大性という観念が、緊急避難行為を寛恕する心理的原因となって働らいている点は共通である。

緊急避難と正当防衛とは、「個人が、自己の法益を救うために他に道のない立場に陥ったとき、他人の法益を侵害する措置——本来ならば違法と見なさるべき——をとることによって、自己の法益を守ることの許される場合」であるという点で、共通性を持っている。緊急避難と正当防衛との相違点は、この両者、なかんずく前者に関する各国刑法の規定が一致していないために、概括的に表現することは困難であるが、少くとも次の二つの点を、緊急避難と正当防衛との根本的相違点として挙げることができると思う。

(一) 緊急避難にあっては、この措置によって法益を害される者は、その措置に訴える者の法益を違法に侵害した事実がないに反して、正当防衛にあっては、この事実があり、それが重要な要件をなしていること。

(二) その代りに、緊急避難にあっては、この措置によって救われる利益の重大性が、要件として重要であること。もっとも正当防衛にあっても、この要件が考慮せられることは理論上不可能ではない。相手方の違法という要件の上に、更にこの要件を加味して正当防衛を狭く限定することは、理論として不可能なことではないであろう。しかし私の知る限りでは、原則として各国の立法はこの要件を強調しないように見える。(1)いずれにしても、緊急避難におけるように、この要件が第一義的に考慮せられ、強調せられることはないようである。

要するに、緊急避難にあっては、相手方の違法性という要件は撤廃される。この撤廃によって、個人が自己の利益を救うために他人の法益を侵害することの許される場合が、不当に拡まるのを抑制する因子として、「救わるべき利益の重大性」という要件が強調されることになる。いわば、第一の要件を撤廃する代償が、第二の要件を強調することに求められるのである。

右のように緊急避難を理解した上で、振り返って国際法上の自衛権の先例と称せられる各事件を観察して見ると、これと緊急避難との間に本質的な類似点があることを、何人も感ぜざるを得ないであろう。

これらの自衛権の先例はみな、国家が自国にとって重大と見なす或る利益が危険に瀕したと——正しきか誤れるかを問わず——判断したとき、そしてこの利益を救うために外国の或る法益を害するより他に手段はないと判断したときに、外国の法益を害する手段に訴えた場合である。この手段によって法益を害された諸国は、どの先例においても、この手段に訴えた国の瀕した危険について、国際法的責任を負うべき立場にはいなかった。後者をして自衛手段に訴えることを決意せしめた動機は、「相手国の側に違法行為があるから、これを正さねばならぬ」という信念ではなく、むしろ自国が直面している領土の喪失、又は国家の存亡にかかわる重大な軍事的不利益に比べれば、相手国の蒙る損害、即ちその国の私人の所有する船の捕獲、その国の領土内の通過、その艦隊の一時的抑留の如きは、左程重大なものではないという信念であった。従って「救わるべき利益の重大性」又は少くとも害される利益との比較における「相対的重大性」の観念が、自衛行為を正当化すると信ぜしめたのである。

このように、伝統的国際法学が、自衛権の先例として挙げる諸事件の特徴的性格は、自衛行為に訴える国が相手方に違法行為があると信じたことではなく、むしろ現在危険に瀕しつつある自国の利益の重大性への考慮に支配されたことにあるとすれば、一般国際法上の自衛権は、国内法上の緊急避難と本質的に類似する観念であると見なさねばならない。

(1) 序言、国内法上の自衛権、就中註(5)参照。

三

十六世紀から十九世紀に至る国際法学は、或る国(A)が外国(B)から武力による攻撃を受けた場合に、A国が武力を用いて反撃することを正当と認めた他に、B国が武力行使以外の方法によってA国の権利を違法に侵害した場合に、A国がこの違法侵害を排除して自国の法益を守るのに必要なときは、B国の権利を、本来ならば違法と見なさるべき手段を用いて毀損することをも、正当と見なした。A国がこの場合B国に加える損害は、できるだけB国がA国に加えた損害と釣合うことを要求されるが、しかしそのような手段だけでB国を屈服せしめ、違法行為の中止、又は既になされたる違法行為の償いをなさしめることが不可能な場合には、より大きい損害を相手方に加える手段をとることも禁ぜられないものとされた。違法行為の阻止及び違法状態の排除は、社会組成員の共同の義務であり、この機能を営む社会機関が設けられていない社会において、この機能は各組成員によって担われるの他はないからである。従って最後の手段として必要な場合には、武力の行使も正当化された。故に武力の行使は、(一)他国から武力的攻撃を受けた場合これに対する反撃として許されるだけでなく、(二)武力にはよらないがしかし違法な行為によって、権利侵害を受けたとき、これを排除するために必要な場合にも、その必要の限度内において認められたのである。

近世の初め以来「戦争の正当な原因（justa causa belli）」として学者が説いたのは、右の二つの場合である。この二つの場合における武力の行使が違法性を阻却されること、言い換えれば正当化されることを説いたのが、所謂正戦学説である。(1) しかし外国からの権利侵害行為が武力的攻撃の形をとらない場合には、必らずしもこれを排除するために武力行使という重大な手段に出るのは必要でないことがある。こういう場合には、被害国も武力行使以外の措置で相手国の権利を侵害する手段をとることによって、相手国の違法行為を阻止し、または受けた損害を償うのは、勿論許さるべきことである。故に武力の行使によってこの目的を達する場合のみを表現する「正戦（bellum justum）」という言葉は、右に述べた場合の全体を表現する言葉としては狭きに失する。全体を表現する言葉として私は自力救済（Selbsthilfe）という言葉を用いたいと思う。自力救済（又は自助）は多義的な言葉であるが、少くともウィーンの純粋法学者はこの意味にこの語を用いる（序言の二参照）。この意味において自力救済は、武力行使と、しからざる手段とを含み、そしていずれも相手方の違法行為を前提とするものである。

このように、外国の違法行為に対する自力救済は、一般に正当とされるのであるが、しかしこの手段に訴えるに先立って、その前提として践まるべき手続がある。それは、相手国政府との外交々渉によって、これに違法行為の中止及び賠償の提供を求め、自力救済に訴えるまでもなく平和裡に紛争を解決する一応の努力をなすことである。また紛争の相手方と自国との間に、一定の種類の紛争を、仲裁々判に付し、または調停委員会に付し、または第三国政府の居中調停に付することを約束した条約があり、そして当面の紛争が条約に定められた種類のものに属する場合には、これらの条約に従って紛争の処理を計ることは義務的となる。こういう特別の条約がない場合にも、違法行為の中止及び賠償の提供を要求する外交々渉を相手国政府に向ってなすことは、一般国際法上の義務である。この外交々渉が、相手国の拒絶、または回答を遷延して時を稼ごうとする不誠意な態度に接して、目的を達成しないことが明らかとなったときに、始めて一方的に自力救済手段を講ずることが許されるのである。

しかし時として、相手国が我国に加える侵害の態様の如何によっては、即時にこの侵害を阻止する一方的措置をとる必要があり、外交々渉に時を費すことは損害を大きくする結果のみを招く惧れがある場合があるであろう。この場合に我国は、上述の交渉義務に拘泥せず、直ちに自力救済手段をとることが許される。一部の学者は、このような場合になされる緊急的自力救済を自衛と名付け、それ以外の場合における自力救済を復仇と呼んで、自力救済を二つに区別しようとする。このように自衛という言葉を用いるのは、学者の自由であるとは言え、このように自衛という言葉を用うることによって、事の真相を誤解しないように注意することが必要である。序言においてフェアドロスの説に対して私が述べたように、右の意味における自衛は、国内法上の自衛とは異質の観念である。一般に自力救済が禁止されている国内法の下において、所謂自衛または正当防衛は、一般に禁止される自力救済の例外的に許される場合である。国際法においては自力救済は一般に許容されておるのであるから、右に言う自衛はその Unterart（亜種）にすぎない。国内法は、侵害を緊急に阻止する必要ある場合の自力救済だけを、自衛の名の下に是認し、それ以外の自力救済を違法とする。国際法は、右に言う自衛に該当する場合以外の自力救済をも是認する。従って或る自力救済が、右に言う自衛に該当するか否かは、違法性が阻却されるか否かの問題ではなく、事前交渉の義務が阻却されるか否かの問題にすぎないのである。

要するに、一般国際法の下において、外国から違法な侵害を受けた国が、この侵害を排除するために必要な場合には、本来国際法違反を構成すべき手段をもって侵害を排除する権利、及びそのための最後の手段として武力を行使する権利は、十六世紀以来の国際法学によって認められて来たのである。この権利がある以上、侵害が切迫しており、その即時阻止が必要な場合における自力救済が正当なことは、勿論当然であり、多言を費さずして承認されることである。十九世紀に入って後に、当時の国際法学が自衛権という言葉によって表現しようとしたのは、こういう意味での自衛権――違法な侵害に対する反撃の権利――ではなかった。

或る国（A）がその利益を守るために、外国（B）の法益を害することの許される場合は、BがAの利益を違法に侵害した場合に限られねばならないか。それ以外に自国の利益を守るために他国の利益を害することは絶対に許されないか。国内法においては、個人の重大な利益が危険に瀕した時に、無辜の他人の法益を害してもこれを救うことは、或る範囲において認められている。これに類する制度は国際社会にも行なわれないのか、という疑問は、国際関係の法理を考える何人の胸中にも湧き出る疑問である。この問題に対して肯定的に考えようとする学者たちは、一八三七年のカロリン号事件における英国の措置が、米英間の交渉によって米国側からも遂に是認されたことに力を得て、実証的根拠をここに得たと考え、この米英外交々渉に使われた言葉を借りて「自衛権」という言葉をもってこの観念を表現しようとした。

故に彼らの言う自衛権は自力救済とは別個の観念である。自衛権の行使を受ける側の国に違法の要素は存在しないからである。彼らの言う自衛権は、国内法上に類似するものを求めれば、緊急避難権であり、従ってこの自衛権は、自力救済を一般的に是認する国際法の下でも、その外にあるものとして独立の地位を持つことができるものである。学者が、一方において、自力救済の一般的に許容されることを説きながら、他方において、これと別のものとして自衛権を説くことは、体系として理論上誤っていないことになる。もし自衛権が、国内法上この言葉で呼ばれる権利と同種類のもの、即ち違法に対する反撃の権利を意味するならば、この自権衛を自力救済から切り離して独自の項目として取扱うのは、理論的に誤りである。私がかって排斥したのはこの種の体系である。これに反して自衛権が、国内法上の緊急避難と同じ性質のものを意味するのであれば、伝統的国際法学のとった立場は理論上可能である。

(1) 拙著、国際法Ⅲ(法律学全集五七巻)二五二頁以下。

四

以上述べたのは、伝統的国際法学のいわゆる自衛権を、自力救済とは別の独立の概念として取扱うことが、理論上可能であると言うことである。果してこの自衛権が一般国際慣習法によって認められているか、実証的にこの権利が国際社会に存在することを肯定できるか、は別の問題である。

この権利と同性質のものが各国の国内法において普遍的に存在する事実は、必らずしもこの権利が国際社会にも存在する必然性の証明にはならない。社会の組成員の一が、違法の侵害を受けたとき、この侵害を排除するに必要な限度内において、違法な侵害者の法益を害することを許す正当防衛の制度は、いやしくも社会に規範的秩序があり、そしてこの規範的秩序を維持する任務を持つ機関が、社会組成員を必らずしも常に違法な侵害から完全に守ることができない社会では、認められることの必然的な制度であり、この意味において正当防衛権は原始的な権利であると言うことができる。これに反して、社会組成員の一が、自己の利益が危険に瀕したときに、他の組成員でこの危険発生について責任のない者の法益を害してまでも、自己の利益を守ることを許す緊急避難の制度は、組成員相互の間に、他人の苦難を自己のそれと同じように感じ取る commiseration の情、武士は相見互いという諺で表現されるような連帯の観念が、或る程度まで発達していることを前提とする。この精神的基盤の上に右の制度は存立することができるのである。国際社会の組成員である国家の間に、国家内部の個人間の社会生活に見られるのと同じ程度に、このような共同的憐憫または連帯の観念が存在するであろうか。これが問題であり、この問題は国際社会の実証的観察によって答えねばならぬ問題である。個人間の社会生活にも存する以上、国家間の社会生活にも存する筈だ、という簡単な考え方は許されない。

国際法学の掲げる自衛権行使の先例は、国際社会においても緊急避難権は実際上行使されていることの証明として、提示せられたものである。しかし私は、こういう先例から直ぐに、緊急避難は国際法上認められていると結論することを躊躇する。或る国が自己の利益を守るために他国の法益を侵害して、この行為を緊急避難によって弁明しようとした実例の数がどれほど多くとも、それらの実例自身は、国際法上緊急避難が認められたことの証明にはならない。この弁明が外国によってどういう風に受取られたか、また国際法廷はこの種の弁明をどう取扱ったか、これらの事実を総合的に観察した上で、緊急避難が国際法上認められているか否かの結論が出るのである。

自国の重大利益が危険に瀕していると感じた国が、本来ならば国際法に違反する方法によって、他国の法益を害した実例は、その数が多いが、自衛権を理由とする弁明が他国の側から認められた例は、ただカロリン号事件があるだけである。ヴァージニアス号事件においては、合衆国政府は、かつてカロリン号事件においてとったのとは全く別の態度を取り、スペイン政府に対してその違法を難詰し責任を追究した（本章第一節三項参照）。但しこの事件において米国とともに共同被害者となった英国は、比較的寛大な態度をもってスペイン政府に臨み、ヴァージニアス号の拿捕及びその乗員の抑留に関しては、スペイン側に、切迫した損害を免かれるための自衛の必要があったことを認め、スペインの責任を追究しなかった。しかしキューバの軍事法廷がヴァージニアス号の乗員（英国人を含み）を処刑したことに関しては、自衛の程度を超えた行為であって違法であるとして、賠償を請求したのである。英国政府がこの寛大な態度に出たのは、この事件に類似するカロリン号事件において、英国政府自から米国に向って自衛権を主張した手前があったからである。のみならず、ヴァージニアス号は合衆国国籍の船であって英国船ではなく、また英国国民はその乗員の一部分にすぎなかった。故に彼らの処刑に対する償いさえ得れば、英国として失うところは殆んどなかったのである。これと立場を変えて合衆国政府自身が公海における外国船捕獲を自衛行為として弁明したベーリング海漁業事件において、合衆国の主張はパリーの仲裁々判所によって否定せられた（本章第一節六項参照）。ベルギー中立侵犯事件におけるドイツ宰相の緊急避難の弁明は、被害者たるベルギーによってだけでなく、他の諸国の政府によっても、またドイツ以外の学者によっても、承認を受けなかった。それとほぼ同じことはデンマーク艦隊事件についても言えるのである。

このように見て来れば、カロリン号事件で合衆国政府が、英国の自衛権の弁明を受け容れたことは、むしろ例外的現象であると言える。この例外的現象は、一八四二年英米間に漲った特殊な外交的雰囲気の中から生じたものである。もともと米国は、カロリン号破壊の報に接した時には、政府も国民も共に憤激して英国の非を鳴らし、合衆国政府は一八三八年五月二日ロンドン駐在の米国公使を通じて、賠償要求を英国政府に提出した。故にこのときアメリカ政府は自衛権の弁明を認めなかったのである。しかしその後一八四一年に至り大統領及び国務長官の交代があり、つづいて英国でも内閣の更迭があって、英米間に当時横わっていた諸懸案、即ち東北国境問題その他の紛争を一挙に解決しようという気運が両国に起こった。そのために英国政府は特派使節としてアッシュバートン卿をワシントンに差遣し、彼は友好的雰囲気の中でウェブスター国務長官と諸懸案解決の交渉を進めた。カロリン号に関する紛争もこの友好的雰囲気の中で一緒に処理されたのである。またこの時は事件発生から五年の日子を閲し、本事件に関する米国民の不快な記憶も薄らいでいた時である。このようなファヴォラブルな事情がなかったとすれば、有名なウェブスターの一八四二年七月二十一日の書簡——英国の自衛権を認めたもの——は出なかったかも知れないのである。

右の歴史的事実を総合して判断すれば、国際社会において組成員の一が、自国の重大な利益が危険に瀕していると信じ、そしてこの利益を救うために他に道がない場合に、本来ならば国際法違反と見なさるべき方法によって、他の組成員の利益を害してまでも自己の利益を救うことを許す国際緊急避難は、これを肯定する多くの学説に拘らず、国際慣習法の中にその場席を認めるだけの実証的根拠はない、と結論するの外はない。勿論この制度を認める方向に国際社会が発達するのは望ましいことであり、従って学者が de lege ferenda の観点からこの制度を説くのも望ましいことである。その場合に学者の考えねばならぬ最も重要な研究課題は、それを救うために緊急避難に訴えることが許さるべき「重大利益」をどのような標準で限定するか、ということであろう。或いは国家の存立が危険に瀕した場合に限るべきか。それとも、救わるべき利益が害される利益よりも大きいときには、一般的に緊急避難を認むべきか。もし第二の立場を採るならば、民族を異にし、文化を異にし、経済的事情を異にする多数の国の集合体たる国際社会において、利益の大小を計る尺度をどうして決めるか、が難問題となるであろう。いずれにしてもこれらは lex ferenda の問題であり、lex lata の立場からは、国際法学者の唱える自衛権はまだ実定国際法において確立した地位を持つものでないと言わねばならぬのである。

第三項　自衛権に関する我が国通説の批判

一

自衛権に関して我が国で広く行なわれている説は、故東大教授立作太郎博士の「平時国際法論」（昭和五年発行）に源を発し、これが前東大教授横田喜三郎博士の昭和二六年に著わされた「自衛権」と題する単行書の中に祖述されて以来、一般に普及するようになったものである。故に立作太郎博士の説を多少詳しく紹介して、次いで他の学者の説に触れようと思う。

立作太郎博士の平時国際法論の中で「国家の基本的権利義務」を取扱った一節のうちに、「自衛権及び緊急状態」と題する一款がある。ここに述べられておる要旨は次のようである。

「危害が急迫している緊急の場合に、この危害を除去するために必要な処置を、この危害に関して責任のある者に対して行うことは、権利行為として認められる。これが狭義の自衛権又は正当防衛権であり、もしこの権利がないと仮定すれば他国に対する不法行為となるべき行為を、特に行うことを得しめるものである。これは非常的の権利であり、国家又はその臣民の危害が切迫している場合にのみ発動することが許される。」

立博士がここに「狭義の自衛権」という言葉を用いておられるのは、後に述べる「緊急状態行為」をも含めたものを「広義の自衛権」と言おうとされるためと思われる。

狭義の自衛権の発動には次の五つの条件が必要であるとされる。

（一）　自国又は臣民の危害が急迫であること

（二）　自衛手段をとることが止むを得ないこと。即ち他の（合法的）諸手段をもってしては危害の阻止又は除去の目的は達せられないこと

（三）　自衛手段は右の目的を達するのに必要な程度を超えないこと

（四）　危害は自国の側の不法行為によって醸されたものでないこと

（五）　危害が相手国の不法行為によって生じたものであること。即ち相手国の国家機関の行為によって生じたか、又は少くとも相手国の国家機関が危害の発生を防ぐ責任を全うしなかったために生じたものであること

このような自衛権行使の実例として、博士はカロリン号事件及びアメリア島事件を挙げて、これを説明される。(1)

狭義の自衛権の説明につづいて博士は、

「危害が相手国の不法行為に基づいて生じたのでない場合、即ち上述の条件の（五）を具えていない場合に、自衛権が主張されることが従来しばしばあるが、このような場合は自衛行為と見なすよりも、むしろ自衛上の緊急状態行為と見なすべきものである。自衛上の緊急状態行為を国際法上認むべきか否かについては議論があるが、これを認むべしとするならば、上述の五の条件のうち（五）を除いた他の四条件を具えている場合に認められるものとせねばならない。自衛上の緊急状態行為をなした国家は、不法行為の責任を負わず、従って謝罪を行う必要はないが、止むを得ざるに出でたことを釈明し、且つ緊急状態行為によって他国に加えた損害を賠償しなければならぬ」

と説かれる。そして博士のいわれる緊急状態行為の実例として、デンマーク艦隊事件とヴァージニアス号事件とを挙げて、これを解説される。(2)

横田喜三郎博士がその著書「自衛権」の中の「自衛権の概念」と題する節において述べておられることは、立博士の見解と酷似している。

「一般に自衛権と言われるもののうちには、本来の自衛権と緊急避難とがある。(3)」

立博士の「狭義の自衛権」は横田博士によって「本来の自衛権」と改められ、また「緊急状態行為」は「緊急避難」と言う言葉で置き換えられているが、意味するところは同じである。

本来の自衛権は次の条件の下に認められる。

第一は、急迫又は現実の危害があり、且つこの危害は不正なものであること。即ち相手国の機関の国際法違反の行為によって生じたか、少くとも危害が相手国の機関の故意又は過失によって防止されなかったこと。(4)

第二は、自国又はその国民に対する危害であること。

第三は、危害に対する防衛の行為は危害防止のために止むを得ないものであること。止むを得ないと言うのは、第一には、他の手段では危害を避けることができないこと、第二には、防衛に必要な程度を超えないこと、を意味する。(5)

横田博士の「本来の自衛権」の説明は、多少表現方法を変えてはあるが、立博士の「狭義の自衛権」のそれと実質において同じである。立博士が「急迫の危害」と言われるところを「急迫又は現実の危害」と改めているのが、特に目を惹く変化であるが、横田博士の戦前の著書「国際法上巻」の中の自衛権に関する説明——これも立博士の説を祖述されたもの——には、「急迫した危害」とのみ言っておられる。戦後の著書において加えられた変化は重大な意味を持たないと思う。(6)

続いて博士は「自衛の具体的な例として、一般によく引用されるのは、カロライン号事件である」として、カロライン号事件だけを立博士の記事に従って簡単に述べておられる。

次に緊急避難について博士は、

「緊急避難は、自衛権に類似して、ほとんど同じである。異るところは危害が不正なものでないことだけである。……すなわち、危害が相手国の責任に帰すべき違法行為に基づいて生じたものであることを必要としない」

と説かれる。故に横田博士の「緊急避難」は立博士の「緊急状態行為」と同様に、自衛権の諸条件の中から、相手国の不法という要素だけを取り去ったものである。従って「救わるべき利益の重大性」は問題となっていない。「救わるべき利益の重大性」は国内法上の緊急避難の最も重要な構成要件であるが、立博士の説に於いては、この構成要件は不問に付せられ、いやしくも国家又はその国民の利益が危険に瀕した場合には、この危険に対して責任のない第三国の法益を害しても右の利益を救うことは許されることになるのである。但し立博士は「自衛上の緊急状態行為を国際法上認むべきか否かについては議論があるが、これを認むべしとするならば」という控え目の言葉をもって自説を表現しておられるが、横田博士は甚だ簡単に、

「緊急避難も国際法上で適法な行為である。右のような要件を備えた行為は、緊急避難として、国際法上で適法である」

と断定されている。もっともその行為によって生じた損害は賠償しなくてはならないとせられる点は、立博士と同様である。

「この場合に、緊急避難の行為によって損害を受ける国は、不正な行為をしたのでなく、危害に対して責任をおうわけがないから、右の損害を自分でおうべきいわれがない。したがって、防衛の行為を行った国の方で損害をおわな

くてはならない。ただ、それにしても、防衛の行為そのものについては、責任をおわない。不正とか、不法とかいって、非難されることはないのである。つまり、防衛の行為そのものは適法であるが、その結果として生じた損害はおわなくてはならないのである。[7]」

緊急避難の具体的な例としては、デンマーク艦隊事件が簡単に述べられているだけである。[8]

このように横田博士の「自衛権の概念」は、ヨーロッパの国際法の著述に自衛権の先例として挙げられているものを二つに分けて、一つを正しい意味における自衛権と称し、他を緊急避難と称している点、前者即ち自衛権の定義としては国内法上の自衛権の定義がそのままに準用されている点、後者即ち緊急避難について損害賠償義務があると述べている点など、立博士の説をそのままである。[9]

この両博士の影響によって我が国では、自衛権概念を定義するに当って、国内法上の自衛権の定義をそのままに準用して、「外国から急迫又は現実の不法な侵害を受けた国が、この侵害を排除するために必要な場合、必要の限度内において実力を行使する権利」と定義し、かつ或る国が急迫した危難に遭遇して、この危難を免がれるために他の方法のない場合に、この危難の発生について責任のない第三国の法益を害することも、緊急避難として許されるが、「この場合には第三国に加えた損害に対して補償の責を負わねばならない」と説く学者は他にもあるようである。[10]

(1) 立作太郎、平時国際法論、昭和五年、一八一—三頁（現代法学全集の中の平時国際法も同様）。立博士のカロリン号事件及びアメリア島事件の解説の内容は、本章第一節一項及び二項において、私の意見を付加して紹介してある。

(2) 立作太郎、右掲書、一八四—五頁。立博士のデンマーク艦隊事件及びヴァージニアス号事件の説明に対する私の意見は、本章第一節三項及び四項参照。

（3）横田喜三郎、自衛権、昭和二六年、四五頁。

（4）右同書、四六—七頁。

（5）右同書、五一—二頁。

（6）私は序言の中で、国内法の自衛権の要件としての「侵害の急迫性」の意味を説明した後、国内法上の自衛権概念を移して国際法上の自衛権概念を構成することが、理論上誤りであることを説いた。その註（3）の中で、横田博士の「急迫又は現実の危害」という言葉を批判したから、ここでは省略する。

（7）横田、前掲書、五五—六頁。

（8）横田博士のデンマーク艦隊事件の説明に対する私の意見は、本章第一節四項参照。

（9）横田博士は右の書の「自衛権の概念」と言う節のはじめの方に、註（一）として、危害が急迫又は現実のものでなくてはならないことは、「国内法上では一般にはっきり認められたことである。第二世界大戦の前のドイツの刑法は「現実の攻撃」といい、フランスの刑法は「現実の必要」といい、イタリアの刑法は「現実の危険」といい、ハンガリーの刑法は「急迫した脅威」といっている。日本の刑法も「急迫の侵害」といっている。国際法上の自衛についても、このことは、やはり同様でなくてはならない。」と言われる（四七頁）。

しかし各国の国内法で一般に認められている規則だからと言つて、国際法上でも同様でなくてはならない、と言う博士の考え方は、国際法の研究方法上の重大な問題を含んでいる。この点は、序言の一で論じたことであるから、ここでは繰り返さない。

なお博士がこの註の中で、ドイツ、フランス、イタリア、ハンガリーの刑法規定を列挙しておられるのは、博士は断っておられないが、Emile Giraud のハーグ・アカデミー講義の La théorie de la légitime défense の註によられたものである（Recueil des Cours, 一九三四年三巻、七〇九頁註二）。但し横田博士は、第二大戦の前のドイツ刑法云々といっておられるが、「第二世界大戦の前の」と言う言葉は横田博士の付け加えられたものである。この言葉は読者に、第二大戦後のドイツ刑法は別であるような印象を与えるであろうが、戦後の刑法も第五三条は戦前と変っていない。横田博士は、右のジローの講義は第二大戦前のものであるから、戦後のドイツ刑法は変ったかも知れぬと想像して、この言葉を付け加えられたのである。うたがいが有るときは博士が各国刑法を自から調査されるか、または右の註がジローによったものであることを明記する方法を取られたらよかったと思う。

(10) 田畑茂二郎、法律学全集国際法I、二四九頁以下及び二六五頁以下。

二

立博士の説（及びこれに類似する説）に対しては、実証的見地から、また理論的見地から、批判を加えることができる。

実証的見地からの批判

立博士の説に対する実証的批判は、本章第一節の先例諸事件の研究の中で各事件毎に述べたことであるから、ここではこれを総合して纏めるだけにして、詳しい説明は前節各項に譲る。

（一）国際法上の自衛権の概念を、国内法上の自衛権概念に従って構成する諸学者によれば、自衛権は急迫かつ不正な侵害に対する反撃を意味することになるのであるが、十九世紀ヨーロッパの国際法学者が自衛権の先例として挙げる諸事件は、どれも、自衛権の行使を受けた側の諸国に国際義務違反があった場合ではない。「狭義の自衛権」の例として立博士が挙げられるカロリン号事件及びアメリア島事件においても、自衛権の行使を受けた側、即ち合衆国又はスペインの政府に、国際義務違反と称すべき重大な懈怠（gross negligence）があったことは証明できないのである。立博士はこれらの国が、自国領士が外国の権益を侵害する不逞の徒の拠点として利用せられつつあるのを放任しておいたことが、国際法違反を構成する懈怠であると考えられるのであるが、いま少し近づいて事件を良く観察されたならば、例えばカロリン号事件において、合衆国政府は事件勃発の三週間前から、カナダに境を接する米諸州の住民の間にカナダ叛徒を応援する挙動があるのを取締ろうと努力した事実を知られ、またネイヴィ島を米国領士とし、カロリン号は叛徒がこれに乗ってカナダに侵入しようとしたという説が事実を誤ったものであることを知られたならば、立博士も、合衆国の側に国際義務違反があるという判断は下されなかったのではあるまいか。

（二）　緊急状態行為をなした国は不法行為をなしたものではないから、謝罪する必要はないが、少くとも止むを得ざるに出たものであることを釈明し、かつこの行為によって他国に与えた損害を賠償せねばならぬとし、この点をもって自衛権と緊急避難とを区別する法的効果と見なす説は、各国の国内法に於いて、緊急避難行為によって自己の利益を守った者は、この行為によって他人に与えた損害を償う義務を負うのを原則とすることから、ヒントを得たものであり、国家的実行の観察から帰納された結論ではない。立博士が緊急避難行為の実例として挙げられるデンマーク艦隊事件及びヴァージニアス号事件からも、緊急避難行為に訴えた国が相手国に賠償をなした事実、又は少くとも賠償をすべきであるという法的信念が当事国間に存した事実を、抽き出すことはできない。デンマーク艦隊事件の後英国はデンマークに向って如何なる賠償も提供しなかった。しかしこの時は、英国艦隊のコペンハーゲン砲撃によって両国は戦争状態に入ったのであるから、本問題に関する国際法上の先例とすることはできないかも知れない。ヴァージニアス号事件に於いて、被害者たる米英両政府はスペイン政府に賠償を要求し、結局後者はこれに屈して賠償を支払ったのは事実であるが、しかしこの事件でなされた賠償は、その事情を詳しく観察すれば、「緊急避難行為をなした国は他国に与えた損害を償う義務がある」という法的信念の現われと見なすことは出来ないことが分かる。何となれば、英国政府は、スペイン軍のヴァージニアス号拿捕及び乗員抑留を、切迫した損害を免かれるための緊急必要に基づいた行為であると理解し、この点についてはスペインの責任を追究せず、賠償も要求しなかったのであり、ただサンチャゴの軍事法廷が、英国民を含むヴァージニアス号乗員を海賊の罪名によって処刑したことについて、緊急必要を超えた行為としてスペインの責任を問うたのである。従って英国政府は、緊急避難として宥恕され得ない不法行為についての賠償を求めたのである。またアメリカ政府は、カロリン号事件の時英国に対したのとは態度を変えて、ヴァージニアス号拿捕がスペインの安全を守るための緊急必要に基づいたことを、頭から認めず、米国旗を掲げる船をスペイン軍が公海に於いて拿捕したのは国際法違反であるという単純な理論の一本槍で、スペイン政府を責め賠償を求めたものである。従ってヴァージニアス号事件においてなされた賠償は、スペインの行為のうち、緊急避難として宥恕されなかったものについて求められたのである。本事件は、緊急避難としてなされた行為について賠償の義務があることを証明する材料としては援用できないものであり、むしろ緊急避難行為たることが立証され、相手国もこれを認めれば、賠償の義務は免ぜられることを証明するようにも見えるのである。

要するに立博士の挙げられる二つの事件は、緊急避難行為をなした国は相手国の損害を賠償するという国家的実行、又は少くとも、せねばならぬものであるという法的信念の存在を、実証する材料を提供しない。それ以外の自衛権の先例も同様である。ただカロリン号事件において、一八四二年ワシントンにおける交渉によって米英紛争が大団円に近づいたとき、英国使節アッシュバートン卿は公文をもって、一八三七年のカロリン号破壊行為に対して遺憾の念（regret）を表わし、且つこの遺憾の念をもっと早く表明しなかったことについて陳謝の意（apology）を披瀝して事を結んだという事実がある。この英国政府の行為は、アメリカに対する精神的賠償の提供であり、この時なされた陳謝の表示は、立博士の言われる「釈明」よりも強く、むしろ「謝罪」に当るものであるものかも知れない。しかしカロリン号事件は立博士が狭義の自衛権の事例と称せられるものである。即ち博士の説によれば、釈明又は賠償をなす必要がない点で緊急状態行為と区別せられる事件である。

従って立博士の説かれる「狭義の自衛権」と緊急避難行為との区別は、全く実証的根拠を欠くものである。両種の法的概念の成立要件に関する説――一方には相手国の違法があり、他方にはなかったという――も、法的効果に関する説――一方には賠償の義務があり、他方にはないという――も、ともに国際関係の歴史的事実の中に支持点を発見することはできない。

理論的見地からの批判

立博士らの説は、若干の理論的欠陥を含んでおり、その或るものは、国際法学の研究方法論につながる重大な意味を持つように思われる。

（一）　我々が自衛権という言葉を耳にするとき、まず第一に私等の頭に浮ぶのは、国内法上の自衛権の観念であり、その結果、国際関係において自衛権という言葉が用いられたときにも、これを聞いて私等は殆んど反射的に国内法上の自衛権の意義を思い浮べて、この言葉を理解しようとするのが常である。しかし国際法学者としては、このように反射的に念頭に浮ぶ観念をすぐ採用して国際法理論を構成する前に、国際社会と国内社会との法的機構の相違を考え、国内法的自衛権の観念が国際法に受け入れられる理論的可能があるかどうかを、検討することが必要である。これは自衛権の問題についてだけでなく、一般に国際関係において、国内法上に用いられると同じ言葉が用いられた場合に、我々が常に払わねばならぬ注意である。

立博士が国際法上の自衛権を、急迫かつ違法の侵害を蒙った国が、この侵害を排除して自国の利益を守るために必要な限度内で、応急的手段をとる権利であると定義され、この定義に含まれる諸条件に合致しない場合、又は合致しない形で、国家がその利益を守るために他国の法益を害する行為をなせば、違法行為となる、と説かれるのは、自衛権という言葉を我々が聞いて直覚的に心に浮ぶ観念、即ち国内法上の自衛権の観念を、個人というところを国家と改めて、述べられたものにすぎない。このとき博士は、国内法的自衛権の定義が、「社会の組成員を違法な侵害から守る機能を、国家の公権力の手に委ねる法的機構と相伴って発生成長したものであること」を、念頭に置かれなかったように思われる。国際社会は右のような法的機構を持たぬ社会であり、従って国内法の規定するような狭い自衛権の観念は、ここでは行なわれ得ないものである。その結果として博士も、その平時国際法論の中の他の個所では、ヨーロッパ国際法学者の言う所に倣って、国際社会では自力救済が一般的に許されることを説いておられる。そしてこの個所と、前の自衛権に関する個所との矛盾をどう調和するかについては、何らの指示をも与えておられない。恐らくこの矛盾に気付かれなかったのではあるまいか。

このことは、序言の中で「国内法上の自衛権の概念を国際社会に移して国際法上の自衛権なるものを説くことは可能か」と題する項の中で詳しく述べたことであるから、ここでは説明を省くが、そこに指摘されている立博士及びこれに倣う学者の国際法著述の中の自家撞着は、国際法上の概念を国内法のそれによって理解する企ての危険性を実証するものであることを、ここで改めて強調しておきたい。

（二）　政府の公式声明や外交通牒の中に、各国の首相、外相その他の外交家が用いる言葉を、法律学的に正確な意味にとって理解することは、必らずしもその真意を把握することにならぬ場合があることを注意せねばならぬ。政治家的（又は外交家的）用語法と法律学的用語法とは違うものであるという真理を、常に我々は念頭に置いてこれらの言葉に接しなければならない。政治家的表現法は、故意に意味をぼかすため、また極端な場合には人を瞞着するために、言葉を選び文章を操ることをもって尊しとする場合がある。また例えこのような意図をもって言葉を選ぶのでない場合にも、政治家は本来法律学者ではないのだから、法律的に厳密な意味に言葉を用いることに注意するよりも、むしろ言葉の響き、その聞く人に与える感触を考慮して言葉を選ぶ傾きがあるのは、止むをえないことである。勿論政治家の用語は常に法律的意味に合致していないと言うのではない。合致している場合も多いであろう。しかし何時でも法律学的に厳格な意味に受けとって、それでよいと考えるのは誤りである、というのである。その言葉が用いられるに至った政治的・外交的事情をよく考慮して、この言葉の用いられた真の意図を判断することが、法律学者に課せられた任務である。故に国際法学者は、単に言葉の法律学的意味を正しく知ってこれを適用しておれば良いのではなく、その上に更に困難な仕事を付け加えられているわけである。

右に述べたような研究態度は、ただ政府の公式声明や外交通牒の解釈にあたって必要なだけでなく、国際条約の解釈にも必要なことがある。もっとも条約は原則として、当時国間の権利義務を明瞭に表現する目的をもって結ばれるものであり、用語もこの目的に副って選ばれるのが普通である。しかし条約の中には高度な政治的性格を持つものがあり、従ってその行文が上述の意味における政治家的表現法によっているものがある。又全体として法律的に正確に表現されている条約でも、その一部分は右のような性格を含むことがある。これらを見分けて、適確な判断を下し、真意を把握する能力が、国際法学者に要求されるのである。(1)

英米間の外交通牒に自衛権という言葉が用いられているとき、またドイツ宰相の国会演説に緊急防衛という言葉が用いられたとき、これらの自衛権又は緊急防衛という言葉に刑法学上正確な意味を付して解釈しようとするのは、右に述べた注意を忘れたものであり、こういう解釈の上に組立てられる国際法学説は誤りである。しかし往々にしてこのような単純な学問的方法が、ありのままに国際法を把握する素直な方法であると考えられ、これに反して政治家的用語を文字通りに受取らないで、諸般の情況的証拠からその真意を汲み取ろうとする企ては、素直に物を見ないひねくれた態度であると評され、また法律論でなく実際論をしているのであると誤解されることがある。しかし、政治家的表現と法律学的表現との相違をわきまえず、前者を後者によって理解する方法こそは、ありのままに物を見ない態度であり、また非分析的、従って非法律学的な研究方法である。

(三)　自衛権を国内法の自衛権によって理解し、違法な侵害に対する反撃と解された立博士は、伝統的国際法学が自衛権の実例として挙げる諸事件を強いて自家の自衛権の定義に合致するように解釈しようとされた。従ってカロリン号及びアメリア島事件の歴史的事実を、前に紹介した如く把握され、自衛権の行使を受けた側の国に国際義務違反があると判断された。しかしデンマーク艦隊事件及びヴァージニアス号事件に至っては、立博士といえども、自衛権の行使を受けた側に違法があると見なされることは不可能であった。その結果、博士は「広く自衛権の発動と称せられるものの中には、真正の意味における自衛権の発動――違法な侵害に対する反撃――と、緊急避難行為との二つが含まれている」と説かれ、そして両者を区別する法的効果の相違は、賠償義務の有無にあると唱えられるに至った。この説は、既に述べたように、国家間の実行によって証明され得ない架空の説であり、ただ国内法に於いて、個人が自己の利益を守るための緊急必要にもとづき他人の法益を害することが許される場合の主たるものとして、正当防衛と緊急避難の二つがあることから思いついて、国際法上にも同種類の制度があるように説かれたものにすぎない。

国内法上の制度に似せて国際法上の制度を説く学説は、世人から分かり易いように思われ、また法律学的らしく思われる利益がある。何となれば世人は国際社会生活の実情を良く知らず、これに反して国内の社会生活の規範には比較的なじんでおり、法律と言えば国内法のことより考えないからである。故に国内法上の法律的制度をそのまま国際社会に移して、国際法はこうであると説く説は、分り易いように思われ、また法律学的なように受け取られるのである。しかしこういう学説は、国際社会生活の実相に反することを説き、実定国際法の学説として間違いであることが多い。しかしそうだからと言って、私等はこういう説を無下に非難するものではない。国内法上の法律制度の中には、これを国際社会に移し植えることが、国際社会の目的――組成員間の有形的・無形的財貨の交流及び平和の維持――をより良く達成すると思われるものが多くある。よく言われるように、国際法は国内法に比して未発達の法であり、これを発達した段階にまで持ち揚げるのは学説の力である。故に学者が国内法上の何らかの制度を移し植えて国際法を説くことも、lex ferenda を説いているものとして理解すれば、非難さるべきことではなく、むしろ傾聴に値するであろう。

しかし de lege ferenda の議論として国際法上の緊急避難を説く場合に、注意すべき一事がある。前に述べたように（本節二項の一）国内社会に於いても国際社会に於いても、社会の規範的秩序を保つことは、重要な社会的利益の一つである。社会の組成員で違法行為によって他の組成員を害する者に対し、後者が自己を守るために必要な場合に前者の法益を害することを許す正当防衛は、社会の規範的秩序と或る意味において両立するものである。これに反して、組成員が自己の利益を守る緊急の必要があることを理由として、無辜の第三者を害する緊急避難は、右の社会的利益と衝突するものであり、従って緊急避難を許すべしとするならば、この場合に「相手方の違法」という要件が取り払われることの代償として、他の何らかの要件によって枠を設けてこれを規制することが必要となる。各国の国内法は緊急避難の成立要件として、避難行為によって救わるべき利益が重大な性質のものであること、又はこの利益が、害される第三者の利益に比して相対的重大性をもつことを要求する。各国の刑法の明文は、時として正当防衛についても防衛される利益の重大性をもって要件の一としているように見えるものがあるが、その解釈及び適用に於いてこの要件は重要視されていない（序言の一、国内法上の自衛権の註（4）及び（5）参照）。また緊急避難に関する条文の中には、それを救うために緊急避難に訴えることを許される利益の種類を特定せず、またはそれと害される利益との釣合いを保つ必要を規定していないものがあるが、解釈及び運用に於いてこの欠陥は補われねばならぬものとされている（本節二項の一参照）。その故に正当防衛と緊急避難とは別の特徴をもつ二つの異なる制度と見なされるのである。

立博士及び横田博士は、国内法の正当防衛の定義に範って国際法上の自衛権の定義を立て、その成立要件を定められる。その結果、防衛さるべき利益の重大性という要件はここに説かれていないし、またそうなるのは当然である。しかるに両博士は、この自衛権の諸要件から、「相手国の違法行為の存在」という要件を取り去ったものを、緊急避難の要件とされるのである。この説に従えば、およそ国家は、自国の何らかの法益が危険に瀕したとき、この利益を守るために緊急の必要がある場合には、他国の法益を害する方法によってこれをなすことが、いつでも緊急避難としてできることになる。救わるべき利益の重大性の有無、又は救わるべき利益と害される利益との釣合いは問題とはならない。このように広い緊急避難を正当化する国内法は恐らく存在しないのではなかろうか。しかし両博士の説を貫けば、国際法ではかかる緊急避難が適法となることになる。

この説の下に於いて、正当防衛と緊急避難とは異なる成立要件をもつ別個の権利ではなくなり、前者は後者の中に包摂せられてその一亜種をなすにすぎないものとなる。緊急避難に「相手方の違法」という要素の付け加わったものが正当防衛であり、従って緊急避難がより広い一般的な概念、正当防衛はその部分的概念となるからである。

私は本節二項の**四**に於いて、伝統的国際法学の唱える自衛権が国際慣習によって認められていることは実証できないと唱えたが、しかし lex ferenda としてこの観念が説かれることに反対するものでないと言い、そしてこの意味において自衛権を研究する場合の最も重要な課題は、それを防衛するための自衛行為（正しく言えば緊急避難行為）が許さるべき「重大利益」を、どのような標準で決めるかの問題であろうと述べた。立及び横田博士らの説は、私が国内法上の緊急避難権を国際法に移し植えるに当って最も考慮を要する点であると見なすこの問題を、不問に付しておられることを遺憾と考える。

（1）　国家間の条約に国内私法上の術語が、政治的意図の下に用いられ、これが条約の解釈を甚だ困難ならしめている例として、十九世紀末ヨーロッパ諸強国が清国から、膠州湾その他の軍事的要地において得た権利が、Pacht, bail, lease（借地権）と表現されていること、また第一大戦後に旧トルコ領及びドイツ植民地を戦勝国間に分配するに当って、mandate, mandat（委任）という言葉が用いられたこと、などを挙げることができる。前者については、拙稿、租借地と国際地役、国際法外交雑誌第三二巻第二号、及び拙著、国際法学大綱上巻、第五章第二節「租借地」参照。後者については拙稿、委任統治に現われたる三つの私法概念に付いて、法学論叢第四三巻（紀元二千六百年記念論文集）、及び拙著、委任統治の本質、昭和一六年、一五九—一六三頁及び六二—六五頁参照。

第二章　第一大戦後の新自衛権概念

十九世紀の前半、英米間の紛争カロリン号事件の外交文書に自衛権という言葉が用いられたのが縁となって、国際法学者が自衛権という語を用いて説こうとした権利は、第一章で説明したように、自国の重大な利益が危険に瀕し、この危険を免れるためには、外国の法益を侵害する或る措置——外国領土への侵入、公海における外国船の拿捕のごとき——をとるより外に道がない場合に、この危険の発生についてその外国に国際法上の責任はなくとも、その国の法益を侵害する右のような措置をとって、自国の利益を救う権利である。従って国内法上の自衛権（正当防衛権または緊急防衛権ともいう）とは性質が違う。自衛は、不法な侵害に対する防衛行為であり、その行為の対象となるのは不法な侵害者の法益である。これに反して伝統的国際法学が自衛権と名づけた権利は、その行使を受ける側の国に、国際義務に違反した事実がないのを特徴とする。国内法にその類似物を求めるならば、むしろ緊急避難（緊急状態または緊急必要）に基づく権利がこれに当るであろう。伝統的国際法学のいう自衛権のもつこの特徴は、当時のヨーロッパ及びわが国の学者には知られていたのであり(1)、中には「自衛権」という言葉が国内法上のそれを想起せしめ、誤解を生むことを嫌って、わざとこれを避けて他の言葉を用いようとした人もある(2)。

ところが第一大戦後に至って、これと全く異る意味に「自衛権（または正当防衛権）」という語が国際関係において用いられるようになった。簡単にいえば、外国から武力を以ってする攻撃を受けたときに自国を防衛する権利をいうのである。この用語例は第二大戦後にも受け継がれ、且つ武力攻撃を受けた国を他国が援助して、前者の防衛に協力することも、自衛権の概念の中に含められるようになった。

以下に、第一節で、第一世界大戦と第二世界大戦との間の諸条約に現われた自衛権の意味を解説し、第二節で、国連憲章第五一条にいう自衛権の意味を研究しようと思う。その上で、第三節において、この新らしい自衛権概念を発生せしめた政治的事情、および伝統的国際法学の自衛権との相違点を挙げて、新らしい自衛権の特徴を明らかにし、第四節で、この新概念に法律理論の見地から批判を加えたいと思う。

（1） 第一章一節一項カロリン号事件の末尾に引用した英国およびわが国の著書を参照。

（2） 右同書に引用したフィリモーアの書を参照。またイタリアの学者の中には、カロリン号事件その他の事件を Stato di necessità（緊急状態）に基づく行為として説明しようとした人が若干ある。例えば Anzilotti, Corso di diritto int. 二版によれば四五七頁以下。

第一節　両大戦間の条約と自衛権

第一項　ロカルノ条約

一

第一世界大戦の結果一九一九年パリーで開かれた平和会議が作った国際連盟の規約の中には、自衛権を規定した条文はなく、また規約全体（二十六カ条）のどこにも自衛に言及した箇所はなかった。第一大戦後の多辺的条約で、武力行使の禁止または制限を意図したものの中で、自衛権または正当防衛権という言葉を用いたのは、私の知る限りでは、一九二五年十月十六日ロカルノで英、独、仏、伊、ベルギーの五国によって署名された相互保障条約（Traité de garantie mutuelle de Locarno）をもって嚆矢とする。

もっともその前年、国際連盟の第五回総会で「国際紛争の平和的解決に関する議定書（Protocole pour le règlement pacifique des différends internationaux 略してジュネーヴ議定書 Protocole de Genève ともいう）」の草案が審議された際に、正当防衛権という言葉が問題になったことがある。本来この議定書は、国際司法裁判所の強制管轄権、および国際連盟理事会の権限を強化して、すべての国家間の争いはこれらの機関を通じて解決されるようにし、以って国際紛争解決のために武力が使用される必要を無くする仕組みを作ろうとしたものであり、従って武力の一般的禁止を目指し、そのために法律理論上必要と認められる機構を国際社会に建設しようとする野心的な企画であったが、(1) このような武力使用の全部的禁止の下においても、正当防衛権は各締約国に残されることが論ぜられたのである。連盟総会に提出されたポリティス（Politis）報告書によれば、

「この条約の禁止しようとするのは攻撃的戦争である。防禦的戦争（la guerre défensive）が禁止されていないことは言うまでもない。正当防衛権（le droit de légitime défense）は尊重される。またそれが当然のことである。攻撃を受けた国はその総ての力をもって、その蒙った攻撃行為に抵抗する完全な自由をもつ」(2)

といわれている。このポリティスの言は、防禦的戦争、すなわち外国からの武力攻撃に対して武力をもって反撃することは、ジュネーヴ議定書の下でも禁止されないことを云おうとするのであるが、ここに「防禦戦争」と「正当防衛」とは同義語のように用いられていることは、注意に値するであろう。武力全禁の原則の下でも、外国から武力による

攻撃を受けた国が、防衛のために武力を行使するのは当然のこととして認められると言い、そしてこのように認められた唯一の例外の場合を指して正当防衛という。この用語法は、その後の両大戦間の条約および国際連合憲章に繰り返えし現われるものである。

（1）ジュネーヴ議定書の由来、その内容、その死産に終った事情については、拙著、法律学全集国際法Ⅲ、六三—六六頁、及び註一。

（2）Giraud, La théorie de la légitime défense, ハーグ国際法アカデミー講義集、一九三四年三巻、七一四頁。

二

第一大戦後に結ばれた戦争禁止または制限を目的とする条約で、正当防衛権または自衛権という言葉を用いたものの嚆矢として、上に挙げたロカルノ相互保障条約[1]は、独仏間、独ベルギー間の戦争防止を目的とする条約であって、この三国の外に英伊が加わっているのは保障国としてであるが、この条約の内容を簡単に言えば、

第一条は、ドイツの西部国境（ヴェルサイユ条約によって決められた独仏間および独ベルギー間の境界）の現状維持と、ライン河沿岸の非武装化（ヴ条約四二条、四三条によりドイツの負う義務）の厳守を謳い、

第二条において、独と仏、独とベルギーは、互に戦争に訴えず、また攻撃行為、侵入行為をなさないことを約束し、

第三条において、独ベルギー間、および独仏間に生じた一切の紛争は、裁判または調停の手段によって平和的に解決さるべきことを定め、

第四条において、前述第二条の違反、及びヴ条約四二、四三条の違反があった場合、被害者となった国を他の締約

国（英伊を含み）は挙って援助することを約束したものである。

この条約が相互保障条約と称せられるのは、右の最後の規定、すなわち第四条に由るものである。また第二大戦後に安全保障の形態として喧ましく言われた「ロカルノ方式」は、この条約に範を採る安全保障体制をいうのである。

右の諸条のうちで「正当防衛権（le droit de légitime défense）」という語が出て来るのは第二条であるから、これをも少し詳しく紹介しよう。

第二条の第一項は、独とベルギー、独と仏とは、どちらからも攻撃または侵入をなさず、どちらからも戦争を開かないという規定であるが、これに続く第二項は、右の規定に対する例外として、武力行使の許される場合を列挙する。それは
（一）正当防衛権の行使（l'exercice de droit de lég. déf.）
（二）国際連盟規約第一六条の適用としての行動
第一六条は、連盟規約に違反して戦争に訴えた国に対し連盟組成国全部が起こす制裁行動を規定したものである。この場合に連盟国として執る軍事行動は、ロカルノ条約第二条一項の禁止に触れないものとして取り扱われる。
（三）国際連盟総会または理事会の何らかの決議に基づいてとられる行動
この最後の規定を説明するためには連盟規約の多くの条文を引用する必要があるし、また当面の問題と直接の関係はないから省略する。

右の三つのうち当面の問題に直接関係のあるのは第一である。左にその全文を訳出する。

「一、正当防衛権の行使の場合、即ち前項の約束の侵犯、または上述ヴェルサイユ条約四二または四三条の明白な

背反に対処する場合。ただしこの背反が、挑発されざる侵略行為を構成し、非武装地帯内における兵力の集結（状況）に基づき即時の行動を必要ならしめるとき（に限る）」

ここに「前項の約束」というのは、前に引用した第二条一項のことである。「ヴェルサイユ条約四二、四三条」というのは、ライン東岸から五十粁の間隔を置いて河添いに引いた線から西へフランスとの国境およびベルギーとの国境に至るドイツ領内に、ドイツが兵力を入れ、または要塞を築くことを禁じた規定である。故に正当防衛は次の二つの場合に成立することになる。

（a） 独が仏またはベルギーに対し、或いは仏またはベルギーが独に向って、戦争宣言、攻撃または侵入行為をなした場合

（b） ドイツがヴ条約四二、四三条に違反する行為をなした場合

ただし（b）の方は、第四二、四三条に違反する行為の総てが、仏ベルギー側に正当防衛権を発生せしめるのでなく、（1）独のなす違反行為の目的が、仏またはベルギーに対する侵略にあることが明白であり、（2）ドイツ軍の兵力集中の状況に基づき、仏及びベルギー側に即時の行動をとる必要があり、（3）且つドイツのこの行動は、仏またはベルギー側の軍事行動によって挑発されたものでない、という三条件が揃った場合にのみ、正当防衛は成立する。

ロカルノ条約が「正当防衛権の行使」というのは、右のa、bの二つの場合である。このうち（a）が、武力攻撃に対する防衛措置を意味することは、説明を要しないであろう。（b）は、ドイツの兵力が非武装地帯内に進入して、まだ仏またはベルギー国境に殺到するに至らぬ前に、仏およびベルギーがドイツに対して兵力を行使することを認めようとするものであり、従って武力攻撃を構成しない単なる条約違反行為を対象として、それを排除するために兵力

を使用することを、正当防衛の名の下に認めようとするもののように見える。しかし条文をよく読めば、単にドイツがヴ条約四二、四三条に違反したというだけで、この違反行為排除のために仏及びベルギーが兵力を使用することを許したのではなく、ドイツ軍がライン沿岸の非武装地帯に向って移動を開始したことが、仏またはベルギーに対する攻撃の目的に出たものであることは明白であり、且つ仏およびベルギーが自国を防衛するためには、ドイツ軍が現に非武装地帯内において展開しつつある運動を即時に阻止する行動をとる必要がある場合に限って、兵力使用を許したのである。

故にロカルノ条約に言う正当防衛は、外国が自国を攻撃するための軍事行動を開始したときに、これに対抗して自国を防衛するためになす兵力行使をいうのであり、外国の、わが国に対してなす法益侵害行為で、武力攻撃の形をとらないものに対して、わが国の利益を防衛する措置は、正当防衛の中に含まれない。結局一九二四年の連盟総会におけるポリティス報告に現われた正当防衛と、同じ意味に外ならないのである。

（1）　一九二五年十月十六日 Locarno で調印されたのは、本文に引用した相互保障条約（英、仏、独、伊、ベルギー）の外に、四つの仲裁々判条約（独ベルギー間、独仏間、独チェコ間、独ポーランド間）と、二つの保障条約（仏チェコ間、仏ポーランド間）とであるが、単にロカルノ条約というときは、第一のもの（五国条約）を指すのが普通である。

第二項　不戦条約

一　第一条及び第二条の解釈

わが国で不戦条約という名で普通呼ばれている、一九二八年八月二十七日パリーで、独、米、ベルギー、仏、英、伊、日、ポーランド、チェコスロヴァキアによって署名された[1]「戦争の放棄に関する条約（Treaty for the Renunciation of War, Traité pour la renonciation à la guerre）」は、三ヵ条から成る条約であるが、そのうち第三条は、批准及び実施の手続規定であるから、正味はただ二ヵ条である。しかもこの両条は各々短かい一つのセンテンスから成り立っている。

第一条「締約国は国家間の紛争の解決のために戦争に訴えることを非とし、且つ彼ら相互間の関係において、国家政策の手段としての戦争を放棄することを、各々の人民の名において厳粛に宣言する」

第二条「締約国は、彼らの間に起こる総ての争議または紛争は、その性質又は原因の如何を問わず、平和的手段によるの外にその処理または解決を求めないことを約束する」

この二ヵ条のうち、条約を作った政治家たちが重きを置いたのは、第一条であると思うが、その文辞を荘重ならしめるために用いられた修飾的表現が、意味の曖昧さを伴い、法律学的解釈を困難ならしめる嫌いがある。むしろ第二条の方が、表現が比較的平明である。故に不戦条約の全体としての意図を正確に把えるのには、第二条をまず理解して、この理解を基礎として第一条の不明確な点を補うという方法をとるのがよいと思う。

第二条は締約国に「彼らの間に起こる総ての争議または紛争を、その性質または原因の如何を問わず、平和的手段によるの外にその処理または解決を求めないこと（the settlement or solution of all disputes or conflicts of whatever nature or of whatever origin they may be, which arise among them, shall never be sought except by pacific means）」を命ずる。「平和的手段以外の方法」を簡単に「非平和的手段」というならば、本条は「どんな紛争も非平和的手段によって解決しない」ことを締約国に義務づけるのである。このことから次の二つの点が結論される。

（一）第二条は、一寸見ると、どんな紛争も平和的手段によって解決することを、締約国に義務づけたもののように思える。従って、締約国間に紛争が起これば、まず当事国間の話し合いで解決を計り、それがうまく行かねば第三国政府又は国際調停委員会などの調停に付し、それでも解決に至らないときは、当事国を拘束する判決によって紛争に終局的解決を与える権限をもつ国際裁判に付するという方法によって、必ず紛争を解決せねばならぬのであり、未解決のまま紛争を後に残こすことは禁止されるもののように見える。

しかし本条の行文をよく吟味すれば、本条は「非平和的手段によって紛争を解決すること」を禁止しているだけであって、「総ての紛争の解決は shall never be sought except by pacific means (ne devra jamais être recherché que par des moyens pacifique)」という言葉の中から「あらゆる紛争を必ず平和的手段で解決してしまわねばならぬ」という積極的義務を汲み取ることはできない。本条は「いかなる紛争も非平和的手段を用いては解決しない」という消極的義務を締約国に課したに止る。この意味で第二条は消極的な規定である。(2)

右にのべたのは文理的解釈であるが、第一大戦終了直後の平和運動が、一九二四年のジュネーヴ議定書の失敗を経て、一九二八年不戦条約の成立に到った歴史もまた、この解釈が正しいことを教える。

ジュネーヴ議定書は、前に述べたように、国家間の争いが必ず何らかの平和的方法によって解決される仕組みを作って、戦争の発生を防ごうとしたものである（本節一項）。従ってその骨子は、国家間の総ての争いを、拘束力ある判決を下す国際機関に、最後的には必ず付託して解決する義務を国家に課することにあった。しかしこの企ては各国政府の強硬な抵抗に遭遇し、議定書はついに批准せられないで終った。しかも一方世界の諸国民は、戦争を廃止する条約の締結を求めて止まない。この世論に満足を与えるために登場したのが不戦条約である。各国の政治家が異議なくこの条約を受け入れた反面には、この条約がジュネーヴ議定書と異なり、紛争を平和的に解決する方法に関する規定を含まず、ただ戦争その他の非平和的方法によって紛争を解決することを非とする言葉だけを含んでいるという事実があることを忘れてはならない。ジュネーヴ議定書が死産に終り、これに代って不戦条約が成立した理由はこれであり、従って第二条が締約国に、有らゆる紛争を平和的に解決する積極的義務を課するという解釈は、取られ得ないのである。

(二) 第二条は、国家間の争いを解決する手段として、平和的手段だけを是認する。従って国際紛争解決のための諸方法のうち、平和的手段のカテゴリーに入らない総てのものは、本条によって否認されたことになる。ある国が外国に向って要求を通すために、外国の領土の一部を占領し、または外国の港を封鎖して船の交通を遮断するなど、外国に損害を与え苦痛を与える方法によってその屈服を計ることは、当事国がこれを戦争と名づけようと名づけまいと、「非平和的手段」であることに変りはなく、従って第二条に違反することになる。

第一大戦以前の国際関係において、ある国が外国に向って武力を行使しながら、事態重大の印象を他の国々に与えてこれを刺激することを避けようとする政策に基づき、または国内的事情に由り、宣戦を布告せず、また外交関係も断絶せず、政府の公けの文書に「戦争」という言葉を用いるのを殊更に避けることが往々有った。またこのような武力行使が、外国領土の一部の占領または外国の港の封鎖の形をとる場合に、これを平和的占領 (occupation pacifique わが国で通例平時占領と訳される) または平和的封鎖 (blocus pacifique 平時封鎖と訳される) と呼んで、これが一時的なものであり局地的なものであるという印象を世界に与えようとする試みもなされた。自国の要求を通すため外国に物質的損害や精神的苦痛を与えて外国を屈服せしめようと計り、この目的のために兵力を行使するのは、それがどんな名称で呼ばれようとも、本質上戦争と全く異らない行為であり、これに「平和的」という形容詞をつけることによって、その性質は変らないわけであるが、この矛盾した名称は外交文書に広く用いられ、それに推されて国際法学の著書もこれを術語として採用するようにさえなった。

平和的封鎖、平和的占領という言葉は、第一大戦後には流行らなくなったが、しかし戦争という言葉を用いないで武力を行使する慣行は、前よりも一般化した傾きがある。一九二〇―二三年のポーランド・リトワニア紛争（Vilna市の帰属をめぐる）、一九二三年のイタリア・ギリシア紛争（Corfu 島事件）、一九二五年のギリシア・ブルガリア紛争（Demir-Kapou 事件）、一九二九年のソヴェート・中国紛争（北満事件）、一九三一―三三年の日本・中国紛争（満州事変）、一九三二年のペルー・コロンビア紛争（Leticia 事件）はこの例である。(3) このように武力行動を戦争の名を避けつつ行なうことが原則化した理由は、世界的大戦争の後に常に湧き起こる戦争忌避の世論に調子を合わす政治的必要にあったことは明らかである。

しかしこれらの総ての武力行動は、不戦条約に触れるものと解釈しなければならぬ。その目的およびその手段において実質上戦争と異らない措置をとることによって、国家間の争いを解決しようとする企ては、第二条の「国家間の争いは、その種類の如何を問わず、平和的手段以外の方法によって解決を計らない」という規定に明白に違背するからである。

右のように第二条を理解した上で、第一条を見てみよう。

第一条は、国家間の争いを解決するために戦争に訴えることを非とし（condemn recourse to war for the solution of international controversies）彼ら相互の関係において国家政策の手段としての戦争を放棄する（renounce it as an instrument of national policy)」と定める。ここに専ら戦争という言葉が用いられているために、「戦争に至らざる武力行動（act of force short of war)」は不戦条約に触れないという解釈が生じ易い。上に述べたように、「戦争」と「戦争に至らざる武力行動」とは別のカテゴリーとして、十九世紀以降の外交文書および国際法の著述に取り扱われて来たからである。

しかし国家がその要求を貫徹するために兵力を使用することを、「戦争」と「戦争に至らざるもの」とに区別する標準はどこに求められるかというと、当事国が相手国との外交関係を断絶するか、または対外的通牒や国内の布告の中に戦争という文字を用いた場合には、戦争の意志（animus belligerendi）が表示されたものとして、この兵力行使を戦争といい、このような「戦争の意志」が明示的にも黙示的にも表示されない場合には、戦争に至らない武力行動という。故に両者を区別する標準は、当事者の選択する形式によって決定されるのである。従って、「不戦条約は戦争を禁止するが、戦争に至らない武力行動を禁止しない」という解釈は、当事者がその意志によって任意に不戦条約の拘束から免かれることを許す結果に導くのである。

故にこの解釈は不合理である。第一条だけを見れば、「戦争」のみを禁止して、戦争と名づけられない武力行使を不問に付しているような印象を生じ易いが、第二条と対照しながらこれを読めば、この印象の誤りは直に明らかとなるであろう。「戦争に至らざる武力行動」は非平和的な紛争解決手段であり、そして第二条は総ての非平和的な紛争解決手段を禁止しているからである。

また第一条が「国家政策の手段としての戦争」を放棄するといい、端的に「戦争」を放棄すると言っていないことも、不戦条約の禁止する戦争の範囲を限定しているような印象を与える。本来戦争は、その原因が法律的であるか政治的であるかによって区別することができる。国家が、外国の違法な侵害に対して自国の法益を護るために、兵力を使用するのは、法律的原因に基づく戦争であり、外国からのこのような違法侵害の事実はないに拘らず、自国の領土欲、権力欲その他の政治的欲望をとげるためになす武力行使は、政治的原因による戦争であると言える。不戦条約が「国家政策の手段としての戦争」を放棄するというのは、後者を指すのであり、従って、わが国の正当な権益が、外国の条約侵犯行為その他の国際義務違反行為によって害されようとするとき、この違法な侵害行為を阻止または排除するために必要な武力行動は不戦条約に触れない、という解釈が生じ易い。

この解釈は、「戦争」という言葉が用いられているのを楯にとって、戦争に至らない武力行動は禁ぜられないと称する上述の解釈よりは、合理的なものを含んでいるが、しかし第二条と対照すれば、この解釈も条約を作った人々の意図に合しないことは、直に明らかとなる。第二条は、締約国間のすべての争議または紛争は、「その性質または原因の如何を問わず」非平和的手段によってその解決を求めてはならない、と言っており、従って武力による解決は、これに導いた紛争が法律的なものであるか政治的なものであるかを問わず、禁止されると解せねばならぬからである。

それでは何故「国家政策の手段として（as an instrument of national policy ; en tant qu'instrument de polique nationale）」という形容句が挿入されたのか。この形容句は、不戦条約の原案たる一九二七年六月二十日の米仏修好条約草案に端を発するものであり、フランス外相ブリアン（Briand）の発案によるものであった。元来不戦条約は最初フランス政府から米国国務省に、二国間条約として提案されたものであり、国務長官ケロッグ（Kellogg）の意向によって、多数国間条約として列国の参加を求めることになったのである。フランス政府が「国家政策の手段」という言葉を使ったのは、国際連盟規約やロカルノ条約や永世中立条約から生ずる義務に基づいてなす武力行使を、不戦条約から除外して、ただ国家がその個別的な利害関係に基づいて、その意志によってなす戦争を、不戦条約の対象としようとするためであった。(4) 国際連盟規約、ロカルノ条約、スイス中立化条約は、全世界の、または全ヨーロッパの、平和を確保する目的をもって作られた協同的保障条約であり、その加盟国が条約から生ずる義務としてなす武力行使は、普通の戦争、すなわち一国が他国との間に生じた利益の衝突を解決するためになす武力行使とは趣きを異にするという見解に基づいて、前者を不戦条約の禁止の対象から除こうとしたのである。この由来から考えれば、後者すなわち個別的利害関係の衝突から生じた戦争は、これに訴えた国が、自国の国際法的権利と信ずる所のものを守る意図をもってなしたのであろうと、他の政治目的を達成するためになしたのであろうと、不戦条約の禁止の範囲内に入ることは疑いない。かく解すれば、第一条にいう「国家政策の手段としての戦争を放棄する」という言葉と、第二条の「締約国は彼らの間に起こる総ての争議または紛争は、その性質および原因の如何を問わず、平和的手段以外の道によって解決を計らない」という規定とは、完全に一致することになる。

以上私は、不戦条約に対する留保としての自衛権を論ずるに先き立って、条約の本文第一条と第二条を多少詳しく説明したが、それは、第二大戦後に現われたヨーロッパの自衛権の研究の中に、不戦条約の趣旨を誤解して、この条約は戦争を禁止するが戦争に至らぬ武力行使を禁止していないと考えているものが多いからである。もしこのような解釈が、一九二八年パリーでこの条約に署名した諸国の意図を正しく理解したものであるとすれば、これらの国々が、署名に先き立って「自衛権」を留保したことは無意味となる。本条約に加盟した国々は、外国に向って武力を行使しようと思えば、これを戦争と名づけさえせねばよいのであって、自衛権を根拠とすることは不必要だからである。故に不戦条約の留保としての自衛権の意味を説明する前に、第一条および第二条の正しい解釈を述べておく必要があると考えたのである。

私は昭和七年二月の法学（東北大学法学部機関誌）誌上に、「不戦条約の意義」と題する論文を公けにしたことがあるが、不戦条約が戦争に至らざる武力行使をも禁止するという解釈は、当時私の参照したヨーロッパの文献の通説であったので、この通説を紹介するに止めて詳しい説明をしなかった。余談になるが、その翌年すなわち一九三三年の軍縮会議の政治委員会の席上で、ソ連代表リトヴィノフその他によって、「不戦条約が武力行使（le recours à des actes de force）を条約の禁止する戦争の中に入らぬものとして許していると解釈できない」との意見が述べられ、他の委員によって異議なく受け入れられた事実がある。(5)

もっとも私が右の論文を公けにする前年の九月に勃発した満州事変に際し、わが国の一学者はわが満州駐屯軍の軍事行動を弁護するために「不戦条約は戦争を禁止するが戦争に至らざる武力行動を禁じない」と唱えられたことがある。私の論文も従ってこの問題に触れたが、ただ数行を費やして、不戦条約の解釈として採り得ないことを述べただけであった。(6)

ところがこのような第二大戦前の通説とは全く反対に、不戦条約は戦争に至らない武力行使を許容しているという説が、第二大戦後には幅を利かしているように見える。(7)これらの学者のうち比較的詳細にその説を根拠づけようとしているのは、バウエットであるから、彼の説の要旨を左に紹介しよう。

不戦条約第一条は「戦争」を禁止するといっており、この言葉の意味は明白である。ある人々は第二条に「締約国は彼らの間の紛争の解決を平和的手段より外に求めない」という言葉があるのを根拠として、戦争に至らない武力行動も「平和的手段」でない以上、第二条に触れるという。しかし広く採用された国際法の用語法によれば――この用語法が望ましいか否かは別として――戦争に至らない武力行使を「平和的」と形容している。従って第二条を、第一条の明白な言葉の意味（the plain meaning of the terms of Art. I）を打ち消す根拠として援用してはならない。また不戦条約が結ばれて後四年間の歴史的事実も右の解釈を強める。この期間に武力行使の三つの例があり、その何れも戦争宣言を伴わずしてなされた。一九二九年のソヴェート・中国間の北満事件、一九三一年の満州事変、一九三二年のペルー・コロンビア間のレチシア事件がこれである。これは不戦条約が、戦争を禁止するが、戦争に至らない武力行使を禁止しないものと解された結果に外ならぬ、と。

このバウエットの意見に対して、私は（一）条約解釈方法の誤りと（二）歴史的事実の不正確さとを挙げて、反駁したいと思う。

（一）条約解釈方法の誤り

バウエットは、第一条が「戦争の放棄」という言葉を用いていることを理由として、戦争宣言や外交断絶を伴わずしてなされる武力行使がここに含まれていないことは、明白で疑問の余地はないという。しかし世上一般の用語として、戦争という言葉は、国家間の武力による闘争を一般的に指す広い意味に用いられるのが普通である。狭い意味に用いるのはむしろ特殊な専門語的用法である。一九二八年不戦条約を作った米仏の政治家たちは、戦争という言葉をどちらの意味に用いたか。戦争に至らない武力行使を特に除外する意図をもって、戦争という言葉を使ったか。この問題はバウエットのいうように簡単に断定できないことであって、断定をする前に次の事が考慮されなければならない。

a、不戦条約を作った政治家たちは、その行文を簡潔にし且つ力強く表現しようと工夫した跡が見える。戦争に代えて use of armed force とか recourse to acts of force とかいう言葉を用いれば、法律的にはより正確になり、誤解のおそれはなくなるであろう。しかし長ったらしく、また世人の耳に熟しない言葉である。故にこれを避けて「戦争」という普通の用語をとったのではないか。

b、すでに述べたように、戦争と然らざる武力行使とを区別する客観的標準はないのであって、どんな大規模な武力行動でも、宣戦または外交断絶を伴わずしてなされれば、国際法学者はこれを「戦争に至らざる武力行動」と名づけた。そして宣戦や外交断絶をするか否かは当事国の意志によって決まることである。故に不戦条約第一条にいう「戦争」は「戦争と名づけられない武力行使」を含まないという解釈は、締約国がその意志によって随意に条約の適用を免かれ、武力を行使することのできる道を明けておくことが、不戦条約を作った人々の意図であったと認める結果になる。不戦条約を作った人々は果してこのようなことを意図したであろうか。

このように考えれば、第一条の「戦争」という言葉の意味は、バウエットのいうように明白ではない。一般に、条約の或る一条の言葉の意味が明白でない場合には、他の条項を参照して、条約全体としての意図を探り、それに基づいてこの一条の意味を考えるのが、条約解釈の正しい方法である。

ところが第二条は、締約国はその紛争を非平和的手段によって解決しない、と規定している。私らは、国家が自国の要求を一方的に貫徹するために、外国に向って兵力を行使するのは、当事国がそれを戦争と名づけようと否と、非平和的手段であることは明白であると考える。もしこの第二条の理解が間違いなければ、これに照らして第一条の戦争の語の意味は決定されねばならぬ。そうすれば、この語は、当事国が戦争の名を避けつつなす武力行使をも含むと解せざるを得ないのである。

バウエットは、第一条の「戦争」が、当事国が戦争の名を避けつつなす武力行使を含まないことは明白であると、予め断定する結果、第二条にいう「非平和的手段」も戦争だけを意味し、戦争に至らざる武力行使を含まないと解釈しようとする。彼によれば、戦争に至らざる武力行使を「平和的」と名づけることは、国際法上容認された用語法である（the accepted terminology of international law）と。

この驚くべき言語学上の学説は、おそらく十九世紀以降の国際関係に時々用いられる「平和的封鎖」「平和的占領」などの言葉にヒントを得たものであろう。政治家の鋳造したこれらの言葉は国際法の著書の中にも受け継いで用いられているのは事実である。しかし国際法学者は、いわゆる平和的封鎖、平和的占領を、国際紛争解決手段の分類として「平和的手段」の中に入れているのではない。国際法の著書が紛争解決方法を「平和的手段（moyen pacifique）または友好的手段（moyen amical）」と「強制的手段 m. coercitif）または非友好的手段（m. non-amical）」とに分類する場合、平和的封鎖や平和的占領は前者の中に入れられないで、後者の中に入れられるのが常である。前者すなわち平和的手段に入れられるのは、外交談判、仲裁々判、第三国の調停、国際委員会の審査のごとき、両当事国の互譲妥協を基礎とする紛争解決方法であり、当事国の一方が相手方に、物質的損害や精神的苦痛を与える措置を講じて、相手方を屈服せしめ、自国の要求を貫徹する手段は総て後者の中に入れられる。平和的封鎖や平和的占領はその典型的なものである。(8)

従って、戦争に至らざる武力行使を「平和的」と名づけるのは国際法学の慣用語であり、第二条にいう平和的手段の中にこれが含まれる、というバウエットの説が根拠を欠くことは明らかである。

（二）　歴史的事実の不正確

バウエットは、不戦条約が結ばれてから四年間に、三つの武力行使が戦争宣言を伴わずしてなされた事実を挙げ、この事実は、不戦条約が戦争を禁止するが戦争に至らざる武力行使を禁止しないものと、締約国によって解されていることの証拠である、と唱える。しかしこの説は両大戦間の歴史を知るものにとっては、首肯できぬ説である。

前にも述べたように、第一大戦の終了した時から一九二八年の不戦条約まで、および不戦条約締結から四年後の一九三二年までの十三年間の武力行動はみな戦争の名を避けつつ行なわれている。一九二〇―二三年のヴィルナ紛争、一九二三年のコルフー島事件、一九二五年のデミール・カプー事件において、当事国間に宣戦も外交断絶も行なわれなかったことは、バウエットの挙げる一九二八年以後の四年間に起こった三事件、即ち一九二九年の北満事件、一九三一年の満州事変、一九三二年のレチシア事件におけると同様である。そしてバウエットの挙げる此の四年間の三事件の後には、一九三三年五月パラグヮイがボリヴィアに向って戦争を宣言する事態が起こり――これはチャコ（Chaco）地方の領有をめぐって一九二八年から始まった衝突であるがついに戦争宣言に導いたのである――また一九三五年十月には、その前年来エチオピアと事を構えていたイタリアが戦闘開始を宣言するとともに外交関係を断絶し、その後は両国とも公然と「戦争」の語を使用するようになった。

両大戦間の歴史の率直な観察は、戦争の語を避ける慣行が、不戦条約以後よりもむしろ以前において一般的であったことを発見せしめる。この歴史をバウエットはいかに解釈するか。私らの見るところでは、列国の政治家は、世界大戦の直後には、そのころ諸国民の間に湧き起こった強い戦争忌避の感情に押されて、戦争という言葉を用いるのをつとめて避けようとしたが、戦後十数年を経て、諸国民の強い戦争忌避の感情も下火となるとともに、戦争の語を避ける必要を認めなくなったのである、と解するのが、歴史的事実の全体と最もよく符合する解釈である。従って不戦条約第一条の用語の如何とは関係のないことである。

バウエットが自分の不戦条約解釈の正しさを歴史的事実によって証明しようとするとき、条約締結後四年間という期間を限って（within four years of the conclusion of the pact there were three instances of the use of force……）、その前のことを言わず、その後のことも何も言わないのは、歴史を自分の学説に都合のよいように操作したという譏りを免れないであろう。

（1） 不戦条約の原署名国は、本文にかかげた九国であったが、その後、ラテン・アメリカの数国を除く世界のほとんど総ての国の加入を得た。中南米国のうちに本条約を敬遠するものが生じたのは、本項の二で述べる北米合衆国のモンロー主義の留保と関係がある。モンロー主義は、合衆国が米州においてヘゲモニーを握ろうとする政策であるように解され、これが中南米諸国をして本条約に反感を抱かしめる因となったのである。これらの国も条約の本文そのものには反対でなかったので、一九三三年リオデジャネイロでほとんど同内容の条約がラテン・アメリカ諸国間に締結された。

（2） 拙稿、不戦条約の意義、法学一巻二号（昭七、二）五頁、およびそこに引用した Le Galle の著書、Le Pacte de Paris 一九三〇年、九〇—九四頁。および伊藤述史の論文、Le Pacte de Paris et le Pacte de la Société des Nations, Revue Politique et Parlementaire 一九三〇年、二一六頁参照。

（3） この両大戦間の流行現象は、第二大戦後に再発した観がある。一九五六年の英仏イスラエルのエジプト攻撃、ソ連のブダペスト砲撃、一九六一年のインドのポルトガル領ゴアその他の三地区の奪取をはじめとして、その後行われた数多くの武力行使は、いずれも戦争の宣言を伴わずしてなされた。その理由は両大戦間のそれと同じであると思う。

（4） 不戦条約フランス草案に現われた「国家政策の手段としての戦争」の語について、詳しくは、前掲拙稿、五—六頁。

（5）Emile Giraud, La théorie de la légitime défense ハーグ国際法アカデミー講義集、一九三四年、三巻七〇〇頁及び註四。最近の著書では Ian Brownlie, International Law and the Use of Force by States 一九六三年、八七—八八頁参照。

（6）前掲拙稿、八頁。

（7）Waldock, The regulation of the use of force by individual states in international law ハーグ国際法アカデミー講義集、一九五二年、四七三—四頁。Bowett, Self-defence in international law 一九五八年、一三五—六頁。

（8）ウォルドックの右掲論文は、右に引用した箇所（四七三頁）で、不戦条約は戦争に至らない武力行使を禁止しないという解釈を述べているが、それより十五頁ほど前の四五七頁に、武力行動に訴える国が、対外的政策、または国内的事情によって、戦争の名をさける傾向があることを説き、そしてこの武力行動は「紛争解決の平和的形態（pacific modes of settling disputes）の中に分類される」と言っている。しかし文献を引用せず、あたかもこの分類が普遍的なものであるかのような言い方をしている。私の知る限りでは、一般に採用される分類はこれと反対である。ウォルドックのこの不思議な説は、おそらく彼がその論文の後の方で述べる不戦条約の解釈の伏線であろう。バウエットはこれを信用したのかも知れない。

二　不戦義務に対する例外

右に述べたように、不戦条約第一条及び第二条は武力行使を全面的に禁止する。しかし条約の前文、および条約がパリーで署名されるに先き立って、各国政府の間に交換公文の形でなされた留保——この公文を当時「解釈公文（notes interprétatives）」と呼んだ——を参照すれば、全面的武力禁止の原則には、例外があることを発見する。

その第一は、不戦条約違反国に対する関係である。ある締約国が条約に違反して武力行動を開始した場合には、その直接の被害者たる国だけでなく、すべての締約国は、違反国に対する関係において条約の義務から解放せられ、武力行使の自由を回復する。このことは前文の第三項の「どの締約国も、今後その国家的利益を推し進めるため戦争に訴えるものは、本条約の与える利益を拒否されねばならぬ」という言葉から推論される。

第二は、国際連盟規約、ロカルノ相互保障条約、永世中立保障条約に基づく義務としての戦争である。締約国のうち国際連盟の組成国たるものが、連盟規約から生ずる義務によって武力を行使することは、不戦条約に反しないものと見なされる。ロカルノ条約の当事国および永世中立条約の当事国が、条約から生ずる義務に基づいて武力を行使する場合も、同様に取り扱われる。このことは、仏、独、英、日の解釈公文に明言されている（ただし永世中立条約に言及しているのは仏公文だけ。）連盟規約その他の条約が、全世界の、または全ヨーロッパの平和のためのものであり、この条約から生ずる武力行使は、世界の、また全ヨーロッパの平和を乱す国に対して発動されるものであるのに鑑みて、不戦条約の精神に反しないものと見なされるのである。

第三は「自衛」のための武力行使である。自衛のための武力行使の留保は、米、仏、独、英、日の公文の中にみな述べられている。ただしフランス政府公文は、始めのうち「正当防衛権（Le droit de légitime défense）」という言葉を用いたが、その意味するところは変らない。またドイツ政府公文は「どの国も持つ自己を防衛する主権的権利（the sovereign right of any state to defend itself）」といういささか長い言葉を用いたが、これはドイツ語で自衛は緊急防衛（Notwehr）といわれ、この語は他国民にとって耳馴れぬ語であることを考慮して、避けたのであると思う。

これらの言葉によって諸国が留保しようとした権利はどういう意味のものか。諸国の公文の中にこれを定義しているものはない。しかし前後の文脈から、おのずとその言わんとする所は推察できるのである。

たとえばドイツ政府公文の第五項は

「ドイツ政府は、合衆国政府の提出した案に基づく（不戦）条約は、どの国も持つ自己を防衛する主権的権利に影響するものでないと信ずる。もしある国がこの条約を破れば、他の締約国がその国に対する関係において行動の自由を回復するのは自明の理である。従ってこのような条約違反により損害を受けた国が、平和を乱す国に対して武器を取るのは、何ら妨げられることはない。」

といっている。従ってドイツ政府が「自己を防衛する主権的権利」と称するのは、不戦条約に違反して武力を行使する国に対して、その武力行使の対象となった国が、自分も武力をもって反撃する権利に外ならない。前述のように、締約国の一つが条約を破ったとき、他の締約国がこの国に対して条約の拘束から免れるのは、前文第三項に謳われていることであり、ドイツ政府の留保は、ただ念の為めの断り書きに過ぎないことになる。

またアメリカ政府の公文には

「不戦条約の米国草案は、どんな形ででも自衛権を制限しまたは傷つける何物をも含まない。この権利はどの主権国家にも固有のものであり（this right is inherent in every sovereign state）どの条約にも暗黙に含まれている。各国は、どんな時でも、また条約の条項の如何を問わず、自国の領土を攻撃または侵入から守る自由をもち、また事態が、自衛のための戦争に訴えることを必要ならしめるか否かを独自に決定する権限をもつ」

という言葉がある。従ってアメリカ政府が主権国の固有の権利と見なす自衛権は、「自国の領土を攻撃または侵入から守るため、自己の判断によって戦争に訴える必要ありと認めたとき、これをなす自由」を言うに外ならない。自衛は、外国の側からの武力行使を前提として発動し得る権利である。

フランス政府の公文は「現存の諸条約の枠内における正当防衛の権利（les droits de légitime défense dans le cadre des traités existants）」という言葉を用い、且つそれに付け加えて「これらの条約がその条項のあるものの違反を敵対行為（un acte hostile）と同視する場合」には、この違反に対する措置も正当防衛の中に含まれる、といって、正当防衛の範囲を多少広げようとしている。

本節第一項で述べたように、ロカルノ条約は正当防衛が次の二つの場合に成立すると定める。
（一）外国からの宣戦、もしくは武力攻撃または侵入があった場合
（二）フランスおよびベルギーにとっては、右の外に、ドイツが条約第一条に違反して、ラインランド非武装地帯に兵力を集中し、フランスまたはベルギーへの攻撃を開始する様子が見えた場合
フランス政府が「現存諸条約の枠内」を強調するのは、第二の場合におけるフランスのドイツに対する武力行使も、正当防衛として不戦条約の外に立つことを、はっきりさせたかったからであろう。

前に引用した、自衛権に言及する五政府公文のうち、自衛権の意味を探る手がかりとなる説明句を含んでいるのは、独、米、仏の三公文だけである。英国および日本の公文も、不戦条約は自衛権を害しないと言っているが、ただそれだけであって、自衛権を説明する言葉はない。英、日の公文は、一九二八年五月十九日、五月二十六日付けであり、独、仏の公文（四月二十日、四月二十七日付）から一月もたって出されたものであるから、自衛権について説明していないのは、独、仏の公文と異る見解がなかったためであると考えてよいであろう。

故に解釈公文を通観して、不戦条約に対する留保としての自衛権の意味を帰納すれば、

「外国から武力による攻撃や侵入を受けた国が、これを反撃するために武力を行使する権利」をいうと結論して誤りないと思う。ただフランス政府は、(一)外国からの武力攻撃および侵入の場合だけでなく、(二)特定の条約によって、外国のある行為が右の武力攻撃行為と同一視され、それを排除する措置が正当防衛と見なされている場合は、これも不戦条約に触れないものと見なされねばならぬことを、特に断っているが、しかしこれは特定の条約の締約国の間だけのことであり、不戦条約に加入する国全部に適用される正当防衛の観念ではない。のみならずフランス政府が「現存の条約」という言葉で目指していると思われるロカルノ条約で、敵対行為と同一視され、それに対する措置が正当防衛と見なされると定められているのは、本節第一項で説明したように、ドイツ軍のフランスまたはベルギーへの攻撃の前提と見なされるライン非武装地帯への進入集結であり、従ってフランスまたはベルギーへの攻撃を目的とする軍事行動が開始された場合に外ならないのである。

要するに自衛権の留保なるものは、条約前文第三項の「その国家的利益を推進するために戦争に訴える国は、本条約の与える利益を拒否せられる」という言葉によって表現せられている事を、裏返しにして、こういう国から武力行使を受けた側の国の権利として表現したものに過ぎない。各国の公文が強調する自衛権と、前文第三項が締約国に与える権利とは、本質的に同じものであって、前文第三項がある以上、特に各国が一々自衛権を留保しておく必要はなかったのである。

むしろ或る意味では、前文によって締約国に認められている権利の方が、各国が自衛権の名の下に留保した権利よりも、広い自由を締約国に与えているとも言える。何となれば、前文によれば、ある国の不戦条約違反は、他の総ての締約国を、この国に対する関係において条約の義務から解放する。従って違反国に対して武器をとって立つ権利をもつのは、その攻撃の直接対象となった国だけではない。どの締約国も後者を助けて違反国と戦う自由をもつことになる。後に一九四五年サンフランシスコで国連憲章の規定となった集団的自衛の権利（本章二節二項）は、不戦条約において既に明文をもって認められているのである。一方各国政府の公文に表明された自衛権の留保は、すでに引用した公文の言葉から分かるように、武力攻撃を受けた国が、この攻撃に対して自国を護るため必要な措置をとる権利をいうに過ぎない。後の国連憲章が集団的自衛権と対称するために、個別的自衛権と呼ぶものに外ならぬ。そうとすれば、各国政府は、条約前文によって既に与えられている権利で、しかも内容のより狭いものについて、留保を宣言したことになるのである。

ただ例外として、英国政府の一九二八年五月十九日付けの公文の中に、英国自身は直接攻撃の対象となっていないが、英国にとって特別な利害関係ある地域が攻撃の対象となった場合に、この地域を攻撃に対して護るために必要な措置をとる権利を留保しようとしている箇所がある。前に引用した自衛権の留保は、この公文の第四パラグラフにあるが、これとは別に、第十パラグラフに右の「特別利害関係地域に関する留保」が述べられておる。そしてここにも自衛手段という言葉が用いられているのである。

「世界の或る地域は、その繁栄と保全が、われわれの平和と安全に特別且つ死活的利害関係をもつ（a special and vital interest for our peace and security）……これらの地域を攻撃に対して護ることは、英帝国にとって一つの自衛手段である（Their protection against attack is to the British Empire a measure of self-defence）。われわれは新条約がこの点につき政府の自由行動を害しないものと了解してこの条約に賛成するものであることを、明らかにして置かねばならぬ。米国政府も類似の利害関係をもち、外国がもしこの米国の利益を無視すれば、これを非友誼的行動と見なすことを宣言した。故に帝国政府も合衆国政府に倣って、自分の立場を明らかにする次第である」

この英公文が、合衆国政府の宣言云々といっているのは、一八二三年の大統領モンローの宣言を指したものである。不戦条約締結の際の合衆国政府の公文の中には、モンロー主義を留保する言葉はなく、後に上院で不戦条約の批准を審議した際に、この条約がモンロー主義を害しないことが、外交委員会の報告書の中で述べられるだけである。

英国の特殊利益地域の留保は、当時、不戦条約の精神に合致しない留保であるという非難を受けた。英政府が、その特殊利益地域がどこであるかを説明せず、また対内的にも沈黙を守ったことは、尚更右の非難を強めたようである。(1) しかし英公文をよく読めば、英国は不戦条約前文によって認められている権利以上のものを留保しようとしたのでないことが分かる。何となれば、特殊利益地域がどこであろうとも、その地域を「攻撃」に対して護ることが、英国にとって一つの自衛行為であり、不戦条約は「この点について」英の行動の自由を害しないものと諒解する、と言うのであり、従ってその地域への攻撃の発生が、英の自衛措置の前提とされているからである。(2) 例えばロシアまたはドイツが中東地方の或る国に攻撃を加え、当時英国が生命線と考えていた印度ルートが、その結果脅かされたために、英国が右の中東国の防衛に乗り出すような場合がこれである。この場合に英国の領土は直接に攻撃を受けているのではない。従って各国の公文に謳われ、英政府もその公文第四パラグラフで言及した自衛権を以ってしては、この場合をカヴァーすることはできない。しかし英国が武力を行使する相手方は、中東国に攻撃を加えることによって、みずから不戦条約を破った国であるから、条約前文第三項によって、この国に対する英国の武力行使は正当化される。このように考えれば「特殊利益地域に関する留保」は不戦条約の精神に合致しないものとして非難されるに値しないように思われる。なお英公文がこの場合の武力行使を「自衛手段」と言っているのは、後の国際連合憲章五一条の集団的自衛という言葉の先駆けである。

米国上院で不戦条約の批准が審議されたとき、上院外交委員会が上院本会議に提出した報告書の中に、

「合衆国はモンロー主義を自国の安全保障および防衛の一部分と見なす。(不戦)条約によって許されている自衛権の中に、わが国の国防体制の一部をなすモンロー主義を維持する権利は当然含まれねばならない」

といっているのも、同じ線に沿う広い自衛の観念であると思う。

モンロー主義は、一八二三年大統領モンローの年次報告にこれが始めて説かれたときの意義に立戻って解釈すれば、ヨーロッパの諸国がアメリカ大陸において新らたに領土を獲得すること、また米州諸国の政治組織に容喙することに対して、合衆国政府は無関心であり得ないのであり、こういう企てを阻止することをもって、合衆国の国是すなわち基本政策とする、というのがその骨子であると思う。この国是は、ヨーロッパ諸国が新大陸において領土獲得または政体変更の企てをなす場合に、合衆国は常にこのヨーロッパ国を敵として戦争を開くというのではないが、しかしヨーロッパ国の企てが武力によって遂行されようとする場合には、合衆国も武力行使を辞せないという意味は、勿論含まれていると考えねばならぬ。上院の外交委員会の「不戦条約によって許されている自衛権の中に、わが国の国防体制の一部分をなすモンロー主義を維持する権利は当然に含まれていると見なさねばならぬ」という言葉は簡単であって、色々に解釈できるが、右のような場合、すなわち米州外の国から米州の何れかの国に向って、領土を奪い又は政体を変革する目的をもって武力が行使された場合、合衆国も武力をもってこれに対抗することを、自衛権として留保しようとしたものであると解するのが、最も穏当なように思われる。上述のように不戦条約署名に先き立つ各国の解釈公文にいう自衛権は、自国が直接に攻撃の対象となった場合のことであり、国務長官ケロッグの一九二八年六月二

十三日付けの公文に言うところ（上に引用）もそれ以上のものを含んでいない。しかるにモンロー主義の実行としてなされる武力行使は、合衆国の領土が攻撃または侵入を受けた場合に限られないのであり、合衆国以外の米州諸国の領土が攻撃または侵入を受けた場合にもなされる可能がある。従って上院はこれが不戦条約に触れないことを特に声明する必要を感じたのであると思う。

外交委員会の声明は、当時のヨーロッパの多数の学者から、不戦条約の本旨に戻るものであると批判された。モンロー主義が、その始めて公表されたときから時を経るにつれて、次第に拡張的に解釈されるようになり、意義曖昧なものと化したのは事実であり、この曖昧な概念を根拠として武力を行使することが、自衛権の名の下に許されるのであれば、モンロー主義の留保は甚だ危険なものであると考えられるのも無理はない。しかしここに言う自衛権が、米州外の何らかの国から米州の国に加えられる武力行動を前提として発動されるものであれば、先きに英国の特殊利益地域の留保について論じたことは、ここにも妥当するのであり、不戦条約前文第三項の認めていることを、改めて宣言したものに過ぎないことになる。

フランス国会で不戦条約の批准が審議されたとき、下院における報告者 Cot および上院における報告者 Labrousse はともに口を揃えて、英国政府の留保および米国上院の留保が不戦条約の精神に反するものでないことを強調している。彼らに従えば、合衆国は、中南米の一国に対する攻撃がなされたときに介入する権利を留保したに過ぎないし、また英国は、同様の権利を「世界の或る地域」に向けられた攻撃の場合に持とうとするに過ぎない、(3)と。故に両院の報告者は、米英の留保がともに何らかの外国の武力攻撃の発生を前提とする武力行使の権利に関するものであると認めたのである。

いずれにしても、モンロー主義の留保は米国政府公文の中に表明されたものでなく、上院の外交委員会の報告書の中に現われたものであり、且つこの留保は他の締約国に通知されなかった。前に引用した各国政府の諸留保は、一九二八年八月二十七日に不戦条約がパリーで署名される前に、四月から六月にかけて交換された公文の中に表明されたものであり、従って不戦条約への各国の署名は、これらの留保の存在を了解した上でなされたものである。故に留保としての完全な法的効果をもつ(4)。モンロー主義の留保はこれに反して、外国の与り知るところではなく、留保としての国際法的効果を発生しないものである。しかしこの留保がもし私が上に述べたような意味のものであるならば、この留保によって保存されようとする合衆国の自由は、すでに条約前文によって与えられているのであるから、この意味において留保は有効である。もしそれ以上に大きい何らかの権利がこの留保によって意味されているのであれば、国際法上それは無効である。

（1） Shotwell, War as an Instrument of National Policy 一九二九年、一九五頁。

（2） Brierly, Some implications of the Paris Pact, British Yearbook of I. L. 一九三〇年、二〇九頁。Le Galle, Le Pact de Paris 一九三〇年、一〇五―六頁。尚お最近では、ウォルドック前掲、四七七頁。

（3） Giraud 前掲、四七一―二頁。

（4） 小川芳彦、多辺条約における留保、法学論叢、六六巻四号（昭三五、一〇）八一頁以下。

三　満州事変と自衛権

不戦条約がパリーで署名されてから三年後に勃発した満州事変におけるわが国の行動と不戦条約との関係が、問題となった点は三つある。

その一つは、この事変において日中両国は外交関係を断絶しなかったし、また宣戦もしなかったことに鑑みて、日本の武力行使は不戦条約には触れないのではないか、という問題である。この問題は、不戦条約は戦争を禁止するが戦争に至らない武力行動を禁止しない、という解釈から生ずる。この解釈をとってわが国のある学者は、日本の軍事行動を不戦条約違反に非ずという説を唱えられ、私が既に引用した旧稿「不戦条約の意義」の中でこの説に反対したことは、本項の一で述べた。

他の二つは、不戦条約に対する留保としての自衛権と、日本の軍事行動との関係である。不戦の義務に対する除外例として自衛権が認められているならば、日本の軍事行動はこれによって弁明できるのではないか。この問題は二つに分かれる。

（一）　もし満州事変の起こった原因が、第一大戦の終戦以来国民政府が過去の所謂不平等条約に基づく外国の権益を中国領土から一掃する政策に乗り出し、楊子江沿岸から英国の、また北満からロシアの権益を駆逐した勢に乗じて、南満において日本が条約上もっている利益を、条約違反の手段をも辞せず駆逐しようと企てたことにあるとすれば、この違法な侵害行為に対して日本の権利を護るために、武力を行使して、国民政府およびその東三省における地方政権たる張学良一派に強制を加えようとしたことは、日本の権利を守るための自衛権の行使と見なすべきではないか。

この質問に対しては、不戦条約に付せられた留保としての自衛権は、武力攻撃に対して自国を護るために武力を行使する権利に過ぎないのであり、それ以外の形によってわが国の法益に加えられる侵害行為は、それが国際慣習法または条約法に反する違法行為であっても、それを排除するための武力行使は、不戦条約に付せられた留保としての自衛権のカテゴリーに入らないこと、をもって答えねばならぬ。ある外国の行為がわが国に重大な損害を及ぼし、且つわが国の見解によれば、右の外国の行為は明白な国際法違反を構成するものであるとしても、この違法行為を阻止または排除するための武力行使は、不戦条約に触れるものと見なされる。外国の行為が、単にわが国の見解によれば、国際義務違反を構成する場合、すなわち客観的に見て違法といえるかどうか疑いの余地ある場合だけでなく、わが国と外国との間の争議が国際司法裁判所または仲裁々判所に付託せられて、判決が下されたに拘らず、外国がその判決の履行を拒んで、自己の行為を改めないというような、外国の違法性は客観的にはっきりしている場合でも、わが国が判決の履行を強制するために外国に向って武力を使用することは、不戦条約に違反するとされるのである(1)。

前に引用した一九三二年二月の拙稿の中で、この問題にも触れているが、私の結論は次のようであった。

「ロカルノ条約以来の用語例に従い、また不戦条約の解釈公文に従えば、武力による攻撃以外の手段でわが国の権利を侵害する国に対して、武力を行使することは、自衛権の範疇に入らない。日本政府は不戦条約の署名に先き立ち一九二八年五月二十六日付の公文において、自衛権を留保することを宣言したが、他の国々の理解する所と異る意味に自衛権を理解してこれを留保した、と主張することは不可能である。田中外相の公文の中で自衛権に言及している箇所を引用すると、

合衆国政府の提案は、独立国に対して自衛権を拒否する趣旨を含まず、また国際連盟規約またはロカルノ条約中に包含せられているような公けの平和を保障する協定から生ずる義務と矛盾する所はないと諒解する

と言っているだけである。ロカルノ条約の如き、わが国の入っておりもしない条約から生ずる義務の留保まで言明していることの一句は、日本の公文より前に出された各国の公文に共通な留保をそのまま再録しただけのものであって、

何らわが国特有の留保を宣言しようとする意図は見出されない」(2)

私がここに言おうとしたのは、満州事変に前行する国民政府の排日政策の中に、国際法違反の行動があったとしても、それを理由として中国に向って武力を行使することは、不戦条約への留保としての自衛権によって正当化できない、ということである。現に私が右の論文を執筆した後に国際連盟が現地に派遣した調査団（La Commission Lytton）が一九三二年十一月公表した報告書の中に、満州事変に導いた原因の中に、中国による条約の一方的破棄、および排日的扇動の事実があったことは認められており、同年十二月の連盟特別総会の席上で、ギリシャ代表ポリティス等によって、この中国の行為は一種の攻撃であり、明白な国際法違反行為であることが説かれている。しかしこの種の違法行為を中止せしめるための強制手段として武力を行使することは、不戦条約の禁止する所とされるのである。

(二) 満州事変における日本側の自衛権の主張は、ただ右の点だけを根拠としたのでなく、今一つ、一九三一年九月十八日夜に開始された日本軍の張学良軍に対する軍事行動は、後者による鉄道爆破の企てを切っかけとして起こったという事実を根拠としている。張学良政権がその軍隊をもって日本の所有にかかる鉄道の破壊を企てたのは、一つの武力行動であり、この武力行動に対する反撃として起こされた日本の軍事行動は、自衛権の行使である、というのである。

しかしこの日本側の主張を受け入れるためには、

(一) 九月十八日夜の両軍衝突の原因に関する日本側の報道は、果して事の真相を正しく伝えたものであるか、

(二) かりに張学良軍が先ず武力を行使したのが本当であるとしても、これを排撃して日本軍の安全を守るために、

戦火を満州全体に拡げ、張学良政権を駆逐して日本の支配を東三省に樹立することが必要であったか、の二つの問題が肯定されなければならない。これらの問題、就中第一の問題は事実問題であり、事変勃発直後のわが国で正確な資料を得らるべくもなかったので、私の旧稿はこの点に触れることを避けた。

しかしその後一九三二年十一月に公表された上述調査委員会の報告書（所謂リットン報告）によれば、

「一九三一年九月十八日夜、奉天その他満州の諸地点で日本軍のなした作戦行動は、自衛の措置と認めることはできない (cannot be regarded as measures of legitimate defence)。またこの紛争の進行中に発展した日本の軍事行動を全体として見ても、これもまた自衛の行動と認めることはできない。ただしかく言うことによって委員会は、現場における将校が自分では自衛のために行動したと考えたかも知れぬという可能性（仏文 la possibilité 英文 the hypothesis）を排除するものではない」

といわれている。最後の但し書きは、日本軍の顔を立てるために付け加えられたものであり、それも疑わしいという感じは言外に溢れているように見える。この報告書は、一九三三年二月二十三日連盟総会によって採択された。

もしリットン委員会の事実観察が誤りないとすれば、日本の自衛権の主張は、第二の意味、すなわち中国側の武力行動を前提とする反撃行為という意味においても、成り立たないことになる。[3]

（1）不戦条約の成立後、国際連盟規約を不戦条約と一致するように修正することを目的として法律家委員会が連盟総会の決議によって設けられた。この委員会においてわが伊藤委員が、国際司法裁判所や仲裁々判所の判決を当事国の一方が履行しないとき、他方の当事国がこの履行を強制するために武力を行使することは、不戦条約に違反しない、という意見を出したことがある。しかし委員会が一九三一年連盟総会に提出した報告書は反対説を採っている。そして総会の討議においても多数の代表は委員会報告の説を支持した（Giraud 七三一—三頁）。この事実は、不戦条約成立直後に行なわれた条約解釈が、本文にのべたように、極めて弾力性に乏しいものであったことを物語る。

（2）　拙稿、不戦条約の意義、法学一巻二号（昭七、二）一六—一七頁。

（3）　横田喜三郎博士の著「自衛権」（昭二六）の中に「満州事変と自衛権」と題する一節がある（一三〇—一七九頁）。全体で二百余頁のこの書の中で五十頁を占めており、おそらく博士が本書の眼目とされた部分であろうと思う。

ここに論ぜられているのは、私が本文で論じた第三の問題、すなわち六年の鉄道破壊を理由としてわが満州駐屯軍が起こした軍事行動は、自衛権の発動といい得るか、という問題である。博士は当時東大新聞に載せられた論文や日本政府の声明やリットン報告書や連盟理事会および総会の議事などを引用して、自衛権の発動とは言い得ないことを説いておられる。

日本の自衛権に関して問題となる今一つの点、すなわち国民政府が外国権益を中国領土から一掃する目的をもって採った行動の中には国際法に違反するものがあり、この行動を阻止排除して日本の権益の安全を護るために、武力の行使は止むを得ない手段であったといえないか、という点には博士は触れておられない。博士はその著「自衛権」のうち、不戦条約および国際連合憲章における自衛権を論ぜられる一節（五七—六七頁）の中で「不戦条約に関する外交文書と国際連合憲章では、武力攻撃の場合に自衛権は害されることはないといっているから、他の場合には自衛権が認められないようにも解されるが、しかしそこまでの意味を含んでいるかどうかは問題である。少くともはっきりそうであると言える根拠はない（中略）これを要するに、厳格に理論上でいえば、今までの一般国際法上の自衛権が変更をうけたと見ることは、正当ではないようである云々」といっておられる。そして博士が一般国際法上の自衛権といわれるのは、国内法上の自衛権の定義を借って作られた概念であり、外国からの違法な権利侵害を受けた国が、この侵害を阻止するために他に採るべき手段がない場合に、相手方の法益を侵害する手段によって自国の利益を護る権利である。従ってこの広い自衛権の観念の下で、中国による条約一方的破棄や排日的扇動——その国際法違反性をリットン報告書も認め、連盟総会でも論ぜられた所の——を阻止し排除するために、武力を行使することを、どう評価すべきかという問題について、博士の意見が詳しく展開されることが望ましかったと思う。

第二節　国際連合憲章と自衛権

第一項　武力行使に対する国際連合憲章の基本的態度

一九四四年の夏ダンバートン・オークス（Dumbarton Oaks）における連合国四大国の会議によってその原案が作られ、翌年の四月―六月サン・フランシスコの連合国全体の会議によって増補されて現在の形となった国際連合憲章が、武力行使の全般的禁止を標榜していることは、多くの学者によって説かれていることであり、ここに学説を引用する必要もないであろう。(1) 武力の全部的禁止の主義を採っている点で、不戦条約と同じであるが、後者はその表題にも、本文の第一条にも、「戦争」の放棄を強調する結果、戦争の形式をとらない武力行使は不戦条約に触れないという解釈を生ずる余地があった。(2) これに反し国連憲章は「戦争」という語をさけて、the use of force（力の使用、武力行使）という言葉を用いることにより、(3) 誤解の生ずる余地を塞ぎ、武力全禁主義をより明白に打ち出している。憲章の中にも「戦争」という言葉が出て来ぬではないが、それは、前文の第一パラグラフ「われわれの生涯のうち二度まで言語に絶する不幸を人類にもたらした戦争の惨禍から、後の世々の人々を救い」および第一〇七条「この憲章中の何物も、第二世界大戦中に、本憲章の署名国の何れかが敵国に対して、右の戦争の結果として執った行動を無効とするものではない」と言うように、第一および第二世界大戦に懸かる言葉として用いられた場合である。この両大戦は、関係諸国によって明らかに「戦争」と称せられたから、これを指すために戦争の語を用いたのは、止むを得ないことである。

国際連合の武力全禁主義は、国連の原則を列挙した第二条の第三項と第四項に表現されている。

第二条第三項「すべての組成国は、国際平和と安全、および正義が危くされない方法で、平和的手段によって、その国際紛争を解決せねばならぬ」

第四項「すべての組成国は、その国際関係において、武力の威嚇または行使は、どんな国の領土保全または政治的独立に対してでも、または国際連合の目的と両立せぬ他のどんな方法ででも、行なうことを差し控えねばならぬ」

右の第二条三項について解釈上問題となるのは、この規定が不戦条約第二条と同じく、締約国に「国際紛争を平和的手段以外の方法で解決してはならない」こと、言いかえれば「武力などの非平和的手段によって解決してはならない」ことを命ずる消極的意義のものか（本章一節二項の一参照）、それとも更に進んで「国際紛争を平和的手段によって必ず解決してしまう」積極的義務を課するものか、という点である。

第三項の文言だけを見れば、不戦条約第二条の「一切の紛争は、平和的手段によるの外その解決を求めない」と、国連憲章第二条三項の「国際紛争を平和的手段によって解決せねばならぬ」とは同じでなく、前者は消極的意味にとれるに反して、後者は積極的義務を課したものと解するの外はないようである。ある憲章解説者が「本項は締約国の義務を積極的な言葉で表現しており、これが不戦条約第二条と異なる所以である」といっているのは(4)、誤解だとはいえないであろう。

しかし、第三項は原則を言い表わしたものに過ぎないのであり、この原則を更に具体的に細目的に規定する諸条文、すなわち、憲章第六章「紛争の平和的解決」の各条、および憲章付属書「国際司法裁判所規程」の第三六条を参酌して、綜合的に判断すれば、このような積極的義務を組成国に課する意図は、国連建設者にはなかったと思われる。(5)何れにしても、第三項が少くとも組成国に「その国際紛争を平和的手段以外の方法で解決しない」という消極的義務を課していることだけは、疑いの余地はない。従って国連組成国が、外国との紛争を非平和的手段により、就中武力により、解決することは、本項によって禁止されていることは明らかである。

第四項はその表現がいささか混雑しており、それが誤解の因ともなるのであるが、ダンバートン・オークス試案におけるその原型(第二章「原則」の第四条)は、

「すべての組成国は、その国際関係において、武力の威嚇または行使を、国際連合の目的と両立せぬどんな方法でも、行なうことを差し控えねばならぬ」

というスッキリした条文であった。その意味する所は、外国に向って武力を使用し、または武力による威嚇を加えることの一般的禁止であり、除外例は、ただ国際連合の目的と両立する場合にのみ認められる。ダンバートン・オークス草案を作った人々が「国連の目的と両立する場合」として考えていたのは、主として第八章B節「侵略の防止および抑圧」(現在の憲章第七章「平和への脅威、平和の破壊および侵略行為に対する行動」の原型)に定められている国連全体の集団保障の発動する場合であろうと思われる。組成国の一部のものが任意に結んだ共同防衛のための条約を、その一国が攻撃を受けたとき発動せしめるのも、集団保障といわれるが、この場合には、第八章C節(局地的取極)の第二条(現在の憲章第五三条一項前半)により、武力などの強制的行動を執ることは、安全保障理事会の認可を必要とする。これは、組成国のうち一部のものが結んだ条約を勝手に発動せしめて、武力を行使することを放任しておけば、平和

が乱される結果になることを憂えて、この種の条約の発動を国際連合の統制の下に置こうとしたのである。従ってこの種の条約に基づく武力行使は、安保理事会の認可を経ないで開始されたときは、「憲章の目的と両立しないもの」となり、右の第二章四条に触れることになる。

このように簡明なダンバートン・オークスの条文に、「どんな国の領土保全または政治的独立に対しても」という言葉が挿入されたのは、一九四五年のサン・フランシスコ会議において、若干の弱小国の意向を汲んでのことである。彼らは、昔の国際連盟規約第一〇条に謳われたように、組成国が互いに他の組成国の領土保全と政治的独立とを尊重する義務があることを、国連憲章の中でも規定することを希望した。この希望に対する譲歩が、第二条四項に右の語句を挿入することになったのである。(6)

その結果第二条四項の主眼は、一見すると、組成国の政治的独立と領土保全を尊重し、武力によってこれを害することを禁止するのに在るような印象を与えることになった。この印象から、第二条四項の意味を狭く解する説が生まれるようになったのである。

「第二条四項の意図するところは、武力行使の全般的禁止ではなく、ただ外国の政治的独立や領土保全を害するような武力行使の禁止である。例えば外国から領土を奪い、または外国の政治的独立を奪う目的をもってなされる武力行使は禁止される。また当初の目的はそうでなくとも、結果としてこのような状態にいたるべき武力行使も違法である。これに反して、例えば外国がその領土内にある我が国民を迫害する場合に、わが国が自国民保護のために出兵し、目的を達すれば直ぐ撤兵するのであれば、その外国の政治的独立にも領土保全にも影響を及ぼさないのであるから、第四項に触れない。もっとも右のような軍事行動によって他国の領土、領空を侵犯することは起こるであろう。しかし領土の保全（integrity）はこの場合に害されたとは言われない。領土保全を害すると言うのは、領土の一部を奪って自国に併合したり、または独立せしめたりするような行為である。領土保全と領土の不可侵（inviolability）とは別の観念であり、右のような軍事行動は、後者を害しても、前者に影響を及ぼさない。」(7)

この解釈は、憲章の下における組成国の武力行動の自由を広く解するのに都合のよい説であるが、次の三つの理由によって、私らはこの説を採ることはできない。

（一）本項の成立史から来る理由

本項の原型であるダンバートン・オークス草案第二章四条の趣旨は、組成国の個別的意志に基づく武力行使の全面的禁止にあった。サン・フランシスコで「どんな国の領土保全または政治的独立に対しても」という言葉がこれに付け加えられたのは、武力禁止の範囲を狭ばめようとする意図からではなく、弱小国の懸念を和げるために、領土保全または政治的独立を害する武力行使が禁ぜられることを、特に強調しようとしたに過ぎない。(8)

（二）本項中の他の言葉との関連

本項は、領土保全および政治的独立に対して武力を行使することを禁ずる外に、「国際連合の目的と両立しない他のどんな方法によっても（or in any other manner inconsistent with the purpose of the United Nations)」武力を行使することを禁止するといっている。これはダンバートン・オークス草案の言葉を引き継いだものであり、この言葉の意味は上に説明した通りである。すなわち国連の決議に基づく場合、又は国連の認可を受けた場合を除くの外、組成国の意志による武力行使の全般的禁止である。

（三）第二条三項との関連

既に述べたように、第二条三項は、一切の国際紛争を平和的手段によって解決する義務を、組成国に課する。従って国際紛争を解決するために武力を使用することは、その紛争が領土権または独立をめぐる紛争であろうとそうでなかろうと、すべて第三項の違反になる。このことは疑問の余地のない所であり、この第三項を念頭において第四項を読めば、憲章が禁止する武力行動は、ただ他国の「政治的独立または領土保全」に向けられたものに限られる、という狭い解釈が生ずる筈はない。第四項だけを読めばこのような解釈が生ずる余地が仮りにあるとしても、第三項の意味する所は明瞭である。一つの条約の中の意義明白な条文は、他の比較的不明瞭な条文の意味を確定するために、参考にされなければならない。もっとも第四項が、第三項の武力全禁原則を緩和する目的で挿入されたような事実があれば別であるが、本項の成立史のなかにこのような事実は発見されないのである。

（1）　最近の著書としては Goodrich, The United Nations 一九五八年、一六〇頁。

（2）　不戦条約のこの解釈は、第二大戦後の著述によく現われるが、誤りである。もっとも両大戦間にも、不戦条約に違反して武力を行使した国が、弁解としてこの解釈を唱えた例はあるが、通説は反対であった（本章第一節三項の➊を参照）最近の著書でも Brownlie, International law and the use of force by States 一九六三年、のごときはこの誤りに陥っていない（八七―八八頁）。

（3）　The use of force を文字通りに訳すれば「力の使用」であるが、ここにいう力は armed force 又は physical force（武力、腕力、物理的力）と同義であり、世論その他による精神的圧力などを含まない（Goodrich and Hambro, Charter of the United Nations 二版、一〇四頁）

（4）　グッドリッチ・ハンブロー、右掲書、一〇二頁。

（5）　田岡、国際法（一九六〇年改訂版）六六―六九、八一―八四、二四七―二五一頁。同じく、法律学全集のうち国際法Ⅲ、七二—九二頁、ことに九一—九二頁。

（6）グッドリッチ・ハンブロー、前掲書、一〇四—一〇五頁。

（7）例えば、Bowett, The right of self-defence in international law 一五〇—一五二頁。

（8）第二条四項の成立史の研究がこの解釈に導くことについて、Brownlie 前掲書、二六五—二六八頁が詳細。

第二項　自衛権に関する規定が憲章に設けられた由来

前項で述べたように、武力行使に対する国連憲章の主義は、一言にしていえば全面的禁止である。除外例は、ダンバートン・オークス草案によれば、ただ国際連合の機関（安保理事会）が或る国に対して強制行動をとることを決定した場合、この決定に従って各組成国のなす武力行使（第八章B節）、および局地的取極、すなわち国連組成国の一部のものが、国際平和と安全の維持のために作った条約、に加盟している国々が、条約に基づいて、且つ安保理事会の認可を得た上で、行なう武力行使（第八章C節二条）についてのみ認められた。従って組成国が、国際連合の決定または認可によるのでなく、その意志のみによってなす武力行使は、一切禁止されることになる。

これが国連憲章の主義であるとすれば、この主義に反して、すなわち武力全禁の原則を破って、他の国に武力を加える国が生じた場合に、この国の攻撃の対象となった国が、防衛のために武力を行使することは、どうなるか。これも国際連合の認可を必要とするか。この点についてダンバートン・オークス案は沈黙している。ただこのような攻撃を受けた国と同盟——相互援助条約、安全保障条約その他名称の如何を問わず共同防衛のための局地的取極——を結んでいる他の諸国が、被攻撃国を援けて、攻撃国と闘おうとする場合、安保理事会の事前の認可を求めねばならぬことを、上述第八章C節二条によって規定しているだけである。恐らくダンバートン・オークス会議の政治家たちは、一九二四年ジュネーヴ議定書を作った国際連盟総会の各国代表や、一九二八年の不戦条約を作った政治家たちと同様に、武力攻撃を受けた国が自から武器をとって自国を防衛するのは、当然のことと考え、特に安保理事会の認可の対象とする必要なきものと見なしたものと思われる。そしてこのように、攻撃を受けた国がほとんど反射的・本能的に行なう自衛行動と異り、この国を援助しようとする他の諸国——自分らは攻撃の直接の対象となっていない国々——が武器をとって攻撃国と闘うことの方を、安保理事会の認可なき限り禁止しようとして、上述第八章C節二条の規定を作ったのであると思われる。

このように、国家がその個別的意志によってなす武力行使を、たとえその武力行使が、この国が見なして侵略国となす国に向けられるものであっても、国際連合の厳重な規制の下に置こうとする点で、ダンバートン・オークス案は不戦条約よりも厳格な制約を国家の行動の自由に加えようとしたと言える。不戦条約はその前文において「今後戦争に訴えて国家的利益を推し進めようとする国は、この条約の与える利益を拒否される」といっており、この言葉は、不戦条約の締約国の一つが条約に違反して武力を行使した場合、他の締約国は、この国に対する関係において、不戦条約の義務から解放される、という意味に解されている。ただこの国から攻撃を受けた直接の被害者たる国が前者に対してとる自衛行動が合法となるだけでなく、他の諸国が後者をたすけて前者と闘うことも合法と見なされるのである（本章一節二項の二参照）。この武力行使をなすために国際連盟理事会その他いかなる国際機関の事前の許可を求める必要はない。これに反してダンバートン・オークス案によれば、共同防衛のための条約を結んでいる国々のうちの一国が攻撃を受けたとき、他の締約国がこれを救援するための武力行動を起こそうとすれば、第八章C節二条にいわゆる「局地的取極に基づく強制行動」として、安保理事会の許可を得なければならぬ。そして、共同防衛条約がすでに結ばれており、その義務の履行としてなされる武力行動でさえ、安保理事会の認可が必要であるとすれば、そのような条約がないに拘らず、自発的に他国を救援するための武力行使は、勿論安保理事会の認可なき限り違法と見なされるのである。

しかしダンバートン・オークスで四大国の代表が工夫したこの厳格な統制の企ては、翌年のサン・フランシスコ会議で打ち破られ、結局不戦条約の線まで押し戻されることになった。ダンバートン・オークスのプランがこのような抵抗に遭遇した根本の原因は、現在の列国がまだ世界的規模の大きい安全保障組織に信頼を寄せることができないために、より小規模な共同防衛の組織——例えば地理的に接近している国々の団体、民族的または経済的に緊密な絆によって結ばれる国々の団体など——を作って、その団体の中で互いに援け合うことの方を重要視し、こういう団体が敵に対してとる行動をできるだけ自由にすることを希望し、国連の干渉の外に置くことを欲したからである。しかしこれは諸国の態度の根底に潜んでいる動機であって、より直接な動機は、一九四四年のダンバートン・オークス会議と一九四五年に開かれたサン・フランシスコ会議との中間に発生した一つの事情にある。

ダンバートン・オークスの会議が、安全保障理事会の表決手続についての英ソ間の意見の対立のために、会議が採択した国際連合憲章の試案を、第六章「安全保障理事会」のC節「表決」の部分をブランクにしたままで公表せねばならなかったことは、周知の通りである。(1) このブランクは、翌年二月四日—十一日クリミア半島のヤールタ（Yalta）で開かれた米英ソ三巨頭会談によって埋められ、現在の国連憲章第二七条の規定が出来たのであるが、この規定に含まれる拒否権の制度によれば、安保理事会の五常任理事国（米英仏ソ中）のどれかが憲章に違反して武力を行使したとき、またはどれかが特に庇護しようとしている中小国が武力を行使したとき、この武力行使国に対して、安保理事会が国連の集団的安全保障の制度を適用して強制措置を行なう決議をすることは、実際上不可能となった。その結果、国連組成国の間でより小規模な共同防衛的組織を作ることの必要性が益々大きくなった訳である。ところが、この種の組織による強制措置の実行は、ダンバートン・オークス案の第八章C節二条にいう所の「局地的取極に基づく強制行動」に該当し、従って安保理事会の認可を必要とする。そしてこの認可のための決議は、やはり憲章第二七条の手続に従ってなされねばならない。従って上に述べた五大国の拒否権は、ここで再び同じような妨害作用を営むことになる。

この頃丁度、米州諸国間では、一九四五年二月二十一日から三月八日にかけて「戦争と平和の問題に関する米州諸国会議」がメキシコ市で開かれ、米州諸国間の共同防衛に関するチャプルテペック議定書（Act of Chapultepec）の調印を見、またアラブ諸国間でも、アラブ連盟規約（Pact of the Arab League）が三月二十二日にカイロで署名された。四月二十五日からサン・フランシスコで国連憲章を審議するために招集された連合国会議において、米州諸国およびアラブ諸国を先導とする一部の連合国が、ヤールタ会議の取り決めた安保理事会表決方式によって局地的取極の発動が抑制されることの非を鳴らしたのは、勿論のことであり、会議の大勢はこれに動かされて、ダンバートン・オークス案第八章C節二条の厳格さを緩和するために、別に一条を挿入することになった。現在の憲章の第五一条がこれである。この条文によって、国連組成国は、自分が武力攻撃を受けたとき、武力によってこれを反撃する権利のあることが、明文によって認められることになったと同時に、攻撃を受けた国以外の組成国が、前者を救済するために武器をとり、攻撃国と闘うことも、安保理事会の事前の認可をまたずになし得ることになった。第一の権利は、すでに述べたように、ダンバートン・オークス案を作った人々も、恐らく暗黙に認めていたものであり、ただこれが明文で書き表わされた点が、サン・フランシスコ会議によって加えられた変化である。第二の権利に至っては、ダンバートン・オークス案の明らかに否定したものであり、サン・フランシスコ会議はこの否定を更に打ち消そうと企てたのであるから、重大な実質的な変化であるといわねばならぬ。この規定を作ったサン・フランシスコ会議の第三委員会（のうち第四専門小委員会）は、第一の権利に個別的自衛（individual self-defense）という言葉を与え、これに対する第二の権利を集団的自衛（collective self-defense）の権利と呼ぶことによって、両者を「自衛権」という一つのカテゴリーに収め、前者への肯定が当然に後者に及ぶような印象を与えようと企て、且つこの自衛権は国家が本来具有する天賦の権利であるという観念を表わすために、the inherent right（仏 le droit naturel 自然の権利）という言葉を付け加えることによって、ダンバートン・オークス案を骨抜きにするこの重大な変化が正当であるような感じを与えようとしたのである。(2)

一方ダンバートン・オークス案の第八章C節二条は、このように厄介視されたに拘らず、そのまま憲章の中に組み入れられて、局地的取極に関する章の中の第五三条一項の一部分とされた。これはサン・フランシスコ会議がダンバートン・オークス原案の作者たる四大国の権威を重んじて、なるべくその条文を保存する主義を採ったためである。(3)その結果、精神において相容れない二つの条文が、憲章の中に共存するという現象を生じた。

もしこの二つを矛盾しないように解釈しようとすれば、

（一） 第五三条一項にいう「局地的取極に基づく強制行動」の中には、局地的取極の当事国の一つが武力攻撃をうけた場合に、他の当事者国が前者を援けるために執る強制行動は含まれていない。それは第五一条に規定があるからである。それ以外の場合に執る強制行動——例えば局地的取極の当事国の一つが武力攻撃以外の手段による侵害を受けた場合に、他の当事国が前者を援助するために執る強制行動——だけがここに意味されており、この強制行動についてのみ安保理事会の認可を求めることが必要とされる。

（二）第五一条にいう「集団的自衛」は、局地的取極の当事国の一つが攻撃を受けたとき他の当事国がこれを援けて強制行動をとることを意味するものではなく、この種の強制行動は第五三条一項に基づき安保理事会の同意を必要とする。第五一条の「集団的自衛」は、複数の国が同時に外敵から攻撃をうけたとき、互に連携して共同動作をとりつつこの攻撃と闘うことをいう。この意味における集団的自衛が、安保理事会の認可をまたずに開始され得るのである。

この二つの解釈のどちらかを採らねばならぬ。第二の解釈は、ダンバートン・オークス案の精神を活かし、それを基礎として第五一条の意味を決定しようとするものであるが、上に述べた第五一条の成立の歴史に鑑みれば、サン・フランシスコ会議において本条が作られた事情を無視した説のように思われる。(4) 従って第一の解釈を採るの外はないことになる。そしてこの解釈を採るとき、第五三条一項は、実際上ほとんど益なき規定と化する。結局、第五三条一項は第五一条によって否定されたといっても過言ではない。ダンバートン・オークス案第八章C節二条はサン・フランシスコ会議によって殺され、その死骸を第五三条一項の中に留めたのである。

このことは、国際連合が活動を開始して後の組成国の実行によっても、完全に裏打ちされる。組成国のうち一部分の国が集って彼らの共同防衛のための局地的取極を結んだ実例は多いが、その何れも、局地的取極に基づいて強制行動を行なう場合に、憲章第五三条一項に従って安保理事会の事前の認可を求めることを規定しているものはない。ただ憲章第五一条に従って集団的自衛権を行使することのみを謳っている。例えば一九四七年九月二日、リオ・デ・ジャネイロで署名された全米相互援助条約、一九四八年三月十七日、ブラッセルで署名された西欧五国の条約、一九四九年四月四日、ワシントンで署名された北大西洋条約、一九五〇年六月十七日、カイロで署名されたアラブ連盟諸国間の共同防衛条約、一九五五年五月十四日、ワルシャワで署名された東欧八国の条約は、みな締約国の一つが武力的攻撃（armed attack または armed aggression）をうけたとき、他の諸国は国連憲章第五一条に従って集団的自衛権を行使することを規定している。(5) これらの条約は明らかに、憲章第八章にいう局地的取極に該当するものであるが、どの条約も、憲章第五三条一項に従って安保理事会の認可を求めることを言っているものはない。安保理事会への報告について規定しているものも無いではないが、それは、第五一条または第五四条に基づく報告である。(6)

それのみでなく、先きに私が、憲章第五一条を活かしながら第五三条一項をこれと矛盾しないように解釈するならば、これのみが後者の適用される場合であると言った「局地的取極に基づく強制行動で、武力攻撃に対する反撃としての武力行使ではなく、武力攻撃の形をとらない何らかの侵害または危険に対処するためのもの」についても、その開始に安保理事会の同意を求める手続はとられそうにもない。

周知のように全米機構（OAS）は憲章第八章にいう局地的機関の一つであるが、この全米機構の外相会議――正確にいえば、外相会合（Reunion de Ministros de relaciones exteriores）、一九四七年リオ・デ・ジャネイロで採択された全米相互援助条約の適用について協議するために設けられた機関――は、一九六二年一月二十二日―三十一日Punta del Este（ウルグァイ）で開かれた会議（第八回）において、キューバの現在の政府（Actual Gobierno de Cuba）を全米機構から追放すること（決議VI）、キューバとの間の一切の武器および軍用器材の取引きを中止し、かつ取引き中止をそれ以外の物件に及ぼすことの適当性と実行可能性を、米州機構理事会をして研究せしめること（決議Ⅷ）、を決めたが、このとき「キューバの現在の政府」の側から、他の米州諸国に向って武力攻撃が加えられた事実はなく、右の決議もこのような事実の存在を主張してはいない。従って全米機構がキューバに向ってとった右の強制的措置は、武力攻撃の発生を原因とするものではなかった。それにも拘らず、国連憲章第五三条一項に基づいて安保理事会の認可を求める手続はとられなかったのである。もっとも右の決議の内容は、外相会議の閉会の日に、全米機構の事務総長から国連の事務総長宛てに報告されているが、しかし「この通知は、国連憲章第五四条に従って安保理事会に情報を与えるためになす」と断っている。(7) 第五四条は憲章第八章「局地的取極」の最後の条文であり、「安保理事会は、局地的取極に基づき、または局地的機関によって、国際平和および安全の維持のために執られまたは企てられている活動につき、常に完全な情報を受けていなければならない」という規定である。この規定に従ってなされる情報供給は、第五三条一項に従ってなされる安保理事会の認可の申請とは別の問題である。全米機構事務総長のなした報告は、第五四条を引用することにより、全米機構が憲章にいう局地的機関たることを自から認めているが、しかも局地的機関たる以上遵守せねばならぬ筈の第五三条一項は黙殺しているのである。

このようにして第五三条一項は、武力攻撃の発生した場合にとられる強制行動についても、それ以外の場合にとられる強制行動についても、忘却された存在になろうとしている。

（1）　神谷竜男、国際連合の安全保障、昭和三二年、九―四五頁に憲章第五一条の発生史が詳しく述べられている。

（2）　本章第一節二項の二に引用した、不戦条約に関するアメリカ政府の公文の中に、自衛権を指して「This right is inherent in every sovereign state」と言っている箇所がある。サン・フランシスコ会議が自衛権に inherent という形容詞をつけたのも、これから出たのではなかろうか。

（3） ダンバートン・オークスで作られた四大国の草案に敬意を表してその語句を保存する主義を、サン・フランシス会議がとったことから、現行憲章の中に、相矛盾する条文が併立する結果を生じたのは、これのみではない。同種の例として、第一〇条（サン・フランシスコでの挿入）と第一一条二項（ダンバートン・オークス案、第五章B節一条の一部分）との矛盾を挙げることができる。詳しくは、田岡、国際法講義、上、二五九—二六二頁参照。

（4） 本節の三項「第五一条の解釈上の諸問題」の中、集団的自衛の意義を論ずる箇所で、この説をもう一度詳細に検討しようと思う。

（5） 全米相互援助条約三条一項。ブラッセル条約五条（一九五四年の修正条約による。一九四八年のでは四条）。北大西洋条約五条一項。アラブ防衛条約二条。ワルシャワ条約四条一項。

一九五五年二月二十四日、バクダッドで署名された中央条約は、集団的自衛という言葉を用いていないが、「国連憲章五一条に基づく防衛のための協力」という言葉で同じことを表現している（一条）。

一九五一年九月一日、サン・フランシスコで署名されたアンザス（Anzus）条約四条一項、一九五四年九月八日、マニラで署名された東南アジア条約四条一項は、憲章第五一条を引用していないが、内容的に同じ性質の規定を含んでいる。

（6） 憲章第五一条に基づく報告（自衛行動開始後に安保理事会に、自衛として執られた措置の内容を通知するもの、本節三項末尾参照）について規定しているのは、註（5）に掲げた条約の中では、ブラッセル条約六条、北大西洋条約五条二項、アラブ防衛条約二条、ワルシャワ条約四条二項、アンザス条約四条二項、東南アジア条約四条一項。

全米相互援助条約は、国連憲章五一条および五四条に従って、安保理事会に報告を送る、と言っている。

（7） The United Nations Security Council, S/5075, 3, February 1962.

第五一条は、国連組成国が、国際連合の命令や勧告によらず、またその許可を受けることなしに、武力を行使できる唯一の場合を形作る。従って本条の意味、本条の許す武力行使の限界についての解釈は、第二大戦後の国際法学界の重要問題の一つになっている。

第三項　第五一条の解釈上の諸問題

以下この問題を研究するに当って、私は、まず条約締結当事者が、その締結の当時に意図したものは何であったかを把握するという方法をとりたいと思う。そして、その意図したことが果して実行可能なものか、法律理論上合理的なものかを、別に論ずることにしたい（本章四節）。この二つの立場を混同して、例えば第二の立場から本条の不合理性を認める学者が、合理的な線まで本条を修正しようとする企てを、あたかも第一の立場から来る解釈論であるかのように説くことは、議論の混乱を招く。また第一の立場だけから法規を観て、第二の立場からの考慮を全く払わず、それで法規を把握し得たと考えるのは、法律学的に不完全な法規の理解の仕方である。故に第二の立場からの第五一条の研究はなさねばならないが、それを第一の立場からの解釈論に混入することは避けたいと言うのである。

第五一条について解釈上問題となる点は可成り多いから、本条を若干の句に分解して、その一つずつについて説明するのがよいと思うが、まず参考のために全文をかかげる。

第五一条「本憲章中の何物も、国際連合の組成国の一つに対して、武力的攻撃が発生した場合に、安全保障理事会が国際平和および安全を維持するために必要な措置をとるまで、個別的または集団的自衛の固有の権利を害するものではない。この自衛権の行使として組成国がとった手段は、直に安全保障理事会に報告されねばならず、且つ本憲章に基づき安全保障理事会がもつ所の、国際平和および安全の維持または回復のために必要と判断した行動を何時なりとも執る権限と責任とに、何らの影響を及ぼすものではない。」

Nothing in the present Charter shall impair the inherent right of individual and collective self-defense if an armed attack occurs against a Member of the United Nations, until the Security Council has taken the measures necessary to maintain international peace and security. Measures taken by Members in the exercise of this right of self-defense shall be immediately reported to the Security Council and shall not in any way affect the authority and responsibility of the Security Council under the present Charter to take at any time such action as it deems necessary in order to maintain or restore international peace and security.

右の条文のうち最後の部分、すなわち「且つ本憲章に基づき安保理事会がもつ所の、国際平和および安全の維持または回復するために必要と判断した行動を、何時なりとも執る権限と責任とに、何らの影響を及ぼすものではない」という一句は、念のための断り書きに過ぎないのであって、一種の蛇足というべきである。少くとも本条の解釈に重要な意味をもたない。[1] これに前行する部分において、国連憲章が自衛権を承認することが積極的に表現せられ、且つ憲章の認める自衛権の事項的および時間的限界が定められ、且つそれに付帯する安保理事会への報告義務が規定されている。この部分を五つに分解して、その各々につき、解釈上問題となる諸点を説明しようと思う。

(1) Kelsen, The law of the United Nations, A Critical analysis of its fundamental Problems. 一九五一年、八〇四―五頁。バウエット、国際法における自衛権、一九八頁、同説。

一　国際連合の組成国の一に対して (against a Member of the United Nations)

国連組成国の「一に対して」というのは、どれかの組成国に対して、というのと同じであり、特に単数にしたことに意味があるわけではない。解釈上問題となるのは、国連の組成国でない国が武力攻撃を受けたときはどうなるか、第五一条は、国連組成国がこの国を援けて攻撃国と闘うことを禁止するのであるか、という点である。この点は、第二大戦後に数多く作られつつある共同防衛のための条約の若干が、締約国の中に国連非組成国を含んでいるために現実的な問題となる。もし第五一条が「国連組成国の何れかに対して武力攻撃が生じた場合」という言葉を用いたのは、非組成国に対する武力攻撃の生じた場合を排除する意図に出たものであるとすれば、国連組成国はその加入している防衛条約の義務を履行できないことが起こるからである。

条文の文字だけを見れば、この解釈が一応正しいように思われる。第五二条の認める集団的自衛権は、国連組成国の何れかが攻撃を受けた場合にのみ、成立するように見える。しかし一般に法文の用語は、通常最も多く起こる事態だけを念頭において、選ばれることが屢々あり、法文が或る一つの事柄だけを許容するような表現をしているとき、必ずしもそれ以外の事柄を一切否定する意図を含んでいるのではないことがある。従って Expressio unius est exclusio alterius (一事を表示せるは他を排除せるなり) という単純な解釈方法を何時でも適用するのは、間違いであると言われている。いま問題となっている第五一条の「組成国の一」という言葉も、立法者がこれを用いたのは、非組成国を排除しようとする意図によったものではなく、自衛権の行使せられる最も普通の場合を念頭に置いたためではないか、を考えて見なければならない。第五一条は個別的自衛権と集団的自衛権とをひっくるめて同時に正当化しようとする規定であるが、前者について憲章は、組成国の一つが武力攻撃を受けた場合だけを取り扱えばよいのであって、非組成国が武力攻撃を受けた場合を取り扱う必要はない。非組成国がこの場合に個別的自衛権をもつか否かは、国連憲章の問題外である。後者については、非組成国が武力攻撃の対象となったとき組成国がこれを救うために武力を行使してよいか否かも、国連憲章の取り扱うべき問題の中に入るが、しかし主として起こるのは、組成国の一が攻撃を受けたときに他の組成国がこれを救援する問題である。この事情が立法者をして、「国連組成国の一に対して」という簡単な表現を採らしめた所以であろうと思う。

この解釈は、学説上ほとんど異論を見ないし、[1]また国家の実行も一致して支持している。今日まで国連組成国が作った集団的自衛のための条約の中に、締約国として非組成国を含んでいるのが若干あるが、それが攻撃を受けた場合に、他の締約国は「国連憲章第五一条に基づき集団的自衛権を行使して」この非組成国を援けることを規定しているからである。

（1）　最近には Brownlie, International law and the use of force by states 一九六三年、三三一頁。

二　武力攻撃が発生した場合（if an armed attack occurs）

一

この一句は、組成国がいかなる場合に自衛権を行使できるかという、前提要件を述べたものであって、第五一条の crucial point というべき部分である。従ってその解釈について種々の説が唱えられる。論争の問題点の主要なものは二つある。

一つは、武力攻撃が「発生した場合」の意味についてである。組成国は、武力攻撃が現実に発生したときに、はじめて自衛行為を開始できるのか、それとも、攻撃はまだ現実のものとなっていないが、攻撃の生ずることは明白であり且つ切迫している場合にも、自衛行為を開始してよいのか、

いま一つは、武力攻撃の形をとらない侵害に対して、自衛権の行使は一切許されないのか、武力攻撃以外にも一国の存立を危くするような重大な侵害行為があるとすれば、これを武力攻撃に準じて取り扱い、自衛権の発動を許してよいのではないか、

という点である。この両点についての論争を紹介し、私の意見を述べたいと思うが、それに先き立って、ここにいう武力攻撃の意味を簡単に説明しておきたい。

武力攻撃という言葉に含まれる基本的な意味は、国家の兵力、すなわち陸軍・海軍・空軍を用いてなされる行動で、

（一）外国の領土、領水、領空へ、その国の意に反して侵入し、また、軍自身は侵入せずとも、国境を越えて武器を使用することにより（例えば砲弾、ミサイルを打ち込むことにより）外国の領土内の人命・財産を損傷すること、

（二）公海上において、外国の公私の船舶または航空機に、砲撃、爆撃、雷撃を加え、またはこれらの威嚇のもとに外国の船舶または航空機を捕獲すること、をいう。

右のうち第一は、武力をもって外国の領土権を侵害する行為であるから、自衛権行使を正当化する武力攻撃の代表的なものと見なされる。前節に述べた不戦条約に対する留保としての自衛権について、アメリカ国務長官ケロッグが自衛権を定義して「自国の領土を攻撃または侵入に対して守る権利」といい、外国の武力行動がわが国の領土権侵害を構成する場合だけが自衛権の対象となるように言っているのも（本章一節二項の**（二）**）、そのためである。しかしこれ

は自衛権の行使せらるべき最も重要な場合だけを挙げたのであって、私が上にかかげた第二の場合、すなわち公海上でなされる武力攻撃を、自衛権の対象から除こうとする意図はなかったであろうと思う。

問題になるのは、国家の正規の兵力（陸海空軍）に属しない個人およびその団体によって、右の第一または第二の行動がなされる場合である。私はこの場合にも、右の個人またはその団体が国家の命令をうけて行動していることが証明されたときは、自衛権の対象になると考える。このとき個人は国家の機関として行動しているのであって、この点において国家の正規兵力と異らないからである。

しかしこれは、個人の行為が国家の命令によってなされていることが証明できる場合に限ることである。単にこの個人が或る国の国民であるという理由だけによって、彼の行為がこの国の命令によることは証明されないに拘らず、その国に対して自衛権を行使することはできない。

それではこの個人の行為によって損害を蒙る国は、手を束ねて彼のなすに任せていなければならないか。すべての国は、個人が正当の手続を経ないで国境を越えて潜入し、または国内において生命財産に損傷を加えることを、自国の警察権及び司法権を行使して取り締る権利を国際法上もっている。この権利は自衛権とは別の権利である。また公海上においても、どの国の命令をうけてするのでもなく、船舶および航空機の航行の自由を害する行為に従事する個人を、海賊として逮捕し処刑する権利をもっている。この権利を行使する場合に、自衛権を口実にする必要はない。故にこのような個人の行為によって損害を受ける国は、自国の刑法その他の法令を適用して、この行為を抑圧し、また処罰することができるのである。私が「このような個人の行為を理由として自衛権を行使することはできない」といったのは、特定の国、たとえば個人の本国に向って、自衛の名の下に武力を行使し、その他この国の法益を侵害する措置をとることはできない、という意味である。

右とは逆に、国家の正規兵力に属する軍艦、軍用航空機または地上部隊が、国家の命令によらないで、外国の領土・領水・領空に、その国の意に反して侵入し、または外国の人命・財産に損害を加えた場合はどうなるか。たとえば軍用航空機が針路を誤って外国の領空を侵犯したような場合である。私はこの場合も自衛権の対象にならないと考える。国家の正規兵力に属する者の行動でも、国家の命令によらない場合は、右に述べた個人の行動と同じに取り扱うべきであると考える。ただ右に述べた個人の場合と違うのは、国家の正規兵力に属する船、航空機または人が、正規兵力のマークや制服をつけて行動する場合には、一応国家の機関として行動するものであるとの推定が下されるのであるから、その行動が、その所属国の命令によるものでないことを証明する責任は、後者の側にあり、この証明がなされない限り、国家の正規兵力としての行動と見なされるという点である。

ある国の国内に、政府を覆えし又は領土の一部を独立せしめるための内乱が発生した場合、この内乱が或る外国の教唆扇動によって起こされたものであること、または或る外国の物質的援助によって遂行されつつあることが証明されたとすれば、この外国の行為は国際法に違反する行為であり、いわゆる間接侵略に該当するものである。しかし第五一条にいう「武力攻撃」に該当するか否かは疑問である。(1)「武力攻撃」という言葉は、本来国家の兵力をもってなす攻撃（すなわち領土侵入または破壊行為）を意味するものであり、私は、兵力に属しない国家機関の手によってなされる同種の行為も、これに準じて取り扱うべきであると考えるが、いずれにしても、国家の兵力およびこれに準ずべき機関が、自から外国に対して直接に行なう領土侵入または破壊行為が、武力攻撃を構成する。武力攻撃という言葉の意味をこのように解すれば、外国の内乱への扇動や援助を、武力攻撃と呼ぶことは、この言葉の不当な拡張であると思われる。

勿論わが国の中で破壊行為をなす人々が、ある外国の命令をうけてこれをなし、外国の指揮の下に動いていることが、証明された場合は別である。しかし単にわが国内の人々が、外国の宣伝文書や放送の影響をうけて行動を起こし、または金銭的援助を受けているというだけのことで、この外国が憲章第五一条にいう武力攻撃をわが国に加えたということはできない、と私は考える。

武力攻撃の意味の説明を終えるに当り、次の二つの点について、読者の注意を乞うておきたい。

第一点は、憲章第七章の表題および第三九条に用いられる「平和への脅威、平和の破壊および侵略行為（threat to the peace, breach of the peace and act of aggression)」という言葉と、第五一条の「武力攻撃」という言葉との関係である。

第三九条の「平和への脅威」云々の三つの概念は、ダンバートン・オークス案第八章B節二条に由来するものであって、三つが同じことの重複か、それとも各々違う意味をもつものかははっきりしない。そして憲章のどこにもこの三つの概念を説明した箇所はない。(2) それは、安保理事会に、国連の強制行動を何時発動せしめるかに付いての広い自由裁量の権限を持たしめるためであったといわれる。従って、中小国が多数を占めたサン・フランシスコ会議では、この曖昧な表現方法に対して反対の声が揚げられたが、ダンバートン・オークス案の作成者たる大国側の強硬な態度によって押し切られ、右の表現はそのままに保存されたのである。(3)

故に「平和への脅威」云々の三概念の意味が明確さを欠くのは当然のことであるが、しかし、上に説明したような意味での「武力攻撃」が、この三概念のどれか、または三つを綜合したものの中に、含まれると考えるのは、無理な解釈ではないと思う。それと同時に、また一方からいえば、武力攻撃という言葉が、この三つの語を意味するところを蔽いつくしているとは考えられないのであって、三つの語、またはその綜合は、武力攻撃よりも広い意味をもち得る表現である。そして安保理事会が（または必要によって国連総会が憲章第一〇条に基づいて）第三九条を適用した実績を顧みても、武力攻撃があったとは言えない場合にも、平和への脅威、平和の破壊または侵略行為の存在を認めて、これに対する強制措置を決議した例があるように思われる（例えばフランコ政権下のスペインに対する一九四六年の強制措置、ブルガリア、アルバニアに対する一九四九年の強制措置(4)）。

要するに、第三九条の「平和への脅威、平和の破壊および侵略行為」と第五一条の「武力攻撃」とは同じ意味の概念ではなく、前者の中に後者は含まれるとしても、それが総てではなく、前者は後者よりも広い概念である。従って「武力攻撃」の意味を解釈するときに、「平和への脅威」云々の三概念を国際連合の機関がどのように解釈して適用しているかを参酌して、それに基づいて「武力攻撃」の意義を決定するという方法をとる必要はない。例えば、外国の内乱を援助する行為を、安保理事会または総会が「平和への脅威」として取り扱い、これに対する強制措置を決議した事実があるとしても、その故に、憲章第五一条にいう「武力攻撃」の中に間接侵略が含まれると解釈せねばならぬ、と考えてはならない。第三九条の「平和への脅威」云々は、国連全体としての集団安保を発動せしめる前提要件として掲げられたものであり、そしてこの集団安保の発動は、国連の機関の決議によってなされる。これに反して第五一条の「武力攻撃の発生」は、組成国が自衛の名の下に、単独の意志によって武力を行使することの前提要件である。従って前者は、これを適用する国連の機関に、大幅の自由裁量を許す余地のある広い概念であっても、危険は少いに反し、後者は厳格に定義された正確な概念でなければ危険である。両者は、語義的には同じようなことを表現する言葉であるとしても、第三九条に現われる場合と、第五一条に現われる場合とでは、全くその用途を異にするのであるから、同じ意味に解釈せねばならないように考えるのは誤りである。(5)

右のことを述べた序でに、一言しておきたいのは、「侵略」の定義を確定し、条約化しようという企てが両大戦間に起こったが、何らの成果なく、第二大戦後に引つがれて国際法学界の一問題となっているが、この問題を考えるに当って、国連の集団安保を発動せしめるための前提要件としての侵略の定義を立てようとするのか、自衛権の発動の前提要件としてこれを考えるのかを、はっきりする必要があるということである。この二つの立場から来る結論は、上に述べた理由により、同じである筈はない。私がこのことに言及するのは、今日までに右の問題について現われた説の中に、外国の内乱を援助する行為を「侵略」と見なそうとするものがあり、且つこれが可成り有力なように見えるからである。このような説を評価するときには、第一の立場と第二の立場とを区別して考えねばならぬ。単にこのような説が侵略の定義として有力であるからといって、第五一条の武力攻撃の解釈にこれを採り入れることには賛成できない。

第二点は、国連組成国の一部のものが結ぶ共同防衛のための条約に現われる「武力攻撃」という概念と、第五一条の武力攻撃との関係である。

本節第二項で引用した全米相互援助条約、北大西洋条約、ワルシャワ条約をはじめとして、第二大戦後に数多く結ばれた二国またはそれ以上の国家間の共同防衛に関する条約の中に、「締約国の何れかが武力攻撃を受けた場合、他の締約国は、国連憲章第五一条によって認められている集団的自衛権を行使して、被攻撃国を援助する」という規定――条約によって多少言葉は違うが、趣旨において同一の――を設けているものが多い。ここに憲章第五一条が援用されており、且つ第五一条の「武力攻撃」という言葉がそのまま採り入れられている結果、「これらの条約に基づく集団的自衛行動の義務は、憲章第五一条の定める自衛権成立の前提要件が充たされると同時に発生する、言いかえれば、第五一条にいう意味における『武力攻撃の発生』が有れば、これらの条約の締約国は一斉に武器をとって立ち上る義務を生ずる」と一応解釈しなければならないように思われる。

しかし憲章第五一条にいう「武力攻撃の発生」は、国連組成国に武力を行使する権利を付与するための要件であり、この要件が充されたとき、組成国は武力を行使する自由を獲得するが、武力を行使せねばならぬ義務を生ずる訳ではない。第五一条は「武力を行使してよい」場合を定めているのであって、「武力を行使せねばならぬ」場合を定めているのではない。これに反して共同防衛のための諸条約がいう「締約国の一が武力攻撃を受けた場合」は、他の総ての締約国に武器をとって立つ義務を生ぜしめるための要件である。この要件が充されたとき、締約国は被攻撃国を救援するための共同戦線に参加する義務を負わしめられる。本来同じ意味内容をもつ言葉であっても、第一の場合には権利発生の要件となり、第二の場合には義務発生の要件となる。従って第二の場合における「武力攻撃」の意味をよ
り狭く解釈しようとする傾向が、今後の国家的実行の中に現われるとしても不思議ではない。そして、締約国の一つの政府の声明に対し他の締約国が異議を唱えないことにより、または条約を発動せねばならぬと思われる事態が生じたときの締約国の実際上の行動により、この狭い解釈に対して締約国間の了解が成立したと認め得ることも起こるであろう。このようにして、憲章第五一条の武力攻撃とは異る意味が、これらの条約の武力攻撃の語に付せられたとしても、それを、「国連憲章第五一条に基づいて集団的自衛権を行使する」と称するこれらの条約の精神に戻る不当な解釈である、ということはできない。これらの条約が第五一条の集団的自衛権を援用しているのは、締約国の一つが

攻撃されたとき他が援助することを約束し合うのは、国連憲章によっても承認されていることであり、憲章違反の武力行使にはならないことを、強調するために外ならぬからである。私は先きに「これらの条約の締約国間では、憲章第五一条にいう意味における『武力攻撃の発生』があれば、締約国は一斉に武器をとって立ち上る義務を生ずると一応解釈せねばならぬ」といったが、それは、条約の文面の中に、武力攻撃の意味を確定するための手がかりが外にない以上は、一応このように解釈するの外はないであろう、というだけのことであり、締約国間に別段の了解が生ずれば、それに従って武力攻撃の意味を決めてよいのは、当然のことである。

これと同時に注意しなければならないのは、この種の条約の「武力攻撃」の語の解釈をめぐってなされる締約国政府の国会答弁または公式声明の中に、武力攻撃の意味についてどのような説が唱えられようとも、またそれが「憲章第五一条にいう武力攻撃の意味である」と主張されようとも、(6) 法律学者はこのような説を、憲章第五一条の解釈に採り入れる必要はない、ということである。繰り返えしていうように、この種の条約における「武力攻撃」という言葉と、憲章第五一条におけるこれとは、全く用途を異にするのであり、従って二つが必然的に同じ意味でなくてはならぬ、と考える必要はないのである。

(1) Ian Brownlie, International law and the use of force by states 一九六三年、二七八―九頁。
(2) ケルゼン前掲書（国際連合の法）一四頁、及び同所註一。
(3) グッドリッチ、ハンブロー、前掲書（国際連合憲章）二六三―四頁。
(4) 田岡、国際法Ⅲ（法律学全集）一四七―九頁参照。
(5) ケルゼンは、一国が他国の内乱に際し、叛乱団体に武器の供与その他の援助を与えることが、第五一条の武力攻撃を構成するか、の問題について、アメリカ政府は一九四七年ギリシア内乱の際の北境三国の行動に関し、肯定的見解をとったと称する。

しかしケルゼンの引用するアメリカ代表の国連総会における発言の中には、北境三国の行為を、敵対行為、侵略行為または攻撃と呼んでいる箇所はあるが、第五一条を引用し、または「武力攻撃」という言葉を用いている箇所はない（ケルゼン、前掲書、七九八―九頁）。米国代表の発言は、三国に対する国連の強制行動を促すためになされたのであり、三国に対してギリシアおよびその友邦が個別的または集団的自衛権を行使することを正当化するためになされたのではない。

私が本文で述べたように――ケルゼンも他の箇所で説いているように（八〇〇頁）――第五一条の自衛措置と第三九条以下の国連集団安保措置とは、区別されなければならない。従ってケルゼンが、第五一条の武力攻撃の意味に関連して、国連総会におけるアメリカ代表の言葉を引用しているのは場ちがいである。たとえそこに、北境三国の行為を「攻撃」と呼んでいようとも、第五一条の解釈にこれを援用することは、正しくない。

(6)　日米新安保条約の批准を審議した昭和三十五年三月の参議院予算委員会の記録によれば、三月九日、辻政信委員が条約第五条の「武力攻撃」の意味を質問したのに対し、政府委員は「安保条約にいう武力攻撃は、国連憲章第五一条にいう武力攻撃と同じ概念であり、一国が他国に対して武力をもって攻撃する意図を持ち、これを組織的計画的に実行することをいう」と答えている。この答弁は「武力攻撃とは、武力攻撃の意図を組織的・計画的に実行することである」というのと同じことであって、その意味を説明せねばならぬ「武力攻撃」という言葉が説明の中に入っておる petitio principii (pétition de principes) の一種であるが、とにかく単に「武力攻撃の意図が実行された場合」といわないで、「組織的・計画的に」という曖昧な副詞を食っ付けることによって、安保条約の義務の発動に、何らかの制限を加えようとする意図はうかがわれる。

さらに三月二十二日、小林孝平委員が「政府は武力攻撃という言葉を、侵略の意図をもってする組織的な大規模な攻撃というふうに狭く解釈しようとするが、アメリカもそのように解釈しているのか」と質問したのに対して、政府委員は「武力攻撃の意味は憲章第五一条によるものであるから、アメリカがどう考えているか、またはアメリカと意見の一致があるか、を論ずる必要はない」と答えている。このような政府の答弁に対して、本文に述べたことが当てはまるのである。

二

「武力攻撃」の意味を右のように理解した上で、「武力攻撃の発生した場合」という言葉の解釈に関する上述の二つの問題を研究しようと思う。

まず第一の問題、すなわち武力攻撃の発生は現実（actual）のものに限られるか、または、いまだ現実でなくても、切迫していることの明白な（manifestly imminent）ものをも含むか、についての論争を研究しよう。この論争は、自衛権の発動の許される前提要件としての「武力攻撃が発生した場合」を狭く解するか広く解するかの争いであるから、前者を消極説、後者を積極説と名付けることにしたい。ただしこのような称呼が一般に行なわれているというのではなく、ここだけでの便宜上の名称である。

消極説は、第五一条の文言を根拠とする。第五一条は「武力攻撃が発生した場合」といっており、「武力攻撃が発生し又は発生しようとする場合」とはいっておらず、また「武力攻撃またはその脅威の存する場合」ともいっていない。従って現実に武力攻撃が存在するときにのみ自衛権の発動を許そうとするのであるとより解釈できない(1)。また自衛権の発動の前提要件を、このように厳格に制限的に解釈することが、国際連合の目的である平和の維持に貢献するであろう。武力攻撃が現実に発生していなくても、それが差し迫っていると認められれば、自衛権を発動してよいという積極説は、外国の意図の誤解に基づく戦争を勃発せしめる危険を伴うからである。

積極説は、自衛権という言葉の中に、anticipatory（事前的、先制的）な防衛という観念は当然に含まれている、と主張する。もし消極説のいうように、敵国の武力攻撃が現実に発生してからでなければ、自衛行動に訴えることはできないとすれば、自衛権なるものは second blow の権利（なぐられた後になぐり返す権利）にすぎないことになる。これは自衛の法理に新規則を導入するものである。本来自衛権は、身体や財産に襲いかかる危害に対して、身体や財産を護るために存在する権利であり、従ってその本質上、身体・財産の上に損害が発生して後に、はじめて行使し得る権利である筈はない。諸般の情況から攻撃の発生は明らかであり且つ差し迫っている場合に、手を束ねて敵が第一撃を下すのを待つことを、個人に、または国家に、求めるのは、自衛の法理に反するものである。(2)

この説を採る学者は、その説が、国際連合開設後の国家的実行によって支持されていることを、多くの事実を挙げて証明しようとする。そのうち比較的重要なのは、

(一)　一九四六年国連の原子力委員会が、安保理事会に提出した報告書の中に、原子力の統制管理について、委員会が勧告するような国際協定ができた暁、締約国の何れかがこの協定に違反する行為は、甚だ重大な意味をもつこともあり得るのであり、このような場合、第五一条の自衛権の発動が許されるであろう、と述べている事実

これは、締約国の一つが協定を破って原子兵器の生産を始めたというような場合には、この国がいまだ他国に武力攻撃を加えないときにでも、後者はこの国に向って自衛権を行使することが許される、というのであり、従って自衛権は、現実の武力攻撃に対してのみでなく、武力攻撃の危険に対しても、発動できることを認めたものである。

(二)　第六回国連総会の法律委員会で、第五一条の自衛権は先制的防禦（anticipatory defence）の権利を含むことが、ギリシア、ベルギー、アメリカ、イギリスの委員たちによって唱えられた事実

であろうと思う。この外にも、積極説を支持するものとして若干の事実が挙げられているが、私の見るところでは、

余り重要性はないようである。(3) 右に挙げた二つの事実については、後に今一度言及する機会がある。

これから、右の両説を批判しつつ私の見解を述べたいと思う。それに先き立って一言しておきたいのは、第五一条の邦語訳で「国連組成国に対して武力攻撃が発生した場合」となっている部分の原語は「if an armed attack *occurs* against a Member of the U. N.; dans le cas où un Membre des N. U. *est* l'objet d'une agression armée」であり、現在形であることである。邦語訳の「発生した」という言葉は「has occurred」という現在完了形を訳したものであるかのような感じを人に与え、従って武力攻撃が自衛行為に前行しなければならないことは、自明の理のように思われ易い。しかし邦語で「発生した場合」というときは、必ずしも現在完了または過去を表わすのではなく、仮定を表わすためにこの表現を用いることも多いように思われる。誤解を避けるためには「武力攻撃が発生する場合」というべきであると思うが、しかし普通に用いられる表現を強いて排斥する必要はないであろう。ただこの邦語訳から誤った先入主観が生じないように、読者の注意を乞う次第である。

さて「武力攻撃が発生する場合」の意味についての両説のどちらが正しいか。

前に述べたように、武力攻撃とは、国家がその正規兵力をもって、他国の領土権を侵犯し、または公海において他国の船舶・航空機を害する行為をいう。武力攻撃の意味がこのようであるとすれば、それが「発生する」というのは、例を地上部隊の侵入にとって説明すれば、地上部隊が国境を越えて他国領域に入ることを言うのであり、国境を越えない前には、まだ武力攻撃は発生していないといわねばならない。これが語義に即した普通の解釈である。

しかしこのような簡単な語義的解釈だけで問題が解決されたと考えてはならない。第五一条の中において「武力攻撃が発生する場合」という言葉は、自衛行動開始の前提要件を規定した言葉である。そういうものとしてこの言葉の意味を考える場合、更に正確にいえば、自衛行動を何時から開始してよいかという時点を定めるものとしてこの言葉の意味を考える場合には、その解釈は、戦術的・技術的な考慮を含めてなされなければならない。このようにしてなされた解釈は、この言葉を文字通りに受取った解釈とは、異なる結論に達するかも知れないが、それは止むを得ないことであり、その方がこの言葉の合理的な解釈である。

具体的な例を挙げて説明すれば、

日本の航空隊の真珠湾攻撃に例をとれば、上に述べた語義的解釈に従えば、アメリカ軍が来襲機に向って軍事行動を起こすのは、来襲機がアメリカ領空内に入ってからでなくてはならない。しかしこのような方法をもって、軍港内の軍艦や施設を日本機の爆撃・雷撃に対して護ることは絶対に不可能であろう。従ってアメリカ軍は、日本機が領空内に入らない前にでも、それがオアフー島に向って進みつつあることを探知し得たならば、これを公海上空において迎え撃つことは、許されなければならない。また航空機がいまだ航空母艦から飛び立たない前にでも、航空母艦を含む日本艦隊が真珠湾攻撃の意図をもって太平洋を航行しつつあることを知り得たならば、これを捕捉して攻撃することは、許されねばならない。

日本艦隊が「新高山のぼれ」の無電を受けてハワイ群島に向って行進を起こしたときに、上に述べた文字通りの意味における武力攻撃はまだ発生してはいない。航空部隊が母艦から発進して公海上を飛びつつあるときにも、まだ発生してはいない。しかし武力攻撃の目的をもつ軍事行動はすでに開始されているのである。このとき、攻撃を受ける側の国は、この軍事行動を阻止し撃退するのに、戦術上好都合な時と場所とにおいて、武力を行使する権利を認められなければならない。さもなくば自衛権は有名無実のものと化する。故に憲章第五一条の「武力攻撃の発生する場合」という言葉は、自衛のための武力行動を起こしてよい時点を指示する言葉としてこれを解釈する場合には、「武力攻撃の目的をもつ軍事行動が開始された場合」を指すと解釈しなければならない。

もし「武力攻撃の発生する場合」をこのように解釈してよいとすれば、地上部隊によってなされる侵入についても同じことが言えねばならぬ。敵の地上部隊がわが国境を越えたとき、はじめて自衛の行動をとる権利が生ずるのではない。敵国の領土内において、このような目的をもつ地上部隊の運動が起こされたとき、自衛権は発生するのである。わが軍は、敵軍がまだ国境を越えない前にでも、その侵入を阻止するのに戦術上必要な地点にまで進出して闘うことを許されねばならぬ。もっとも地上部隊の場合は、その運動の目的が分かりにくいという相違はある。従ってわが軍の行動も慎重でなくてはならないであろう。しかし上にのべた原理に変わりはない筈である。もし諸般の状況によって、隣国の地上部隊の運動の目的は、わが国への攻撃にあることが確かであれば、わが国境の内で迎え撃つことが戦術上不利な場合にもこれを忍ばねばならぬ義務はなく、必要に応じて国境の外に出て敵の攻撃を防ぐ措置をとって差支えない。

「武力攻撃の発生する場合」という言葉に、語義に拘われた解釈を下だし、そして自衛行動をとる権利は何時から生ずるかという問題の解決に、この解釈を適用すれば、敵軍が国境をこえてわが領土内に侵入した場合、または敵国から放たれた砲弾やミサイルが国境越しにわが領土内に落下した場合に、わが国は始めて自衛のための武力行動を開始する権利をもつことになる。このことは、わが国の領土権が侵害され、またはわが国の人命財産が損われたとき、わが国は自衛権を行使できるということである。言いかえれば、わが国に損害が発生したときに、自衛権も発生するのである。この解釈は「武力攻撃の発生」と「損害の発生」とを、実際上同一視する結果を生ずる。自衛権は本来個人の財産および生命、または国家の領土およびその国民の生命財産を、外からの加害行為に対して護るために存在する権利である。この権利を、損害の発生したときに始めて行使できるとするのは、この権利の実際的価値をいちじるしく減殺するものであり、場合によっては無価値と化するものである。

この点において積極説をとる学者が反対説に加える非難、すなわち「反対説は自衛権なるものをセコンド・ブローの権利（なぐられたとき殴り返えす権利）にすぎないものとする説であり、自衛権の法理に新らしい原則を導入するものである」という言葉は、傾聴に値するものとなる。自衛権は単なる second blow すなわち retaliation の権利だけに止るものではなく、anticipatory defence（先制的または事前的防衛）の権利をその中に含んでおるものと見なさねばならない。消極説をとる学者が「憲章第五一条の自衛権は、一般国際法上の自衛権をそのままに受容したものではなく、それに制限を加えて受け容れたものであるから、たとえ一般国際法上の自衛権が先制的防衛の権利を含んでいようとも、第五一条の自衛権を解釈するときに、これを考慮に入れる必要はない」と称して、反駁し得たように考えるのは誤りである。第五一条の自衛権が一般国際法上の自衛権をそのまま引ついだものであろうと、制限を加えて受けついだものであろうと、または別種の権利であろうと、そのことは右の積極論者の説の価値を損うものではない。彼らの言わんとするのは次のことである。

「国内法上の正当防衛であれ、緊急避難であれ、また伝統的国際法学が唱えた自衛権であれ、みな個人または国家の法益を損害から護るために存する権利である。法益を損害から護る権利を、たとえ少しでも損害が生じてからでなくては行使できないというのは、この権利の存在の価値を減殺することになる。故に国内法上の正当防衛も緊急避難も、一般国際法上の自衛権も、みな先制的（anticipatory）な防禦措置をとる権利をそのうちに含むものと解されている。しかるに第五一条の自衛権についてこれを否定するのは、本来国家の領土、人命、財産を損害から護るために設けられた筈の権利について、珍らしい新規則を作ろうとするものではないか。」

この議論に対して、「憲章第五一条は一般国際法上の自衛権をそのまま受け入れたものでないから」云々というような形式論で対抗しようとする人は、この議論の言わんとする真意を理解していないのである。

消極説を唱える人々のなさねばならぬことは、上に私が挙げた真珠湾空襲などの実例を念頭に置きながら、自分らが「武力攻撃が現実に発生したときに自衛権を行使できる」というのは、「領土権が侵害され又は人命財産が損われたときに自衛権を行使できる」という意味なのか、または「このような法益侵害を目的とする軍事行動が開始されたときに自衛権を行使できる」という意味なのかを、再考して見ることであると思う。このような反省の結果、自分らの「武力攻撃が現実に発生したとき」という簡単な表現を、もっと正確に言い表わす努力がなされたならば、恐らく積極説との間に妥協の道が見出されるのではあるまいか。

それと同時に、私らは積極論者の表現方法にもあきたらない所があることを言わなければならない。彼らのいう「武力攻撃がまだ現実に起こっていなくても、それが差迫っていることが明らかな場合には、自衛権を行使して差支えない」という言葉は、あたかも、「外国がまだわが国に対する軍事行動を開始していなくても、ごく近い将来にこれを開始する意図をもっていると認められる場合には、自衛権を発動してこの国に対する武力を行使してもよい」というように解され易い。外国の現実の行動を標準としないで、外国の意図を標準として、自衛権を発動することを許すような印象を与えるのである。もし積極説がこのようなことを唱えるものであれば、非難されるのは当然である。現実の行動に飜訳される以前の意図は、何時いかなる事情で放棄されるかも知れないし、また現実の行動となっていない外国の意図を想像によって判断することは、誤りを来し易い。従って、相手方の意図を標準として自衛権を発動せしめることを許す説は、不必要な戦争の発生する機会を増加する結果を招く。消極論者が、反対説を目して、予防戦争を肯定する危険な学説と称するのは、そのためである。

積極論者の説を、その片言隻句だけを見て理解しようとしないで、その論文やその著書の全体を熟読玩味して理解するという方法をとれば、彼らの言わんとするところが「外国が或る軍事行動を起こし、それが我が国に向けられていることが明らかな場合には、この軍事行動がわが国に実害を生ずるまで待つ必要はない。実害を生じない以前にこれを阻止する措置をとることも自衛として許される」というに在ることが分かる。彼らが、彼らの説は「単なる外国の意図の想像に基づいて自衛の名の下に武力を行使することを許す説である」という非難を受けても、屈しない所以はここにある。しかも彼らは、このような誤解を排するように、自説の表現方法を改めようとする努力はしないのである。

積極説をとる人々は、自説を表現する方法についてのみでなく、自説を支持する国家的実行として挙げる事実の選択においても杜撰である。彼らが自説の最も有力な支持点として好んで引用する一九四六年の国連原子力委員会の報告書のごときも、むしろ彼らの説に対する誤解を深める結果を生ずる。この報告書は、原子力を規制するための条約を作って、国連組成国の総てにこれに加入する権利を与える必要を説き、またこの条約の中に規定さるべき事柄を列挙したものであるが、(4) この列挙の最後に、条約に違反する国に対する強制及び処罰の方法を定めて置く必要あることを説き、それに付加して、「違反が憲章第五一条の認める自衛権の行使を許すほど重大な性質のものであることも有り得る」と言っている。この一句が積極論者をして、憲章第五一条の自衛権は、武力攻撃が発生しない前にでも行使できることを、証明するもののように考えしめるのである。いかにもこの一句は、原子力条約の締約国の一つが、条約に違反して秘かに原子爆弾を製造し、且つ貯蔵するようなことが起こったとき、この国の攻撃を受ける危険を感じた国は、攻撃を受けるに先き立って自衛行動をとっても差支えない、と言う意味である。従って「武力攻撃が現実に発生していないときにでも、自衛権の発動は許され得る場合がある」という積極説の有力な支持点となるように思われる。しかし一九四六年の原子力委員会がこの一句を報告書の中に挿入するのに至った経過を振り返って見ると、憲章第五一条の解釈論にこの一句を援用するのは、間違いであることを発見する。

原子力委員会においてアメリカ代表は、原子兵器の発明によって、憲章第五一条にいう武力攻撃はその性格を変えねばならぬことになったと唱え、いま委員会が問題としている原子力条約が「武力攻撃を原子兵器に適応するように定義し——田岡注、原子兵器の出現によって生じた新事態に適応するように、武力攻撃という言葉を定義し——そしてこの定義の中に、原子爆弾を現実に投下する行為だけでなく、それ自体はこの行為の前提をなす若干の手段をも含ましめることが、重要であり、適当であると思われる」と説いた。(5) 上に引用した委員会報告書の自衛権に関する一句は、このアメリカ代表の主張を汲んで挿入されたものである。

アメリカ代表の説は、現在の憲章第五一条の「武力攻撃」の意味がこうであると言っているのではなく、憲章とは別の条約——委員会が提案する原子力規制条約——によって、武力攻撃の意義を、原子兵器との関連において、定義し直そうと言っているのである。原子爆弾による攻撃は、第一回のそれ、すなわち first blow でもって敵国を壊滅せしめることも有り得る。故に第一回の攻撃が発生した後でなければ自衛権は行使できないとすれば、自衛権は全く無意味となる惧れがある。これがアメリカ代表の説の根底にある考えである。このように、憲章とは別の条約で、特定の兵器を用いてなす武力攻撃に関して、その意味を別に定義することは、法理上可能であり、また有効である。しかしそれは、右の特定の武器を用いてなす武力攻撃にのみ関することであり、且つその条約の締約国間にのみ限ることである。憲章第五一条そのものの解釈は、これによって左右されない。

このアメリカ代表の説を採り入れて、委員会が報告書の中に挿入した「条約違反が重大な性質のものであれば、第五一条の自衛権の行使を許すべき場合もあり得る」という言葉は「委員会が提案する原子力規制条約の中に、ある種の重大な条約違反を侵す国に対しては、その国が原子兵器をもって攻撃を開始するのを待たないで、他の締約国が自衛のための武力行使をなすことを認める一ヵ条を設けてもよいであろう」という意味に受け取るのが、正しい解釈であると思う。委員会は、現在の憲章第五一条に対して解釈を下だそうとしたのではなく、作らるべき条約の中に規定さるべき事柄を論じているのである。報告書が「第五一条の自衛権の行使を許すべき場合」という言葉を用いたのは、安保理事会の決議を待つ必要なく、条約加盟国が各個にその意志によって武力行使を開始できる、という意味を表わそうとしたためである。

このように考えれば、積極説の支持者が、現在の第五一条の解釈に、右の一句を援用するのは、間ちがいであることは明らかである。そして、特定の武器の製造および使用の禁止に関する条約ができた暁、その条約に違反する国に対する措置として考えられたこと、且つその特定の武器をもってする攻撃についてのみ考えられたことを、積極説の支持者たちが憲章第五一条の「武力攻撃の発生した場合」という言葉の解釈一般に押し広げようとすることは、人をして、積極説なるものが「ある国が軍備の増強を企てた場合、この増強の企てが完成すれば攻撃の鋒先きは自国に向けられるであろうという危険を感ずる隣国は、前者の企てを打ち破るため先制的に戦いを開くことも、自衛権の行使として許される」と唱えるもののように感ぜしめる。積極説は予防戦争を是認する学説であるという印象を、益々強めるのである。

余談に亙るが、わが国で消極説を支持する或る学者も、積極説の人々が自説の実証的根拠として、一九四六年の原子力委員会の報告書を引用しているのを、誤っていると批評される。しかしその理由とされるところは、私の言うのとは全く違う。この報告書は原子力委員会から安保理事会に提出されたものであるが、委員会では圧倒的多数——ソ連および衛星国ポーランドを除く十国——の賛成を得たに拘らず、理事会において採択されなかった。それは、ソ連の反対票がここでは拒否権の作用をなすからである。右の学者は、報告書が理事会で否決されたことを理由として、この報告書の中に言っていることは「原子力委員会の勧告であつて、安保理事会の公式の見解ではない。……従って委員会の勧告の中に含まれる自衛権解釈をもって、そのまま安保理事会の、従って国際連合の有権的解釈と見ることは、正当でないといわなければならない」と唱えられる。(6)

委員会の意見ならば、憲章第五一条の有権的解釈ではないが、これが安保理事会を通過すれば有権的解釈になる、という説を私は理解できない。安保理事会も、また総会も、国連憲章に対して有権的解釈を下だす権限をもつものではない。国連のいかなる機関にもこのような権限はないのであって、国際司法裁判所といえども同様である。憲章に付属する国際司法裁判所規程の第五九条によれば、裁判所の判決は、当該事件に関する限りにおいて、且つこの事件の当事者たる国に関する限りにおいて、効力をもつ。故に裁判所がある事件を裁くために、ある条約に対して解釈を下だしたとしても、この解釈は、この事件限りの効力をもつのであって、将来に亙り、またこの事件の当事国以外の国に向って、効力をもつものではない。すなわち有権的解釈とはならないのである。

もっとも、かくは言っても、国際司法裁判所はその性格上先例に拘束され易いものであり、一旦ある条約にある解釈を下だして適用すれば、その後類似の事件が裁判所に付託されたとき、同じ解釈を採用する公算が大きいであろう。その結果裁判所のなした解釈は、その後この裁判所に事件を付託する国にとって、有権的解釈となる観を呈するであろう。しかしこれは事実上そうなるというだけのことであって、有権的解釈をなす権限が裁判所に有るということにはならない。裁判所が或る条約、たとえば国連憲章の一条項を、ある事件の裁判の時にこう解釈したからといって、この解釈が国連組成国全体を拘束するものにはならない。国際司法裁判所ですらそうであるとすれば、ましてや安保理事会や総会は政治的機関であって、そのときどきの政治的便宜によって事を処理して行くものであるから、それが憲章をどう解釈し適用しようとも、有権的解釈となることはあり得ない。

有権的解釈という言葉を、所与の一事件について有効な解釈という意味に用いるならば、勿論国際司法裁判所が或る事件の裁判に当ってなした解釈は、この事件に対して有権的である。安保理事会や総会も、場合によっては、すなわち拘束力ある決定を下だし得る事項については、有権的解釈をなすであろう。しかしこれは有権的解釈という言葉の普通の意味ではない。少くとも当面の問題に関連して有権的解釈の語をこのような意味に用いることはできない。いま私らが論じている憲章第五一条の解釈というのは、国連組成国の全部に妥当する解釈である。また特定の一事件にのみ有効な解釈ではなく、広く現在および将来に起こり得べき事件に有効な解釈である。一口にいえば、時間的にも主体的にも一般性ある解釈である。こういう意味での第五一条の解釈を、私らはここに論じているのであり、右の学者も同様であろうと思う。それならば、原子力委員会の解釈は有権的でないが、安保理事会のそれならば有権的である、というようなことを言えるはずはないのである。

ただし私は、安保理事会その他の国連機関が憲章に与えた解釈が、憲章の研究者にとって全く参考にならないというのではない。ただ有権的解釈として国連組成国全体を拘束する効力をもたないというのである。安保理事会や総会の決議の中に、憲章の解釈上参考になるものはしばしば有るであろう。どの程度まで参考になるかは、各々の決議がなされた事情やこの決議に至る過程において各国の代表の述べた意見などを参照して、決定さるべきことである。同じ意味において、諸委員会の決議の中にも、憲章解釈上参考となるものは有るはずである。安保理事会の解釈であるから価値があり、理事会の付属機関たる委員会の意見だから価値がない、というような簡単な形式的標準で片付けるべき問題ではない。従って積極論者が憲章第五一条の解釈の参考に、原子力委員会の報告書を持ち出したこと自身について、私は、わが国の或る学者と異り、方法論的な誤りを犯しているとして非難しようとは思わない。ただ積極論者が引用する右報告書中の一句は、これが報告書の中に現われた来歴から考えて、第五一条の一般的解釈の参考にならないと主張するのである。

このような実質的見地から、右の一句を第五一条の解釈に援用することに反対するのでなく、原子力委員会の報告書は安保理事会によって採択されなかったという形式的見地から反対する学者は、もし報告書が安保理事会によって採択されたとしたら、どうされるか。安保理事会において、この報告書は、ソ連およびその衛星国ポーランドを除く常任理事国および非常任理事国の全部の賛成を得たものであり、ソ連の拒否権のみがその通過を食い止めたのである。後に一九五〇年六月に起こった事件のように、ソ連代表が欠席でもすれば、安保理事会を通過したことは疑いない。そうなったら、この報告書を第五一条の解釈に採用することは、正しいと認められるのであろうか。

上に述べた私の立場から言えば、安保理事会によってこの報告書が採用されようとも、第五一条の解釈にこれを援用してならないことは変らない。これに反して右の学者の立場から言えば、変らざるを得ないのではあるまいか。

いずれにしても、積極説は、自説を表現するに当っての用語の選択、および自説の実証的支持点として挙げる事実の選択の不正確なことによって、誤解を招き易いものになっている。私らが消極説を唱える人々に求めたと同じことは、積極説を支持する人々にも求めなければならない。現在の形では氷炭相容れないような観を呈している両説の対立は、かくして解消に至ることは不可能でないように思われる。

私がことにこの感を深くするのは、第六回国連総会の第六委員会（法律委員会）の一九五二年の一月七日以降の議事録を読むことによってである。この委員会の席上ギリシア、ベルギー、アメリカなどの委員が武力攻撃が差し迫っている場合には、まだ現実の攻撃行為が発生していなくても、自衛権の発動は許される、と唱えたという事実は、積極説の支持者たちによって、その説の実証的根拠としてよく引用される。(7) しかし私の見た限りでは、反対意見もソ連、ポーランド、チリーなどの委員から出ており、必ずしも委員会の空気は積極説の優勢を示すように思われない。むしろ私にとっては、この委員会における一九五二年一月七日から二十一日までの討論（二七九—二九三回会合）は、両論者が、いま少し自説を通すために注ぐ熱意を、相手方の説を理解するために振り向けたならば、妥協の道が開かれたであろうことを、感ぜしめる点において興味がある。

紙面の都合上ここに委員会の討議の内容を詳しく紹介することを差し控えるが、(8) 討論の口火を切ったのは、ギリシアのスピロプーロス（Spiropoulos）の「侵略が差し迫っている場合には（When there is impending aggression）現実の攻撃行為が起こっていなくても、国家は他国の攻撃的意図を食い止めるために、自衛として最初に攻撃を加える権利がある（the right to attack first in self-defence）」という発言である。この言葉は「他国に攻撃の意図があると推定すれば、それが現実の軍事行動に移されない前にでも、この国に向って攻撃を仕かけることが、自衛権の名の下に許される」という意味にとれる不用意な発言であり、(9) 従って他の委員から「いかなる文明国の刑法にも、他人が武器を携え、且つ攻撃的意図をもっていることを知ったときは、自分の方から先んじて射撃してよいと定めているものはない」という反駁を受けた（チリーのベルンスタイン（Bernstein）の説）。(10)

しかしその後展開された討論の跡を辿って見ると、積極説は、必ずしもスピロプーロスの発言が人をして感ぜしめるような極端な見解を唱えているものではないことが分かる。アメリカのマクトス（Maktos）委員は「合衆国が真珠湾攻撃を予知して、この軍事行動の任務を帯びて真珠湾に向って来る敵の兵力を迎撃したとすれば、アメリカは自衛権を行使したものと言えないであろうか。若干の委員（消極説の支持者）の言葉は、これを否定するようである」といっている。(11) 彼のここに言わんとするところは「アメリカを攻撃するための敵兵力の運動はすでに開始されている場合に、この運動がアメリカの領海及び領空内で展開されるのを待つ必要はなく、アメリカ軍は敵兵力との戦闘を開始してよいのであり、この武力行使は自衛行為として正当化される」ということに外ならぬのである。

またこれに追従するベルギー委員ファン・グラベーケ（Van Grabbeke）は、反対論者が「いかなる文明国の刑法にもそのような広い自衛権を認めているものはない」と称したのを駁論して、ベルギー刑法によれば、夜間に他人の所有地の壁をよじ登って侵入しようとする者を発見した場合、その土地の所有者は自衛の行動をとる権利が認められ、且つこの場合に犯人が武器を携えているか否かを問わない、と述べている。(12) ここに挙げられた例もまた、不法な侵害を目的とする行為がすでに開始されたときに、自衛権の行使が許される場合に外ならない。

このような説明に拘らず、反対論者は、積極説をもって、相手方が攻撃の意図をもっていると推定すれば、その意図が具体的な行為に移されない以前において、これに先制的攻撃を加えることを許すものであると理解し、「自衛の口実の下に予防戦争を肯定する説である」と非難して譲らなかった。(13)

しかし委員会の討議において消極説を最も力説したソ連のモロゾフ（Morozov）も、ある箇所では次のような発言をしている。

「ファン・グラベーケ氏は、ベルギー刑法によれば、夜間に自分の所有地の壁をよじ上る者を発見した所有者は、この者を射っても差支えない、といわれたが、しかしこの行為と、若干の人々（積極説を唱える者）の支持することは、別の事柄である。自衛権は（相手方の側に）行為の開始があることを要件とするものであり、単に攻撃が切迫しているという想像だけでは足りない（It postulates the commencement of an act, and not a mere supposition that attack is imminent)。ところが予防戦争の理論を支持する人々は、ただ相手方がわが家に侵入する意図をもっていると想像さえすれば、彼がわが家から距ること遠き場所にいてもかまわず、これに向って武力を行使することを正当化しようと欲するのである」(14)。

所有者が、わが家の壁をよじ上る曲者を見付けたとき、曲者はまだわが家の中に侵入してはいないのであり、わが家の人命財産はまだ害されていないのである。しかるにモロゾフは、このとき所有者に自衛権を認める。それは、侵害はまだ現実に発生していないとしても、その発生に導くべき行為はすでに開始されているからである。このモロゾフの考えは、積極説を支持する人々のあげる真珠湾攻撃その他の事例から推察される彼らの考えと、ほとんど異るところはないように思われる。しかるにモロゾフは、積極説は予防戦争を肯定する説であると決めてかかり、積極説の支持者が挙げる事例は、彼らの説とは別の事である、として一蹴する。この態度は勿論正しくないが、しかし積極説がこのように誤解される原因は、侵害が現実に発生しない前にでも自衛権は発動され得ることを強調しようと欲するの余り、前に引用したスピロプーロスの言葉にも現われているように、相手方の行動よりも意図を標準として自衛権の発動を許すような表現を用いるからであり、従って責任の一半は積極説を唱える人々の側にもあることを認めねばならない。

法律学界に起こる論争の中に、相当の経験があり学識があり、この点で対等であると思われる学者が、二派に分かれて争い、いつまでも結着に至らないで対立をつづけるものが間々あるが、このような学説の対立は、その源をよく探って見ると、右に例示したような原因から来ている場合が多い。両論者ともに、自説を表現するための用語の選択において比較的無雑作であり、その結果両説ともに誤解を招き易いものになっている。両論者は互に相手方のこの欠陥を衝いて攻撃し、それによって自説を勝利に導き得たと考える。しかしこの方法によって相手方を自説に帰依せしめることはできない。かくして対立はどこまでも続くのである。

このような不幸事を避けるためには、論争に従事する人々が、

(一) 相手方の反駁を聞いて、自説の表現の不完全さを反省し、これを改める努力をなすことが必要である。しかし法律学上の議論は、概ね抽象的な言葉を連ねて組み立てられるのであり、抽象的な言葉はこれを聞く総ての人によって同じ意味に受け取られることは至難である。故に、どれほど慎重に注意してなされた表現でも、誤解を招くおそれが百パーセントないものになるとは保証できない。従って、

(二) 相手方の学説を研究するときに、その片言隻句に捉われないで、所説の全体を読んで、相手方の真に言わんとする所を汲み取る努力がなされねばならない。

この二つの注意がなされることによって、論争は学問上有意義なものとなるであろう。

(1) 消極説は、わが国では、自衛権について今日までに現われた唯一の単行書である横田喜三郎博士の「自衛権」(昭和二十六年)に説かれている。この書の国連憲章第五一条を述べた箇所に、

「武力攻撃は現実のものでなくてはならない。急迫した武力攻撃では足りない。つまり武力攻撃がまさに発生しようとするものでは足りないのである。『武力攻撃が発生した場合』という言葉によって、それに疑いを容れないであろう」という言葉がある。博士の消極説の根拠は第五一条の文言であり、それ以外の根拠は、少くともこの書には説かれていない(五九—六〇頁)。

なお博士は、全米相互援助条約やブラッセル条約や北大西洋条約にも言及して「武力攻撃が現実のものを意味し、急迫な武力攻撃はふくまれていない」ことは、最近の条約に共通した一つの特徴であるといわれる(六四—六五頁)。

より詳しくこの問題を論じているのは、田畑茂二郎博士の「国連憲章五一条と自衛権」という論文である（法学論叢六七巻一号、昭和三五、四月）。消極説を支持するものではあるが、消極説および積極説に属する諸学者の説を丁寧に且つ正確に紹介している点に特長がある。就中消極説のジェサップ（八—九頁）、積極説のウォルドック（一二—一三頁）マクドゥガル（一六—一七頁）等の紹介を参照。

なお最近の著書の中で、消極説は Brownlie, International law and the use of force by states 一九六三年、二七五—二七八頁に説かれている。但し同書三六六頁以下において多少緩和されている。

新安保条約の批准を審議した昭和三十五年の国会において、条約第五条の「武力攻撃」の意味が問題となったことは、前に述べたが（本項のはじめに武力攻撃の意味を説明した箇所の註（５））、それと同時に「条約の義務は、武力攻撃が現実に生じた場合にのみ発生するのか、または武力攻撃の急迫した危険のある場合にも発生するか」も問題とされた。二月二十日衆議院の予算委員会において、島上委員が「第五条は武力攻撃のおそれある場合を含むか」と質問したのに対して、赤城国務大臣は「おそれある場合を含む」と答えている。しかし三月一日の同委員会において田中（織）委員が、「国連憲章第五一条の集団的自衛は、武力攻撃の発生した場合に行なわれるに反して、安保条約第五条に基づくそれは、武力攻撃の発生の場合に限らないようである」と言ったのに対し、岸国務大臣は「安保条約の発動は、国連憲章第五一条の場合と同じく、武力攻撃が現実に加えられたときである」と答え、赤城長官の説をくつがえしている。その後の政府委員の答弁はこの線に沿うてなされ、安保条約特別委員会の三月十五日の会議において、松本（七）委員の「安保条約第五条の『いずれか一方に対する武力攻撃は云々』という言葉は、武力攻撃の急迫した危険をも含むのか」との質問に、岸首相は「含まず」と断言している。三月二十一日参議院の予算委員会においても、辻（政信）委員が「第五条の武力攻撃は、攻撃の準備行為を含むのか、それとも被害が生じた場合だけを指すのか」と問うたとき、藤山政府委員は「準備行動を含まない」と答え、さらに高橋条約局長も「全然権利が侵害されていない場合に、自衛権発動の問題は起こらない」と述べた。

この国会論議に対しては、前に私が武力攻撃の意味を説明する箇所で述べたことが、そのまま当てはまる。共同防衛の義務を定める条約に書かれた「武力攻撃の発生」という言葉は、義務の開始の要件を定める役割をもつに反し、憲章第五一条に書かれた同じ言葉は、権利発生の要件を定めるものである。前者を狭く解釈しようとする傾向が、条約の締結国の間に生ずることは自然である。たとえその政府が「これが憲章第五一条の正しい解釈である」と唱えようとも、われわれは憲章の研究に当ってこれを採り入れる必要はない。

右の国会論議の際に、武力攻撃の発生と侵害の発生とを identify する極端な消極説を説かれた高橋通敏博士が、安全保障に関するその著書においては積極説を支持しておられることを、矛盾であると評することはできない（安全保障序説、昭三五、一四八頁）。

消極説を紹介した序でに、些細なことではあるが、ケルゼンの学説の引用の誤りについて一言しておきたい。わが国のある論文に、ケルゼンは「武力攻撃が発生した後（after an armed attack occurs）でなければ、自衛権は発動され得ない」と説いているとして、ケルゼンの著書「国際連合の法」（七九一—八〇〇頁。二六九頁）が引用されている。このケルゼンの著書の中で、「武力攻撃が発生した後」という言葉が出てくるのは「自衛権は現実の武力攻撃に対してのみ発動されるか、差し迫ったそれでもよいか」の問題を論じている箇所ではなく、巻末の付録「北大西洋条約」の中で、憲章の行文の不完全さを攻撃している箇所である。

第五一条の冒頭「本憲章中の何物も、組成国の一つに対して武力攻撃が発生した場合、自衛の権利を害するものではない」という言葉に対して、ケルゼンは「これを文字通りにとれば、武力攻撃が発生する前には、自衛権は憲章のどれかの規定によって害されるかも知れない、ということになる。しかし武力攻撃が起こらぬ間に、自衛権が害されることは有り得ない。自衛権は武力攻撃が発生した場合に存在するものであり、言いかえれば、発生した後に、存在するものだからである（the right of self-defence exists only if, and that implies after an armed attack occurs）……第五一条の右の言葉のいわんとする所は、おそらく『本憲章中のどの規定も、武力攻撃に対して行使される自衛の権利を害するものではない』ということであろう」と言っている（九一四頁）。

ここにケルゼンは、第五一条の「武力攻撃が発生した場合、自衛の権利を害するものではない」という文章が奇妙であり、これを「武力攻撃に対して行使される自衛の権利を害するものではない」と言い改めた方が分かりよい、と言おうとするのであって、自衛行動の開始の時点についての積極説と消極説の論争に対する自己の立場を述べようとしているのではない。「武力攻撃の発生した後」という言葉を用いたのも、第五一条の右の文言は、武力行動が発生する前から、自衛権は継続的に存在するもののような印象を人に与えるが、実は自衛権は武力攻撃の発生する前には存在しないものだ、という点を強調しようとしたに過ぎない。

しかしケルゼンを消極説の一人とすることに、私は反対するものではない。右の書にも、自衛権の項目の中に、「第五一条は侵略（アグレッション）という言葉を用いないで、より意味の狭い武力攻撃という言葉を用いている。このことが意味するのは、差し迫った攻撃（imminent attack）や、武力の使用を含む攻撃たる性格をもたぬ侵略行為だけでは、第五一条に基づく自衛権の発動を正当化しない、ということである」といっており（七九七頁）、攻撃が切迫していることだけでは、自衛権の発動は許されないという解釈をとっているからである。

（2）　ウォルドック、前掲書、四九七―八頁。バウェット、前掲書、一八八―一九一頁。わが国の学者の中では、右に引用した高橋通敏博士の著書、安全保障序説、一四八頁。

（3）　積極説を唱える人々は、自説が国家的実行によって支持されている実例として、第二大戦後の若干の事実をあげる。本文に述べた一九四六年の原子力委員会の報告書、一九五二年の国連総会法律委員会の議事は、右掲ウォルドックもバウェットもあげている。この外にバウェットは、カシミール紛争の際一九五〇年安保理事会でパキスタン代表が、自国のカシミールへの出兵は、インドの出兵の危険が目前に迫っているからである、と説明した事実、スエズ運河通航問題に関する一九五一年安保理事会におけるエジプト代表の自衛権の主張を挙げている。ウォルドックはコルフー海峡事件に関する世界法廷の判決を引用しているが、バウェットはこの引用に反対している。

私の見るところでは、カシミール事件の際のパキスタン代表の発言は、現に発生している紛争の当事者たる国が、自国の行為を弁護するために述べた憲章解釈論であって、重要な価値はない。スエズ問題でのエジプト代表の自衛権の主張も同様である。もっとも後者はエジプトだけでなく数国の支持をうけたが、安保理事会の決議によって否定されている。コルフー海峡事件に関する国際司法裁判所の判決に至っては、この訴訟において、英国は自国の行為を自衛権によって弁護しようとしたのでもなく、また裁判所も憲章第五一条を基礎として判決を下したのでもない。私が第一章一節八項「コルフー海峡事件」で説明したように、この事件の一方の当事者アルバニアは、当時国連組成国ではなく、従って裁判所の判決も国連憲章を基礎としてなされなかった。故にこの判決を憲章第五一条の自衛権の解釈に際して援用するのは、間違いである。バウェットは、ウォルドックがこの判決を積極説の支持点として援用することに反対しているが、それは、ウォルドックのいうような結論はこの判決から出てこないというのであって、この判決が憲章第五一条の自衛権を取り扱ったもののように考えている点では、共通の誤りを犯している。

わが国の消極説を支持する或る論文は、積極説がその実証的支持点として挙げる五つの実例のうち、コルフー海峡事件に関する国際司法裁判所の判決、一九四六年の原子力委員会の報告書、スエズ通航問題に関する安保理事会の決議の三つを取り上げて、事件の内容を説明し、積極説を支持する根拠として十分でないことを論証しようと試みている。結論において私と同意見であるが、その論証の方法は、少くとも始めの二つの事件については、私は賛成しがたいように思う。コルフー事件については、右に述べたことがここにも適用される。原子力委員会報告については、本文に述べる所を参照。

（4） Goodrich and Simons, The United Nations and the Maintenance of International Peace and Security 一九五五年、五四〇—五四一頁。邦訳、神谷竜男、角田順、杉山茂雄、北条俊朗共訳、国際連合と平和及び安全の維持、下巻、一九

五九年、二五二―三頁（角田順訳）

(5) グッドリッチ・サイモンズ共著、右掲、五三七頁。邦訳、下巻、二四九頁。

(6) 田畑茂二郎、前掲論文、二七頁。

(7) ウォルドック、前掲、四九八頁註一。バウェット前掲、一八九頁。

(8) United Nations, Official Records of the General Assembly, 1951-52, Sixth Committee 一五三―二四九頁。就中、一五四（ギリシア、スピロプーロス）一六六―七（英、フィツモーリス）一六九（チリー、ベルンスタイン）一七三（米、マクトス）二〇八（ベルギー、ファン・グラベーケ）二一五（ソ連、モロゾフ）二二九（ベルンスタイン及びグラベーケ）二三七（ポーランド、オグロジンスキー Ogrodzinski）二四四（モロゾフ）参照。

(9) 一九五二年一月七日の二七九回会合、§一〇。

(10) 一月九日、二八一回、§二八。

(11) 一月十日、二八二回、§六。

(12) 一月十五日、二八七回、§二六、二七。

ベルギー委員は、さらに一月十八日、二九〇回（§五九―六五）でいま一度ベルギー刑法四一六・四一七条を説明している。

(13) 一月十六日、二八八回、ソ連のモロゾフ。一月十九日、二九二回、ポーランドのオグロジンスキー。一月二十一日、二九三回、再びモロゾフ。

(14) 一月十六日、二八八回、§三四。

三

前にのべたように、消極説の表面に現われた根拠は、憲章第五一条の文字通りの解釈であるが、この説を支持する人々の心中には、もし積極説を採れば、相手国の意図の誤解に基づく戦争を勃発せしめる危険を生ずるであろうという心配があり、これが消極説を支持する動機となっていることは疑いない。この動機は、平和のために賞讃さるべきものであるけれども、この動機を極端に貫いて、損害が現実に発生するまでは自衛権の行使は禁止せられるものとすれば、法益を損害から護る権利としての効能を発揮できないまでの拘束を自衛権に加えることになる。故に一方において、損害の発生を自衛権発動の要件としようとする極端な消極説を排し、この意味において、先制的防衛の権利を肯定するとともに、他方において、相手方の意図の推定のみを根拠とする自衛権の発動を禁じ、この意図が、自国に向けられる軍事行動に移されたことを、自衛権発動の要件と見なそうとするのが、私らの主張である。

しかし平和のために最も安全な道は、やはり消極説を極端に貫いて、現に敵軍が国境を越えてわが国の領土内に侵入し、または敵弾が落下したときでなければ、自衛権の発動を許さないことであるように思われる。ところがこのような消極説を平和のために有益であるとする考えは、原則的には誤っていないとしても、第二大戦後に数多く結ばれた共同防衛のための条約——所謂集団的自衛のための条約——の規定の仕方と結び合わせて考えると、却って逆の結果を生ずる場合もあることを発見する。このことは、私が参照した内外の文献の中に論じているものはないようであるから、この序でをかりて、私の気付いた所を述べ、他の学者の批判を仰ぎたいと思う。

第二大戦より前に結ばれた共同防衛のための条約は、締約国の一（A国）が攻撃されたとき、他の締約国（B、C、D）は、無条件に前者を援助する義務を負うものとしないで、Aの受けた攻撃が、Aの側からの挑発によって生じたものでないことを、条件とするものが多くあった。古くは十九世紀後半のビスマークの外交政策が生んだ三国同盟およびオーストリア・ルーマニア同盟から、近くは両大戦間のフランスとその衛星国間、および衛星国相互間の条約に至るまで「自分の側からの挑発なくして攻撃されたとき（attaqué sans provocation de sa part）」または「挑発によらざる攻撃の場合（en cas d'attaque non provoquée）」という言葉を用いる例は多く、時として「直接の（directe）」という形容詞を「挑発」に付けることによって、援助義務の阻却される場合を限定しようとするものもあり、または「自分の平和的態度に拘らず攻撃されたとき（attaqué malgré son attitude pacifique）」という多少遠廻わしな表現によって同じ観念を表わそうとしたものもある(1)。

このような言葉を条約に挿入する目的は、締約国の一（A）が隣国（X）に侵略の危険を感ぜしめるような行動をとり、その結果Xが先制的防衛の措置をとったために、両国間の戦争が生じたような場合に、他の締約国（B、C、D）を、A国を援助する義務から解放するためであって、締約国の一つの放恣な行動によって他の締約国が戦争に巻きこまれることを防ぎ、戦争を局地化する上において、有益なことであった。

第二大戦後の共同防衛のための条約は、援助義務の発生の要件を、「武力攻撃の場合」または「武力による侵略の場合」と定め、「自国の側からの挑発によらざる」という言葉でこれを制限しようとしない(2)。戦前あれほど多く用いられたこの言葉が、戦後の条約に姿を消したのは、国連憲章第五一条の文言を模倣したからであろう。このような条約の下で、締約国の一（A）が隣国（X）と事を構え、国境に軍隊を集中して今にも侵入する体勢を示したとき、Xは国境付近の地形その他の事情から、自国領内に敵軍を引き入れての戦いの不利を考慮して、国境を越えて兵を進めて戦闘を開始したとすれば、他の締約国（B、C、D）はAを援助する義務を負うか否か。戦前の条約のように「自分の側からの挑発によらずして」という言葉があれば、B、C、DはAを援ける義務はなく、AX間の戦争に対して中立を守る自由をもつ。戦後の条約ではどうなるか。

この問題に対する答えは、上に述べた極端な消極説を適用する場合と、私らの説を適用する場合とで異って来る。そして前者は必ずしも平和のために望ましくない結果を生むことになるのである。

第一の説を適用すれば、Xのとった軍事行動は自衛の措置と見なすことはできない。いまだA国の軍によるXの領土権侵害または人命財産の損壊は発生していないからである。従ってXの武力行使は憲章違反である。Aはこの違法な武力行使に対して防衛の立場に立ったものである。故にBCDは条約上の義務を履行すべき地位に置かれることになる。

これに反して第二の説を適用すれば、Xの武力行使は、自衛の措置として正当化される。そしてXの側に自衛の権利があるということは、Aの行動が武力攻撃と見なされるということである。Aは自から攻撃をなしたものであって、攻撃を受けたものではない。従ってこれを援助する義務はBCDにないということになる。

このように考えれば、第二の説の方が、共同防衛条約の一締約国のとる放恣な軍事行動によって、他の締約国がその欲せざる戦争に巻きこまれることを防ぐ効果があるということができる。この意味で、第一の説よりも、むしろ平和に貢献するのである。

勿論かく言えばとて、一般論として第二の説が第一の説よりも平和のために有益であるというのではない。ただ私は、先人が、同盟条約の発動要件としての武力攻撃に、「自分の側からの挑発によらない」という言葉を付け加えることによって避けようとした危険に対し、第二大戦後の政治家たちは無頓着でいることを、かねがね憂慮していたので、第一の説が益々この危険を大きくすることについて、読者の注意を乞おうとしたのである。

（1）独仏戦争後のビスマークがヨーロッパの平和を維持するためにとった外交政策の一環として、一八八二年五月二十日独墺

伊三国間に結ばれた第一次三国同盟条約の第二条に、

„Si l'Italie, sans provocation directe de sa part, serait attaquée par la France……"

第三条に、

„Si une ou deux des hautes Parties contractantes, sans provocation de leur part, venait à être attaquées……"

という言葉がある。

翌年十月三十日墺とルーマニアとの間に結ばれた同盟条約の第二条には „Sans provocation aucune de sa part……" となっている。

しかし右の一八八二年の三国同盟以前には、ビスマークの指導の下に作られた条約にも、このような字句はないようである。例えば一八七九年十月七日の独墺同盟条約は „Würde einer der hohen conrahierenden Teile von einer anderen Macht angegriffen werden, so verpflichtet sich hiermit der andere Contrahent……" というだけである。

この後の条約には、「挑発によらない」という言葉を用いるものが多い。例えば一九一一年七月十三日の日英同盟条約第二条にも "If by reason of unprovoked……" という言葉がある。

第一大戦後の条約で「挑発なくして攻撃されたとき」または「挑発されざる攻撃の場合」という言葉を用いているのは、一九二一年二月十九日のフランス、ポーランド間の同盟条約から、一九三一年一月十五日のポーランド、ルーマニア間の条約に至るまで、フランスとその衛星国、およびフランスの衛星国相互間に数多く締結された同盟条約であるが、それ以外にも、一九二三年十一月一日のエストニア、ラトヴィア間の条約、一九二四年一月二十七日のイタリア、ユーゴースラヴィア間の条約、一九二七年十一月二十二日のイタリア、アルバニア間の条約にその例が見られる。

「その平和的態度にも拘らず攻撃されたとき」という言葉で同じ観念を表わそうとするのは、私の知る限りでは、第一大戦後の新らしい現象であり、一九二六年九月二十八日のソ連、リトワニア間、一九二九年三月六日ブルガリア、トルコ間、一九三〇年十月三十日ギリシア、トルコ間の条約などがこれである。

（２）　本節第二項の終りの方で引用した第二大戦後の共同防衛条約はみなこの例である。ここに重ねて引用するのを省略する。

四

「武力攻撃の発生した場合」の解釈について問題となる第二の点は、自衛権は、武力攻撃の発生したとき以外にも、行使してよい場合があるのではないか、という点である。武力攻撃の発生したときは、勿論自衛権の行使さるべき最も重要な場合であるが、しかし厳重に自衛権をこのときのみに限ってしまってよいかどうかが問題とされるのである。

この問題を考えるに当って、本項の始めに、私らが条約の解釈に当ってとるべき根本的態度として述べたこと、すなわち条約を締結した当事者が意図したものは何であったかという問題と、この意図したものが法律理論上合理的なものかという問題とを、区別して取り扱うことが必要である。さもなくば議論の混乱を招く。ここでは第一の観点からの解釈だけを述べたいと思う。

本節第一項「武力に対する国連憲章の基本的態度」の中に述べた私の観察が間違っていなければ、憲章は、国際連合の勧告または許容による場合を除き、国家が個別的意志に基づいて武力を行使することを全面的に禁止する主義を採る。ただもし或る国が、この禁止を犯して、他国に向って武力攻撃を加えれば、この国に対して他国が防衛のために武力を行使することは、右の主義と矛盾しないものとしてこれを許す。何となればこの国は、国家間の武力行使を禁止して国際平和を保ち各国の安全を計ろうとする憲章の主義に背くことによって、自から憲章の与える利益を放棄したものである。故に憲章は、自から先んじて他国に向って武力攻撃を加えた国に対して、前者及びこれを援助する諸国が武力を行使することを是認する。第五一条が「武力攻撃の発生の場合」に自衛権の行使を認める趣旨はこれである。

このように憲章全体の構成を理解すれば、「武力攻撃」の発生の場合以外に自衛権の行使を認める余地はない、と解するの外ない。

それにも拘らず第五一条の自衛権の適用範囲を「武力攻撃」の場合以外に拡げようとする説が生ずる根本の動機は、現在の国際社会の裁判および執行機関の不完全な状態の下では、外国から不法な侵害をうける国は、その侵害が武力攻撃の形をとると否とを問わず、自分の力でこれを除くより外に道はなく、そしてこの方法をとろうとすれば、相手の出方によっては、強制的措置に及ばねばならぬことも起こるのであるから、自衛権を武力攻撃を受けたときにのみ限るのは、狭きに失するという懸念である。この懸念はいわれのないものではないが、しかし、これを第五一条に対する批判として説き、本条の不合理性および実行困難性を論ずるという形をとらないで（後述、本章第四節参照）、武力攻撃以外の場合にも自衛権を許す意図が第五一条の中に含まれている、と解釈しようとする学者がある。この企てが果して可能か否かを、ここで検討して見ようと思う。

条文解釈として、第五一条の自衛権を武力攻撃の場合以外にも拡げようとする人は、本条の「本憲章中の何物も……個別的または集団自衛の固有の権利を害するものではない」という言葉にその根拠を求めようとする。ここに固有の権利と訳した英語 inherent right, 仏語 droit naturel は「国家が本来具有する権利」を意味する。従って右の一句は、「国家が本来もっている自衛権は、個別的たると集団的たるとを問わず、本憲章のいかなる規定によっても損われない」という意味である。ここにいう「国家が本来もっている自衛権」を「一般国際法上の権利として今日まで認められて来た自衛権」を指すものと解し、この意味における自衛権が「本憲章のいかなる規定によっても損われない」と言われているからには、一般国際法上の自衛権は intact に（そのままそっくり）国家の手に残されてある、と唱えるのである。そして一般国際法上の自衛権は、これらの学者の理解するところによれば、（序言の二参照）武力による法益侵害に対してのみでなく、一般に国家の重大利益が侵害せられる危険に瀕したとき、これを護るために行使できる権利である。故に国連憲章は、武力攻撃の場合以外にも自衛権の行使を許すものと解せねばならぬ、というのである。グッドリッチ、ハンブロー共著の国連憲章註釈書が、第五一条の註釈の中に、

「第五一条の条文は、この条文によってカヴァーされていない自衛権を、必ずしも排除するものではない。自衛の権利が、従来唱えられるように inherent（国家にとって、天賦の、または本来的のもの）であるとすれば、各組成国はこの権利を、ただ憲章中に含まれている制限に従うことだけを条件として、保存している筈である」(1)といい、自衛権の行使の許される場合は、第五一条の条文が定めている場合よりも、範囲が広いものであることを認めているのは、右のような考え方に従ったものである。

この説を聞いて、私らの頭に浮ぶ疑問は、「それならば、何故に憲章は『武力攻撃の発生した場合』を特筆したのであるか。この言葉は自衛権行使の前提条件を定めるために掲げられたものではないか。『国家固有の権利《インヒアレント・ライト》』が一般国際法上の権利を意味しようと、しようまいと、とにかくこの権利の発動は『武力攻撃の発生した場合』という言葉によって制限されているのではないか」ということである。

これに対して、広い自衛権を肯定しようとする学者の或る者は、次のように答える。

条文が或る一つのことを表示しているとき、他のすべてのことを排除しているように解する単純な解釈方法（Expressio unius est exclusio alterius）をいつでも適用するのは誤りであり、当面の問題もその一つの場合である。憲

章が「武力攻撃の発生した場合」を特に挙げたのは、国家が自国の法益を守るために武力を行使する必要の最も明らかな場合だからである。しかし武力攻撃の外にも、国家の死活に関する重大な侵害行為は存在する。よく言われるように、経済的侵略、思想的侵略も武力的侵略と同じ様に国家の安危に関する場合がある。これらの侵略を排撃するために国家は常に武力を行使せねばならぬというのではないが、法律上の規則として武力行使を絶対に禁止することはできない。外国から不法に法益を侵略され、しかもこの法益侵害を放任することは自国の死活に関する場合、そしてこの侵害を排除するために、武力に訴えるより外に手段がない場合には、これをなす権利は国家に与えられていなくてはならぬ。憲章第五一条はこの「国家固有の権利」を否定するものと解釈することはできない(2)。

また国連憲章第二条四項は「国家の領土保全および政治的独立」に対する武力行使を禁止する。このことは、外国の領土を奪いまたは独立を奪う目的をもってなされる武力行使、または結果としてこれに導くような武力行使を、禁止するのである。自衛のための武力行使は、他国の領土保全または政治的独立に向けられたものではなく、ただ現に発生している侵害行為を阻止または除去することを目的とし、目的を達すれば中止されるものである。たとえ武力行使の過程において、外国の領土は一時侵されることがあっても、目的の達成とともに回復される。少くとも、そうなるのが自衛権の本来の性格である。従って自衛権に基づく武力行使は、憲章の禁止に触れるところはない、と(3)。

このように、憲章の条文解釈として、武力攻撃を受けた場合以外にも自衛権は認められると称する説に、私は次の四つの理由から賛成できない。

(一)　憲章が禁止する武力行使は、国家の領土保全および政治的独立を害する性質のものであり、そして自衛のための武力行使はこの性質をもたないから、憲章の禁止する武力行使のカテゴリーに入らないという説は、憲章第二条四項の解釈を誤ったものである。「いかなる国の領土保全または政治的独立に対しても」という言葉が、サン・フランシスコ会議で本項に挿入された由来から考え、また本項を同条三項と対照することによって、この点は明らかである。このことは本節の第一項「武力行使に対する憲章の基本的態度」の中で詳しく論じた所であるから、ここには繰り返えさない。

（二）本節の第二項「自衛権に関する規定が憲章に設けられた由来」の中で述べたように、サン・フランシスコ会議が第五一条を採択したのは、一部の国々が結ぶ共同防衛条約の発動を安保理事会の許可の下に置こうとしたダンバートン・オークス案（八章C節二条、現在の憲章第五三条一項）の厳重な束縛から、共同防衛条約を解放し、その締約国の一が攻撃を受けたとき、他の締約国がその援助に赴くことを、自由にしようとしたためである。共同防衛のための条約において、締約国が他の締約国を援けるために武器をとって立つ義務を生ずるのは、後者が攻撃を受けた場合である。そしてここにいう攻撃とは、armed force（武力）または physical force（物理的力、腕力）という言葉で呼ばれる種類の力をもってする攻撃を意味する。故に共同防衛条約に基づいて集団的自衛が行なわれるのは、締約国の一が「武力攻撃」を受けた場合に限る。この種の条約の中には、それ以外の場合における締約国間の相互援助をも併せて規定しているものがあるが、いずれにしても、武力による援助がなされるのは、締約国の一が武力攻撃を受けた場合のみである。本来どの国も、他国の利益を守るために自国の兵力を使用することを約束する場合には、自国の負う義務を最少限度に止めようとするのが自然である。兵力の使用は、どの国にとっても重大な問題であり、損失の多いことだからである。従って締約国の一つが外国から損害を受けた場合に、後者のなす侵害行為がどういう形でなされるかを問わず、他の締約国は前者を、有らゆる手段——兵力の使用を含み——をもって援助することを約束している条約はなく、締約国の一つが、上にのべた意味における「攻撃」を受けた場合についてのみ、この約束をするのが常であり、中には更にこれを限定して「挑発されざる攻撃」の場合に限ってこの義務が生ずるとしているものもある。

サン・フランシスコ会議が第五一条を設けた趣旨は、右のような共同防衛条約の発動を安保理事会の許可なくしてなされ得るものにするためであり、ここに「自衛権」という語が用いられたのは、武力の行使を含み可能な総ての手段をつくしてなす防衛の権利を指すためであるとするならば、この自衛権の前提要件として考えられるものは、「武力攻撃の発生」の場合より外にあり得ない。サン・フランシスコ会議において自衛権を肯定する規定を作った人々の念頭にあったのは、共同防衛条約の締約国の一つが「武力攻撃」を受けた場合だけであり、武力攻撃の場合以上に亙って、広い前提要件を、自衛権のために認めようとする意図は、彼らにはなかったと考えねばならない。

(三)　第五一条を作った人々が「国家固有の権利《インヒアレント・ライト》」という言葉を用いた動機についての私の観察も、また本節第一項の中に述べた。彼らの、共同防衛条約の発動を安保理事会の制約から解放しようとする企ては、四大国の作ったダンバートン・オークス案の中に含まれ、また現在の憲章にも第五三条一項の中に含まれている規定と、正面衝突することになるのであるが、彼らはこの企てを正当化するために、自衛権は国家の本来具有する権利であり、否定できないものであると称し、そして共同防衛条約の発動を「集団的自衛」と名付けて、これも、否定すべからざる自衛の権利のカテゴリーに属するものとした。inherent right（天賦の、当然の権利）という言葉が使われたのも、このことを強調するためである。一部の学者の考えるように、一般国際法上の自衛権を intact に組成国の手に残そうという意図に基づいて、この言葉が選ばれたのではなく、四大国の権威を背に負うダンバートン・オークス案および現在の憲章の第五三条一項の明文を排除してまでも、いわゆる集団的自衛を安保理事会の制約から解放することの正しさを強調するために、この言葉が用いられたのである。

従って第五一条における inherent という語の意義は装飾的であり、ケルゼンもいうように、この語が省かれたとしても、実質的には、第五一条の意味には何の変りもなかったであろう(4)。

(四) 本章の第一節「両大戦間の条約と自衛権」の中で述べたように、第一大戦後の外交文書および条約において「自衛権」または「正当防衛の権利」という言葉は、外国からの武力攻撃に対して自国を防衛することを指すために用いられている。一九二五年のロカルノ相互保障条約第二条二項にいう「正当防衛の権利」も、一九二八年の不戦条約締結に際して各国が交換公文をもって留保した「自衛権」もみなそうである。ここにいう自衛権は、伝統的国際法学のいう自衛権とは全然別のものである。第一大戦後の政治家・外交家が自衛権と称したのは、伝統的国際法学において「防禦戦争の権利 (le droit de la guerre défensive)」と称せられたものであり、伝統的国際法において防禦戦争の権利と自衛権とは、別のカテゴリーに属する事柄であった(第一章二節二項の三参照)。

第二大戦の末期サン・フランシスコに集った政治家たちが、自衛権という言葉を用いたとき、彼らの脳裡に思い浮べたものは、彼らにとって身近かにある不戦条約やロカルノ条約にいう自衛権であり、彼らにとって縁遠い第一大戦以前の国際法学者のいう自衛権ではなかった、と解するのが、自然な解釈ではなかろうか。

この解釈が正しいとすれば、第五一条が、自衛権発動の前提要件として、「武力攻撃の発生した場合」だけを掲げたのは、当然のことである。本条を作った人々の念頭にあった自衛権の観念は、武力攻撃に対して国家を防衛する権利に外ならぬからである。

以上四つの観点から考えて、第五一条は、武力攻撃の場合以外に自衛権の行使を認める意図を含んでいない、と結論しなければならない。

この問題を論じた序でに、英国のウォルドックの特異な学説を紹介して置きたいと思う。

彼も私らと同様に、第五一条の設けられたのは、チャペルテペック協定のような共同防衛のための条約の発動を安保理事会の束縛から解放するためであること、そしてこの種の条約は締約国を「攻撃」に対して守るために作られるものであるから、第五一条は「武力攻撃」に対処するための自衛権を問題としていることを認める。しかし私らと異り、武力攻撃の発生が自衛権行使の前提要件となるのは、集団的自衛の場合、すなわち共同防衛条約に基づいて締約国が互いに援助し合う場合だけであり、個別的自衛、すなわち直接の被害国が自己の法益を自分の力で守る場合には、右の要件は適用されない、と唱える。個別的自衛権は、武力攻撃の生じた場合以外にも、発動できるというのである。

「第五一条は、自衛権を、外国の武力攻撃に抵抗する場合にのみ限ろうとするものであろうか。そうではないと思う。個別的自衛の権利は、国際連盟規約においても不戦条約においても、当然のこととして認められ、特に規定を設ける必要はないものと見なされた。国連憲章においても同様であった筈であり、現にダンバートン・オークスの憲章原案には自衛権に関する何の条文もなかった。（サン・フランシスコで）第五一条が作られたために事情は変ったが、しかし周知のように、この第五一条は、個別的自衛権を定義するために挿入されたのではなく、チャペルテペック協定として知られている米州条約のような、集団的自衛のための条約に対する（国際連合の）立場をはっきりさせるために挿入されたものである。この種の条約は、外部からの攻撃に対する防衛に関するものであり、従って第五一条が「攻撃」に対する防衛だけを問題とするのは、自然なことである。……規定の上からは「武力攻撃の発生した場合」という言葉は、個別的自衛にも懸かると解する余地はあるが、ただそのことから、武力攻撃を構成しない不法な侵害に対する forcible self-defence（武力その他の強制措置を用いてなす自衛）を禁止するもののように解するのは、第五一条の意図を全く読み違えたものである。従ってもしデンマークやスエーデンが、公海たるバルチック海上で自国の漁船が不法に拿捕されるのを阻止するために、武力を行使したとしても、この行為は決して憲章を破るものでないと私は思う(5)」

第五一条の成立の由来から考えて、「武力攻撃の発生」が自衛行為開始の前提要件となるのは、集団的自衛だけについてであり、個別的自衛はこの要件の制約をうけない、というウォルドックの議論は、巧妙なように見えるが、次の理由によって私は賛成できない。

第一に、第五一条の成立の由来は、ウォルドックのいう通りであり、本条は集団的自衛の発動を自由にすることを主眼として作られたものであることは、認めねばならないが、出来上った条文が、「武力的攻撃の発生した場合」という要件を、個別的自衛と集団的自衛とにかけていることは明白であり、これを、一方だけにかかり他方にかからないと解釈することは、条文解釈としては不可能事である。

第二に、第一大戦以降の条約および外交文書において、自衛権という言葉は、「武力攻撃」に対して国家を防衛する措置、という意味に用いられるのが常であり、一九四五年のサン・フランシスコ会議で自衛権に関する規定を作った政治家の脳裡にあったのも、この新しい用語法であったと想像されるということは、前に述べたが、両大戦間の条約、たとえばロカルノ条約や不戦条約で、自衛権といわれたのは、外国から攻撃を受けた国自身が防衛のために武力を行使する権利、すなわち後に国連憲章が「個別的自衛権」という言葉で表現するようになった権利である。もっともこれらの条約の下においても、締約国の一が攻撃を受けたとき、他の締約国がこの国を助けて武器をとることは、禁止されてはいないのであるが、しかしこれを自衛という言葉では呼ばなかった。「集団的自衛」という言葉はサン・フランシスコ会議の新鋳語である（本章一節二項の二参照）。ロカルノ条約や不戦条約で自衛権といわれたのは、攻撃の対象となった国自身のそれであった。

サン・フランシスコ会議の政治家たちがこの用語法の影響を受けたとすれば、「武力攻撃の発生した場合」という要件は、個別的自衛にもかかるものと考えたと解しなければならない。この要件が集団的自衛にも個別的自衛にもかかるようになっている第五一条の行文は、誤って作られたのではなく、意図して作られたものである。

故に私はウォルドックの説に賛成できないが、しかし彼がその結論として述べる「公海において自国の漁船が不法に拿捕されるのを防ぐために、武力を行使するのは憲章違反ではない」という意見は、彼の第五一条解釈論の当否にかかわらず、正しいものではないかと思う。わが国が武力攻撃を受けた場合というのは、必ずしも外国の兵力によってわが国の領土が侵された場合だけをいうのではなく、公海上においてわが国の公私船舶や航空機が攻撃を受けた場合をも含む。このことは、前に武力攻撃の意味に関連して述べたところであるが、外国の軍艦がわが国の漁船に対して砲撃や銃撃を加える場合、または砲撃や銃撃の威嚇の下に漁船を拿捕する場合、わが国に対する武力攻撃が発生したものと見なしてよいことは、問題はない。問題となるのは、右のような武器の使用が、正規兵力によってなされるのでなく、巡視船、警備艇などと称せられる警察機関の舟艇によってなされる場合である。この場合にも武力攻撃はあったというべきか。私は、公海における武器の使用またはその威嚇の下になされる拿捕が、国家の意志により、国家機関の手によってなされる場合は、正規兵力によってなされる場合と同一に取り扱ってよいと思う。国家の意志によってなされる以上は、これらの機関の本国政府にかけ合って損害賠償や被拿捕漁船の引き渡しを求めても効果はなく、その国の裁判所に訴を起こしても無益なことは明らかであり、このような公海上における武器使用の危険性は、軍艦によってなされるのと選ぶところはない。もし「正規兵力によってなされるのでないから、武力攻撃ではなく、従ってこれを排撃するための武力の使用は、自衛権の行使と認められない」とすれば、どの国も、自国の公船を武装して、これを軍艦に非ずと称することによって、公海においてどんな暴力行為を演じても、武力攻撃をなしたという咎を免れることができることになる。

ウォルドックが、おそらくアイスランド近海などにおける英国漁業の利益を念頭に置いて唱えようとする、公海における漁船拿捕に対する自衛が憲章違反でないという結論は、彼のように、憲章は武力攻撃以外の不法侵害に対する自衛を認めるという解釈をとらなくても、憲章第五一条の「武力攻撃」の意味を厳密に解釈することによって、到達できるのではないかと思う。(6)

(1) Goodrich and Hambro, Charter of the United Nations, Commentary and Documents 二版、三〇一頁。

(2) Bowett, Self-defence in international law 一九五八年、二二一—二二四、四七—五〇、一〇九—一一〇、一九二—一九三頁。

(3) 右同書、一五二頁。

(4) Kelsen, The law of the United Nations 七九二頁。

(5) Waldock, the regulation of the use of force by individual states in international law, Recueil des Cours de l'Academie de Droit international, 一九五二年二巻、四九六—七頁。

(6) わが国のある論文は、武力攻撃以外の不法侵害に対する自衛権を肯定しようとするウォルドックおよびバウェットの説に反対して、単なる権利侵害を理由として自衛のために武力を行使することは、国連憲章に違反する、と唱える。憲章の条文解釈としては、私もこの説に賛成するが、しかし右の論文は、公海における漁船拿捕の問題に言及して次のようにいっている。

「例えば、公海において自国の漁船が外国によって拿捕されるのを防ぐために武力を行使するというようなことも、場合によっては相手国の武力行使を誘発することになり、平和に対する重大な脅威になるおそれが多分にある。そうした脅威が生じない場合というのは、自衛措置をとる国の武力が、相手国の武力に比し、いちじるしく強大な場合だけであろう。右のような主張をするワルドックやボウェットが、いずれも、アイスランド周辺水域における自国漁業を守るために軍艦を出動させたイギリスの学者であることは、興味ある現象である」

ここにいわれていることは、公海において暴行を演ずる国（A）に対して、他の国（B）が自衛のために武力を行使すれば、もしAが弱ければそのままで済むが、もしAも武力を揮ってBに抵抗する場合には、平和に対する脅威を構成するから、Bの武力行使は憲章違反になる、ということのようである。

私の考えでは、Bの武力行使が正しいか否かは、それがAの抵抗を誘発して両国間の戦争になるか否かに関わりないことである。Aの抵抗を誘発する、またはその惧れがあることが、Bの行為を憲章違反のものとするのでもなく、またAの抵抗を誘発しなくても、Bの行為は適法でないかも知れない。私は、右のような理論で、公海における漁船の拿捕に対する自衛権行使の違法を論ずる説をよく諒解し得ないのである。

第二大戦後に頻発する公海における漁船の攻撃および拿捕行為は、ただ英国だけでなく、他の海洋漁業国にとっても頭を悩ます問題であるが、もし暴力行為が私船によって演ぜられる場合には、被害国は公海においてこの船を攻撃し、捕獲し、乗組員を処罰する権利がある。海賊に関する国際法はこの場合に適用されるからである。攻撃および拿捕をなすものが、いずれかの国の機関である場合には、被害国にこの権利は生じない。海賊の定義（どの国の機関として行動するものでもないこと）に合致しないからである。このような行為をどうして取り締るべきか。

国際社会が社会自身の手によってかかる行為を取り締ることはできず、国際連合もこのような機能を果すことはできないとすれば、

（一）　憲章は武力攻撃以外の不法侵害に対しても自衛権行使を許す、という解釈を採用して、被害国の自衛行動を是認するか、

（二）　正規海軍に属せずとも、武装した公船が、国家の命令をうけてなす外国船攻撃は、第五一条の武力攻撃の中に含まれると解釈して、これに対する自衛権を肯定するか、

どちらかの方法をとるのでなければ、現行の国連憲章の下において、右のような暴力行為に対して国家の安全を護る方法はない訳である。ウォルドック、バウェットの試みたのは第一の方法である。彼らの説を、単に英国の利益を支持しようとして立てられた僻論のように言うのは、酷に失するであろう。より重大な問題がここにかかっているのである。しかし私は彼らの説を憲章の条文解釈としては無理であると考える。第二の方法が、より無理が少いのではないかと思う。本文にかかげたのはこの解釈である。

三　個別的又は集団的自衛の固有の権利（The inherent right of individual or collective self-defense)

自衛行為の内容

武力攻撃の発生した場合に、国連組成国がこれに対して自衛のために採ることを許される手段は、この武力攻撃を排撃し、制圧するために必要な一切の措置であり、この措置の中に、攻撃国に対する武力の行使が含まれる。第五一条の自衛権が、武力攻撃に対して自国を護るための権利である以上は、自衛権の内容として武力行使が含まれるのは当然のことである。もっとも武力攻撃を受けた国が、武力以外の手段、例えば経済的断交その他の報復措置を以って、武力に対抗しようと企てるならば、それも合法であることは言うまでもないが、しかし武力攻撃を受けた国が必要と

認めるとき、何時でも武力を行使する権利は認められるのである。故に第五一条は、国連の同意または勧告に基づかない武力行使を一般に違法とする国連原則に対する例外を形作ることになる。

固有の権利の意義

第五一条の起草者が、自衛権に「inherent（本来の、当然の、自然的の）」という形容詞を冠した由来、およびこの形容詞の持つ意味は、「武力攻撃が生じた場合」の解釈の中ですでに説明した。「固有の権利」という言葉が存することによって、第五一条は、各国が従来の（憲章以前の）国際法に基づいてもっていた自衛権をそのまま intact に持ち続けることを認めたものであると解釈してはならない。この言葉がなくとも、憲章上認められる自衛権の内容は変らないのである。

個別的及び集団的自衛の意義

第五一条が「個別的自衛 individual self-defense」と名付けるのは、武力攻撃を受けた国が、自国のもつ兵力その他の手段で、自己の法益を防衛することをいう。これに対応する「集団的自衛 collective self-defense」という言葉は、ある国が武力攻撃を受けた場合に、他の国々が前者を援けて、その法益を護るために兵力その他の手段を行使することを意味する。

集団的自衛は、一九四五年のサン・フランシスコ会議で始めて姿を現わした新語であり（集団的安全保障 collective security という言葉の方は、両大戦間の時代にすでに広く用いられたが、別の観念を表わす言葉である）、慣用的に確立された意義はないけれども、サン・フランシスコ会議でこの言葉が憲章に挿入された由来から考えれば（本節第二項参照）、この言葉は先ず第一に、共同防衛を約束する条約の締約国の一つが攻撃の対象となったときに、他の締約国が前者を援けて防衛措置を採ることを意味すると解せねばならぬであろう。

問題となるのは、こういう条約が存在しない場合に、武力攻撃を受けた国を他の国々が援助することも、集団的自衛の中に含まれ、合法と見なされるかという点である。勿論国際連合の安保理事会又は総会が、武力攻撃をなした国に対して憲章第七章に基づく制裁を加えることを決議した場合には、武力攻撃を受けた国を他の組成国が武力その他の手段によって援助することは、合法であることは疑いない。しかし第五一条の自衛は、国際連合からの勧告も許可もなしに、組成国が自己の発意によって兵力を行使することをいう。この意味における集団的自衛が、上述の場合すなわち条約関係なき国々の間において行なわれることも、第五一条は認めるものであるか。

第五一条の文言の中に、集団的自衛権の発動は、被攻撃国と援助国との間の条約関係を前提とせねばならぬことを示唆する如何なる言葉もないし、またサン・フランシスコ会議の第五一条に関する議事の中にも、このことを示唆する箇所はない。従って「二国またはそれ以上の国が、予めはっきりした約束を取り交わしていなくても、共通の危険が生じたとき、これを防ぐ共通の利益に基づいて行動することは、第五一条の下において可能である」。これはグッドリッチ・ハンブローの国連憲章注釈書の中に述べられた意見であるが(1)、同様にケルゼンの国連憲章注釈書も「集団的自衛という言葉が、武力攻撃の発生に先立って、防衛が国際条約によって組織されてあることを、必然的に意味するかは疑わしい。この言葉は、攻撃を受けた国のなす自衛行為を、他の国が、前者との間に事前に援助条約を結んでいない場合でも、援助してよいことを意味すると解釈するのも、不可能ではない」といっている(2)。この解釈に私も賛

成したいと思う。(3)

このように、攻撃の直接の対象となっていない国が、他国を援助するために兵力を使用することを、集団的自衛と称し、「自衛」のカテゴリーの中に入れるのは、不適当ではないかという問題が起こる。「自衛」という概念は、攻撃を受けた国が、自国を攻撃に対して護る場合にのみ用いるのが、正しいように思われる。ケルゼンが、

「自衛権は、自然法学説に従えば、個人または国家が自己の身体、財産または名誉を、現実の、又は切迫した侵害に対して守る権利である。それは、攻撃を受け又は受けんとする個人又は国家の権利であり、他のいかなる者の権利でもない。第五一条は、武力を行使する権利を、被攻撃国に認めるだけでなく、その自衛行為を援助するためこれと共同動作をとる他の国々にも認める。「集団的自衛」という言葉によって意味するのは恐らくこれであろうが、左様とすれば、この言葉は不適当である。それは確かに集団的『防衛』ではあるが、しかし集団的『自』衛ではない」

として、第五一条の用語を非難しているのは、右のような考えに基づいたものである。(4)

「自衛」は、文字通りに取れば、自分の権利を害されようとするものが、自分でこれを防衛することだけを言い、他人がこの権利の防衛に乗り出すことは、「自衛」の観念の中に入らないように思われる。しかし国内法において、社会組成員の一人が不法な侵害を受けようとするときに、他の組成員が彼に力を併せて、彼の法益の防衛に当ることは合法と見なされ、そしてこの行為は「自衛権」のカテゴリーの中に含められる。英米において「自衛権」といい、ラテン系諸国で「正当防衛権 le droit de légitime défense, il diritto di legittima difesa, el derecho de legitima defensa」といい、独墺で「緊急防衛権 das Notwehrsrecht」というのは、呼び方こそ異なれ、みな本質において類似する権利であり、自己の身体財産名誉の防衛のみならず、他人のそれの防衛（défense d'autrui）をも含んでいる。

このことは、「序言」の中で国内法上の自衛権の題下に述べた通りである。

従って第五一条が、組成国の一つに対して武力攻撃が加えられたとき、他の組成国がこの国の防衛に協力することを、「集団的自衛」と呼んで、自衛のカテゴリーの中に入れたことは、不当な用語法として非難するに当らないであろう。ケルゼンは「自衛」の「自」の字にこだわって、武力攻撃を受けた国自身が自国を防衛することだけを指す言葉のように取るのであるが、もしここに「正当防衛」または「緊急防衛」という言葉が用いられていたら、同じように考えたであろうか。恐らくそうは考えなかったであろう。そして憲章のフランス語文およびスペイン語文は「le droit naturel de légitime défense, individuelle ou collective; el derecho immanente de legitima defensa, individual o colectiva」といっており、この二つは英語文と並んで有権的な正文である。

ケルゼンが「自然法学説に従えば、自衛権は、個人又は国家が自己の身体財産名誉を侵害に対して守る権利であり、他人のそれを守る権利ではない」というのは「自然法学説では、或る個人または国家が不法な侵害を受けたとき、他の個人又は国家が前者を守るために侵害者と闘うことは禁止されている」と言うのか、[5] それとも「他の個人又は国家が侵害者と闘うことも違法ではないが、自然法学説ではこれを自衛と呼ばない」と言うのか、はっきりしないが——ケルゼンは彼の所謂自然法学説の典拠を挙げていない——いずれにしても、上述した各国の国内刑法は、ケルゼンの所謂自然法学説とは違っている。ケルゼンがこのような国内刑法に向って「自然法学に違反する」という非難を加えないで、ただ憲章第五一条だけに批判を加えているのは、奇妙である。

集団的自衛の意義に関する異説

集団的自衛権は、組成国の一つに対して武力攻撃がなされたとき、この攻撃の直接の対象となっていない他の国々が、被攻撃国を守り、攻撃国に対して武力を行使する権利を指すというのが、普通の解釈である。しかしこの解釈は、個々の国家による武力行使を国連の統制下に置き、複数国の防衛協定のごとき局地的取極に基づいてなされる集団的武力行動をも、国連の認可を条件としてのみ許そうとしたダンバートン・オークスの憲章原案と、正面から衝突する。そして後者の第八章C節二条（局地的取極に基づく武力行動の発動は安保理事会の認可を条件とする規定）は、現行の憲章第五三条一項の中に、そのまま採り入れられているのである。故に現行の憲章は、第五一条と第五三条とに、相矛盾する規定を含んでいることになる。

この矛盾をどう解決すべきか。私らは、一九四五年のサン・フランシスコ会議が第五一条を新らたに挿入した由来に鑑みて、第五一条に重点を置き、第五三条の方は、第五一条と矛盾しないように制限的に解釈するのが、立法者の意図に合致する解釈であると考えた（本節二項参照）。しかし若し立場を変えて、個々の国家がその発意によってなす武力行使を抑制して、これを国連の統制下に置こうとする憲章創案者の本来の精神を活かそうとする立場をとれば、第五三条を文字通りに受け取り、第五一条の方を、これに合致するように解釈せねばならぬことになる。従って「集団的自衛」という言葉には、別の意義を与えねばならぬことになるのである。

バウェットが「国際法上の自衛権」と題する書物の中で唱えているのは、この線に沿うた説である。彼は、第九章「憲章の下に於ける自衛」という章で、第五一条を解説しているが、集団的自衛だけについて別に一章を設け（第十章）、他のどの章よりも多くの頁をこれに割いている（二〇〇—二四八頁）。おそらく彼が最も力を注いでいるのはこの部分であると思われる。

バウェットの言う所によれば、集団的自衛を如何に理解するかについて、三つの考え方がある。第一は、A国がB国を攻撃し、この攻撃によってC国の何らかの利益が害される場合に、C国がBと共同戦線を張って、Aと闘うことをいう。第二は、AがBに加えた攻撃によってCの利益は何ら害されないに拘らず、Cが、国際社会の一員としての義務観念その他の動機によって、Bに加担してAと闘うことをいう。第三は、Aの攻撃が、BとCとの法益をともに目標とする場合に、共同の被害者となった両国が、各々別個に防衛措置をとらないで、共同動作をとってA国と闘うことをいう。バウェットの見解によれば、第三の考えが集団的自衛の概念に最も満足すべき説明を与えるものであり、(6)憲章第五一条が集団的自衛権という言葉によって意味するのも、この権利に外ならない。(7)

続いて彼は、集団的自衛という言葉に普通に与えられる解釈を、採用できない理由を三つ挙げているが、彼がここで述べる所は、重複しているように見える点もあり、また私には理解できかねる点もあるが、彼の強調しようとする点が次にあることは明らかである。

国連憲章の採っている主義は、安全保障の機能を安保理事会の手に集中することにあり、これが憲章の眼目とする所であるとすれば、武力攻撃が発生した場合、攻撃を受けた国が本能的・反射的になす防衛行為は別として、それ以外の国が、安保理事会の勧告にも基づかず、認可も受けないで、勝手に攻撃国に対して兵力を使用することは、許さるべきでない、というのがそれである。(8)

その結果として、北大西洋条約その他の局地的取極に基づいて強制行動がなされる場合には、これら取極の加盟国たちは、次の条件を践まねばならぬ。まず第一に、憲章第五三条に基づいて、安保理事会に事前の同意を求めねばならぬ(バウェットは第五二条と書いているが、第五三条を意味することは明らかである)。第二に、安保理事会で、常任理事国の全会一致を得られないために、右の決議が成立しない場合には、問題を国連総会に移して、その同意を求めねばならない。国連総会は、その一九五〇年十一月三日の「平和のための統合」に関する決議によって、侵略国に対して強制行動をとることにつき、安保理事会がその責任を果し得ないとき、理事会に代ってこの責任を果す権限をもっているからである。(9)

以上簡単にバウェットの説の要旨を紹介したが、要するに、憲章第五三条一項を文字通に受け取り、これを基点として、第五一条の「集団的自衛」の意味を決定しようとするのであり、「集団的自衛」は、B国及びC国がA国から攻撃を受けたときに、BCが直に連繫を保ち共同動作をとりつつ、共同の敵Aに対する防衛行為を行なうことだけを言うと解するのである。この説の背後にあるのは、第二大戦後の流行現象たる多辺的防衛条約の群立が、そのうち一つの条約の一締約国と他の一つの条約の一締約国との間に起こった戦争をたちまち大戦にまで発展せしめる危険を孕むことに対する憂慮であり、これらの条約の所謂集団的自衛権の発動を、国際連合の統制の下に置くことによって、右の危険を防止しようとするのが、彼の狙いであると想像される。故に彼の説は、平和のために望ましいものであると言わねばならないが、しかし理想としてどれほど望ましいものであるといっても、彼の説は、一九四五年のサン・フランシスコ会議で第五一条が作られ、「集団的自衛」という語がそこに用いられた由来から考えれば、立法者の意図にそぐわない解釈であり、またその後国連組成国が、彼ら相互間に結ぶ条約の中に、憲章第五一条を援用し集団的自衛権に言及する場合に、この語に付与している意義にも反する解釈である。(10)

（1） Goodrich and Hambro, Charter of the United Nations 第二版、三〇二頁。

（2） Hans Kelsen, The Law of the United Nations 七九五―六頁。

(3) 高野雄一、国際法概論、三五六頁も同説。
(4) ケルゼン、右掲書、七九二頁。
(5) 中世から近世にかけて自然法的国際法学説は、国家が外国から攻撃を受けたとき、防衛上武力を行使するのを当然の権利として承認した。当時、戦争の正当原因の研究において喧ましく論ぜられたのは、武力攻撃以外の形でなされる違法な侵害行為に対して、国家が、これを排除するために武力を行使してよいのは、どういう場合であるか、の問題であった（第一章二節二項の三参照）。従って国連憲章第五一条にいう意味での自衛権は、当然のこととして認められ、この点について余り議論はなされなかったのである（伊藤不二男、自衛権の法史、国際法外交雑誌、五九巻一・二合併号、三〇頁）。一国が他国から攻撃を受けたとき、第三国が前者を援けて武力を行使する権利があることも、当然のことと見なされた。すなわち他の者のための防禦、憲章の用語をかりて言えば集団的自衛の権利は、承認されていたのである。問題となるのは「他の者のための防禦」が義務であるか、第三国は被攻撃国を援助して攻撃国と闘う義務があるかという点であった（右同論文、三五―三八頁。四五―四七頁）。
ケルゼンが「自然法学説に従えば、自衛権は個人または国家が自己の身体財産名誉を侵害に対して守る権利であり、他人のそれを守る権利ではない」というのは、だれの自然法学説に拠ったものか、文献引用がないから分からないが、他の者のための防衛は、権利としては、自然法学説も、各国々内刑法も、みな認めているといって間違いないようである。
(6) Bowett, Self-defence in international law 一九五八年、二〇〇―二〇七頁。
(7) 右同書、二一六頁。
(8) 右同書、二一七―八頁。
(9) 右同書、二四一―三頁。
(10) 国連憲章の成立後、今日に至るまで国連組成国間に結ばれた防衛協定の中から、若干の例を引用すれば、一九四七年の全米相互援助条約第三条一項は、米州の一国に対する武力攻撃をもって、米州のすべての国に対する武力攻撃と見なし、締約国は「国連憲章第五一条によって認められている個別的または集団的自衛の固有の権利を行使して、この攻撃に対抗することにおいて援助することを約束する」といっている。

一九四八年の西欧五国間の「経済的・社会的文化的協力及び集団的自衛のための条約」の第四条（一九五四年の修正条約によれば第五条）は、「締約国のどれかが、ヨーロッパにおいて武力攻撃の対象となったとき、他の締約国は、国連憲章第五一条の規定に従って」被攻撃国に、軍事的その他の有らゆる援助を与える、と規定している。

一九四九年の北大西洋条約第五条にも、ヨーロッパまたは北米において、締約国の何れかに対して武力攻撃が発生した場合には、これを全締約国に対する攻撃と見なし、各締約国は「国連憲章第五一条の規定によって認められる個別的又は集団的自衛権を行使して」被攻撃国を援助するという言葉がある。

一九五五年の東欧八国間のワルシャワ条約第四条一項も、ヨーロッパにおいて締約国のどれかが武力攻撃を受けた場合に「各締約国は、国連憲章第五一条に従い、個別的又は集団的自衛権を行使して」必要なすべての手段――武力行使を含む――による援助を被攻撃国に与えねばならぬ、と定めている。

一九五〇年のアラブ諸国間の「共同防衛及び経済協力に関する条約」の第二条にも、締約国のどれかに対する武力攻撃を、全締約国に対してなされたものと見なし、従って締約国は、自衛権に基づいて、被攻撃国を直ちに個別的に又は集団的に援助する、という言葉があり、且つこれが、国連憲章第五一条に依拠するものなることが、述べられている。

これらの条約は皆一致して、締約国の一が攻撃を受けたとき、他の締約国が武力を以って被攻撃国を援けることが、憲章第五一条の自衛権の観念の中に含まれる、という解釈を採っていることは明白である。

四　安全保障理事会が国際平和及び安全を維持するために必要な措置をとるまで（until the Security Council has taken the measures necessary to maintain international peace and security）

第五一条は、武力攻撃に対して自衛権を行使することを組成国に許しているとはいえ、本来、国際平和を維持し、組成国の安全を守ることは、国際連合の任務であり、自衛権は、国際連合のこの任務の遂行が急場の間に合わない場合における緊急の措置、言わば一時凌ぎの手段に過ぎない。この観念を表わすために、第五一条は、組成国の自衛権行使が許されるのは、「安保理事会が国際平和及び安全を維持するために必要な措置をとるまでの間である」と言っているのである。

この一句の解釈上問題となるのは、

第一は「国際平和及び安全を維持するために必要な措置」とは、どういう措置であるか、という点

第二は、「安全保障理事会」という言葉が用いられているが、国連機関のうち、総会もまた国際平和及び安全の維持の機能を営む場合が有る。安保理事会の行為のみが、組成国の自衛行為を終止せしめる効果を生じ、総会の行為はこの効果を生じないのか、という点である。

第二点は簡単であるから、先ずこれから述べよう。

国連憲章の創案者は、国際平和及び安全の維持に関する事項を処理する権限を安保理事会に与え、総会にはただ国際平和及び安全の維持に関する協力の一般原則（general principles）を審議する任務のみを与え、国際平和および

安全の維持に関する問題で国連の「行動を必要とするもの」は総会が自から決定することを許さないで、安保理事会に付託せねばならぬとした（ダンバートン・オークスの憲章原案第五条B節一条）。しかしこの四大国の構想は、連合国全体の会議であり従って小国が多数を占めるサン・フランシスコ会議において修正され、総会にもまた国際平和および安全を維持するために必要な行動を審議し決議する権限を持たしめる憲章第一〇条の規定が設けられた。(1) その後の国連の実行は、この規定を活用する方向に進んでおり、ついに朝鮮事変の途中、一九五〇年十一月三日「平和のための統合に関する総会決議 Resolution on Uniting for Peace』が作られたが、この決議以前においても、平和の脅威に対処する国連行動は、一九四六年フランコ政府下のスペインに対する措置も、一九四九年ブルガリア及びアルバニアに対する措置も、安保理事会によってではなく、総会によって決定されたのである。(2)

故に、武力攻撃が発生した場合に、総会が国際平和および安全を維持するために必要な措置を決定し、且つこれを実行に移す可能性は十分にあり、この場合に「第五一条には安保理事会の名だけが掲げられているから、武力攻撃の発生に対して安保理事会がこれを抑止する措置をとらなかったときは、総会がどんな措置をとっても、一旦開始された個別的又は集団的自衛権の行使を終止せしめる効果を生じない」ということはできないであろう。むしろ「安保理事会が必要な措置をとるまでの間」というのは「国際連合が必要な措置をとるまでの間」というのと同じ意味であり、ただ国際連合の機関のうち安保理事会がこの種の問題については代表的機関と見なされたために、第五一条はその名だけを挙げたに過ぎない、と解釈すべきであろう。

次に第一の問題、すなわち第五一条にいう「国際平和および安全を維持するために必要な措置」とは、どういう措置をいうか、の問題に移ろうと思う。この問題は、結局、「組成国は、その一旦開始した自衛権行使を、国際連合がどういう措置をとった場合に、中止せねばならないか」という問題である。

私の参照した文献の多くは、この問題について甚だ簡単に「第五一条にいう『必要な措置』とは、憲章第三九条以下に掲げられている措置、すなわち平和を破壊する国に対して安保理事会が採るべきものとして指定されている措置を言い、就中軍事的措置が重要である。武力攻撃が発生した場合に、これに対抗する措置だからである。且つ安保理事会がこのような措置をとる決議をしただけでは十分ではなく、積極的行動が開始されたことを必要とする。そのとき自衛権は終了せしめられる」と答える。しかしこの考えに首肯する前に、も少し詳しく、国家間の武力行動に国際連合が介入する仕方の色々な型を想定して、そのうちどれが自衛権を終了せしめる効果を生ずるかを考えて見ねばならない。

以下に、Aというのは、武力攻撃をなした国、BCDEというのはこの攻撃に対して自衛権を行使する諸国である。更に正確に言えば、Aは、BCDEの国々から武力攻撃をなしたと称せられる国であり、BCDEは、この攻撃を理由として、Aに向って武力行動を起こし、これを自衛権の発動と称して正当化しようとする国々である。

（一）　安保理事会において、Aの行為が、憲章第七章にいう平和の破壊乃至侵略行為に該当するものと認定され、Aに対して国連組成国は協力して制裁のための強制行動を起こすべきことが決議された場合。

この場合は「国際平和および安全を維持するために必要な措置」は国連によって採られたのであるから、BCDEの自衛権は消滅する。もっとも今日までの経験によれば、安保理事会のこの種の決議は、組成国に対する勧告の形でなされる。(3)そして勧告決議は組成国を拘束する力はなく、組成国がこれに従うか否かは自由であるから、安保理事会の決議がなされたという事実だけでは、国際平和を回復し、被攻撃国の安全を守る措置がとられたということはできないであろう。一般の組成国がこの決議を受諾してこれを実行に移し始めたときに、はじめてＢＣＤＥの自衛権は消滅すると言うべきであろう。

（二）　Ａの行動を平和の破壊乃至侵略行為と認める決議が安保理事会に上程され、そして否決された場合。

この場合に、安保理事会は、Ａの行動をもって、憲章第七章にいう平和の破壊乃至侵略行為に該当するものと認めることを拒否したことになる。この否決が、常任理事国の一の拒否権行使に因るか、または全体の賛成票が七に達しなかったことに因るか、は問う所ではない。その何れも憲章第二七条の定める表決規則に基づいてなされた合法的な否決であり、Ａ国に対する国連の集団安全保障の発動を阻止する効果を生ずることは同じである。

安保理事会が、ある国の行為を、憲章第七章にいう平和の破壊乃至侵略行為に該当すると認めないことは、この行為が第五一条にいう武力攻撃に該当することを認めないのと同じである。既に述べたように（本項の二「武力攻撃が発生した場合」の一を参照）、平和の破壊乃至侵略行為は、武力攻撃よりも広い概念であるが、後者が前者の中に包含せられることは疑いないからである。従ってＡが武力攻撃をなしたことは、安保理事会によって認められなかったことになり、ＢＣＤＥの自衛権はその根拠を失うことになる。

しかしこのような解釈は、第五一条が国連憲章の中に挿入された由来から考えれば、立法者の意図に合致しない解釈であると言わねばならぬ。本条は、武力攻撃が発生したとき、安保理事会がこれを阻止するために適当な決議を成立せしめない場合があることを考慮して、この場合に各組成国をして自衛のために必要と認める行動を開始することを得しめるために作られたものである。そうすれば、組成国が自国に対する武力攻撃の発生したことを理由として、自衛行為を開始して後に、安保理事会が武力攻撃の発生を認めてこれを阻止するために必要な措置をとる決議を成立

せしめ得なかった場合にも、組成国の自衛権は害されないとするのが、第五一条の意図であるとしなければならない。(4)

この解釈が、第五一条の立法者の意図に合致する解釈であることは、恐らく異論のない所であろう。しかしその結果生ずる法的状態は奇妙なことになる。第五一条の自衛権の成立要件は「武力攻撃の発生」である。そして安保理事会は「武力攻撃の発生」を肯定する結論に達しなかった。それにも拘らずＢＣＤＥ諸国は、自分らが一旦武力攻撃の発生ありと判断して行動を開始した以上は、Ａに対する武力行使はそのまま続けて差支えないことになるのである。他方Ａはどういう立場に立つかといえば、自国とＢＣＤＥとの戦いにおいて、自国の方が先ず武力攻撃を開始したという安保理事会の判定は下だらなかった――もっと正確にいえば、かかる判定を下だそうとする企は否決された――のであるから、どこまでもＢＣＤＥに対する戦いを続行してもよいことになる。もともと第五一条の立法趣旨は「安保理事会が武力攻撃の発生を積極的に肯定する決議を作り得なかった場合には、組成国が自己の判断によって必要と認める武力行使をなすことを合法と見なす」ことに有るのであるから、Ａを、武力攻撃をなした国と認定する積極的決議が作られなかった場合には、ＢＣＤＥの武力行動もＡのそれも、ともに合法と見なすの外はないのである。

(三)　しかしながら、安保理事会が右のような積極的決議を成立せしめ得なかったときに、問題を総会に移して、後者をして国際平和及び安全を回復するために必要な措置を講ぜしめる道が残されている。故に総会がＡの行動をもって武力攻撃に該当するものと見なし、全組成国に向って、被攻撃国を援助し、Ａに制裁を加えるように要請する決議を作る可能性がある。この決議の効果は、前に(一)で述べた安保理事会の決議のそれと同じであり、それが一般の組成国によって受諾され、実行に移されると同時に、ＢＣＤＥの自衛権は消滅する。

安保理事会が積極的決議を作り得なかったときに発生する上述の奇妙な法的状態は、事件を総会に移す可能性によって、幾分緩和されることになる。

（四）　しかし総会において右のような決議が成立するためには、三分ノ二の多数の賛成があることを必要とする（憲章第一八条二項）。もし賛票が三分ノ二に達しないで決議が否決されたときはどうなるか。この場合には、国際連合が「国際平和および安全を維持するために必要な措置をとる」ことは失敗に帰したのであり、従ってＢＣＤＥの自衛権行使はそのまま続行されて差支えない。それと同時に、ＢＣＤＥに対するＡの武力行動も合法となるという奇妙な法的状態も残るのである。

以上四つの場合のうち、第一と第三とにおいて自衛権は終了するといったが、この二つの場合に、ＢＣＤＥは、その一旦開始したＡに対する防衛行為を直に中止せねばならぬ訳ではない。Ａが平和の破壊乃至侵略行為をなしたものと国連から認定せられ、Ａに対する集団的制裁行為が開始された後においても、ＢＣＤＥはＡに対する武力行使その他の強制措置を放棄する必要はない。ただこれらの国の武力行動は、彼らの発意によってなされる自衛行為たる性質を失い、国連の集団的制裁行為の一環たる性質を獲得するのである。(5)その正当化される根拠も、第五一条に基づく自衛権に求められるのではなくなり、国連の許容に求められるのである。

国内の社会においては、社会組成員の一人が他の組成員に向って、自衛権に基づいてなす腕力行使は、社会の公権力、すなわち警察および司法機関が、彼の法益を守るために必要な措置をとるに至れば、直ちに中止されねばならぬ。国際連合の下では、組成国の一つが他に向って、自衛権に基づいてなす武力行使は、国際連合が前者の法益を守るために必要な措置をとるに至っても、中止される必要はない。勿論上述したように、その法的性質は変わるであろう。しかし武力行使は依然として続行してよいのである。国内社会と国際社会とでのこのような相違が生ずる理由は、国内社会は、組成員の法益を守り、違法な侵害者に強制を加える具体的手段を、社会自からが持っているに反して、国際連合は、自己固有のものとしての此のような手段を持っておらず、組成国の各々の持つ手段を借りて、違法国に強制を加えるより外はない仕組みになっていることにある。

その結果として、国家が一旦自己の判断によって、自衛行動の名の下に、他国に対する戦闘を開始すれば、この戦闘に対する国連の介入が、第一及び第三の形でなされた場合にも、第二及び第四の形でなされた場合にも、武力行使を続行することができることになる。もっとも第一及び第三の場合に、国連の決議が成立した後は、この国の武力行使はその法律的性質を変えるのは事実であるが、しかし実質上は前の武力行使の引続きである。

これに反して、次に述べる三つの場合は、自衛の名の下にA国に向って武力行使を開始したBCDEの国々が、これを中止せねばならぬ場合である。

(五) 安保理事会または総会において、BCDEの武力行使が、平和の破壊乃至侵略行為に該当する、という決議がなされた場合。(6)

(六) 安保理事会または総会において、Aの行為が平和の破壊乃至侵略行為に該当することが認定され、従って全国連組成国に、Aに対する強制措置を実行するように呼びかける決議が可決されたが、しかしこの決議において、強制措置として武力を行使する必要は認められず、より温和な手段、例えば経済的断交をなすのを適当とすると定められた場合。

このような国連決議がなされたときには、それまでAに向って武力を行使していたBCDEは、武器を措いて、経済的手段のみを実行せねばならぬことになる。

しかし右のような形の国連決議が出た場合に、それが果して、ＢＣＤＥの現になしつつある武力行使を禁止しようとする意図を含むものか、それともＢＣＤＥが現になしつつある武力行使には触れず、他の一般の組成国に向って、少くとも経済的手段だけは採るようにと呼びかけようとするものかは、吟味される必要がある。もし第二のものであれば、ＢＣＤＥの武力行使は放棄される必要はないのである。

一九五一年五月十八日の国連総会の決議は、すべての国の政府に向って、北鮮軍事当局および中華人民共和国の支配下にある地域へ、武器、弾薬、軍用器材、核物質、石油、軍用の運輸手段、武器弾薬軍用器材の生産に役立つべき諸物品を輸出することを禁止するように勧告したものであるが、米国その他十余の国が朝鮮半島において、前年来とりつつあった軍事行動に制限を加える趣旨を含まないものと解された。また一九四九年、十一月十八日の総会決議は、すべての国の政府に向って、ギリシア政府に抗敵する武装団体（Markos 将軍の率いる自由ギリシア軍と称する叛乱団体）への援助を差控え、またこの叛乱団体に北方から国境を越えて援助を与えつつあるブルガリア、アルバニア両国への武器その他の軍用器材の供給を差控えることを勧告したものであったが、ギリシア政府が米英の援助のもとに、右の叛乱団体に対してとりつつあった軍事行動を中止せしめようとする意図を含むものではなかった。(7) この二つの例は、上に述べた自衛権行使に国連が介入する場合と多少事情が違うが、いずれにしても、国連が或る国またはある政府を平和の脅威と認め、これに対する経済的強制措置を決議した場合に、現にこの国または政府に対してなされつつある武力行使を、禁止または制限するものと解釈する必要はない場合の例として、掲げたのである。

（七）　安保理事会または総会が、Ａ国側とＢＣＤＥ国側とのどちらが平和の破壊者であるかの判定を下さないままで、双方に向って「武力行動を速かに中止し、戦闘開始前の状態に復帰すること」を要請する決議をなした場合。

一九四六年すなわち国連がその活動を開始したとき以来の歴史を見ると、国連が国家間の武力衝突に介入して、平和の回復を計るためにとる措置は、原則としてこれである。一九四八年のアラブ連盟諸国のイスラエル攻撃、一九五六年のイスラエル軍および英仏軍のエジプト攻撃、同年のソ連軍のブダペスト砲撃、一九六四年のトルコ空軍のキプロス西北部空襲に際して、国連の介入は、武力衝突の両当事者を平等の立場に置いて、双方に向って戦闘行為の中止を求める形でなされている。(8) 一九六一年十二月に発生したインド軍のポルトガル領ゴアその他の三地区への侵入に際して、安保理事会で七国の賛成を得たがソ連の拒否権によってつぶされた決議案も、武力行動の停止、軍隊の撤収および両当事国の話し合いによる解決を要請したものであり、インド軍の行動を平和の破壊乃至侵略行為と見なしてこれに対する制裁を行なう意図を含まないものであった。

国際連合が或る国の行動を平和の脅威と見なし、この国に対して強制措置をとる決議をしたことも若干あるが、それは、そのとき国連で多数を占めていた国の政策によって、特定の国または国家グループに圧迫を加えようとする場合に行なわれたものであるのが普通であった。一九四六年フランコ治下のスペイン、一九四九―五二年アルバニア、ブルガリア、朝鮮、中国、一九六三年ポルトガル、南アフリカ連邦に対して行なわれた強制措置がこれである（結論の一の一の註参照）。おそらく今後武力衝突が生じ、その当事者のどちらも、国連で多数を占める国から右のような政策の対象とされないとき、国連のとる措置は、双方の当事者を平等の立場に置いて、どちらが侵略者であるかの判断を下だすことを避けつつ、軍事行動の停止、軍隊の撤収を要請することになり易いと思われる。

いずれにしても、（七）の場合に、国連は、武力攻撃をなした国に対して集団的強制行動を起こすことを回避するものである。故に、もし多数の学者のいうように、第五一条にいう「必要な措置」が、平和破壊者に対する国連の集団安全保障機構の活動開始を意味するとすれば、「必要な措置」はこの場合とられなかったのであり、従って自衛権は終了せしめられないと結論せねばならぬことになる。

しかし第五一条は、武力攻撃が発生した場合、これに対する組成国の自衛権が「国連が国際平和及び安全を維持するために必要な措置をとるまでの間」存続すると言っているのである。「武力攻撃をなした国に対して国連の強制行動がとられるまでの間（until the enforcement action of the United Nations has been taken against the attacking state）」といっているのではない。「国際平和及び安全を維持するために必要な措置」という言葉の意味するところは、「武力攻撃をなした国に対する強制行動」という言葉の意味するところよりも広いのではあるまいか。戦闘行為の停止を命じ、侵入軍隊の国境外への撤収を求めることも、平和を回復し、組成国の領土を保全する一つの手段であるから、国際平和および安全を維持するために必要な措置の中に含まれる、と解することはできないであろうか。

かく解すれば、（七）の場合も、自衛権を終了せしめる一つの場合である。但し安保理事会または総会の決議は、上にも述べたように、勧告としてなされることが多いから、決議がなされたということだけで、「必要な措置」がとられたということはできない。組成国がこれを受諾して実行に移すことが必要であり、当面の場合には、A国すなわち攻撃を開始した国の受諾が重要である。

以上述べた七つの場合のうち、自衛権に基づく武力行動に終止符を打つ効果を生ずるのは、（五）および（七）であり、（一）および（三）は自衛権を終了せしめるが、武力行動を終了せしめない。かく考えれば、一部の学者が「憲章第五一条の『安保理事会が国際平和および安全を維持するために必要な措置をとるまで』という言葉の中の『必要な措置』の意味するところは、武力攻撃をなした国に対して物理的強制を加え、武力攻撃を打ち破る効果を生ずべき措置であり、従って憲章第四一条及び四二条に列挙された諸手段、就中第四二条に掲げられた軍事的措置である」と唱えるのは、(9)不十分な考えであると言わねばならぬ。この説の下では、上述の(一)および(三)だけが、「必要な措置」に該当することになる。ＢＣＤＥの諸国が、Ａが武力攻撃をなしたと言い立て、自分らの判断によって自衛と称してＡに対する武力行動を開始したときに、安保理事会または総会がＢＣＤＥの判断に同調して、Ａに対して国連の制裁を加える決議をした場合だけが、ＢＣＤＥの自衛権を終了せしめることになる。

既に述べたように、安保理事会および総会において、或る組成国を平和の破壊者乃至侵略者と認定し、これに対して第四一条または四二条の強制措置をとる決議が成立することは極めて稀れであり、原則として国連の介入は、どの国が平和の破壊者かを認定することを避け、従って第四一・四二条の適用については何事も言わず、ただ戦闘の停止、軍隊の撤収を勧告する形によってなされる。従って右の説は、稀れにしか起こらぬ例外的な形で国連が介入したときにだけ、自衛権の終了を認める結果になる。そしてこの形における介入の場合には、ＢＣＤＥの武力行動は、その法的性質こそ変われ、続行せしめられて差支えないことは、上述した通りである。

故に、実際上の結果を考慮すれば、この説を採ることは躊躇せねばならぬ。おそらくこの説の根本的な誤りは、「国際平和および安全を維持するために必要な措置」という言葉を、「国連組成国のどれかが、他のある国から武力攻撃を受けたと称し、従ってこの武力攻撃に対する自衛権が自分の側に発生したと主張するとき、国連が、武力攻撃をなしたと称せられる国に制裁を加えるために必要な措置」をいうものと簡単に考えたことにあると思う。国家的実行の綿密な観察は私らに、このような措置だけが、国際平和および安全を維持するための唯一の措置である訳でなく、またこのような措置が、必ずしも常に国際平和および安全を維持するのに有益な措置である訳でもないことを教える。

(1) 拙著、国際法講義・上巻、二〇六―八頁及び二五七―二六一頁。
(2) 拙著、国際法Ⅲ（法律学全集の内）一四八―一五〇頁。
(3) 右同、一五四―六頁。
(4) Kelsen 前掲、八〇三頁。「安保理事会において、武力攻撃の発生が否定されれば、自衛権は消滅するか。勿論そうではない。安保理事会が国際平和及び安全を維持するために必要な措置をとったとは言えないからである」この説は通説であると思われる。
(5) 同説 Bowett 前掲、一九七頁。Kelsen 前掲、八〇二頁。
(6) Waldock 前掲、四九五―六頁。「一旦自衛行動が開始されれば、これを中止せしめるためには、安保理事会における常任理事国全部の賛成を得た積極的決議を必要とする。第五一条に基づく自衛行動は、拒否権によって阻止せられることはなく、常任理事国の全会一致によるの外に終了せしめられない」
同様に Kelsen 前掲、八〇三―四頁。
(7) 前掲、拙著、国際法Ⅲ、一四七―一五三頁。
(8) 国連組成国で武力行動を起こしたものに対して、国際連合が、平和の破壊者に関する憲章の規定を適用することを避けていることについて、右掲拙著、一四二―一四七頁を参照。
(9) わが国の著書で、この説を詳しく説いているのは、神谷竜男、国際連合の安全保障、一五五―六頁。

五　組成国が自衛権の行使として執った手段は直ちに安全保障理事会に報告されねばならない（Measures taken by Members in the exercise of the right of self-defense shall be immediately reported to the Security Council）

安保理事会は、組成国が自衛行動を開始したとき、その行動の内容について報告を受ける権利がある。この報告をなす義務は、自衛行動をなす国の政府にある。右に引用した第五一条の行文からも分かるように、安保理事会へのこの報告は自衛行動を開始する前になされるのではなく、自衛行動を開始して後になされるのであり、この意味において「事後」の報告である。

自衛行動を開始した国をしてこの報告をなさしめる目的は何であろうか。ある学者は、安保理事会に事態を知らしめ、国際平和および安全を維持するその任務に基づく活動に、速やかに着手せしめるためである、という。(1)しかし国際社会のどこかに平和を破壊する行動が勃発したとき、これに介入して平和の回復を計り、組成国の安全を守ることは、安保理事会の権限であると同時に義務であり、この義務は、自衛権を行使する国からの報告によって始めて発生するのではない。このような報告がなくとも、安保理事会としては、何らかの情報によって、武力攻撃が発生し平和が破壊された事実を知り得たときには、直ちに活動を開始せねばならぬ。もし自衛権を行使する国からの報告がなければ、安保理事会は動き出さないものとすれば、武力攻撃が発生しても、これに対する自衛権の行使がなされない場合には、安保理事会は手を束かねて傍観していてもよいことになる。安保理事会の活動開始の前提要件は「武力攻撃の発生」であって「自衛行為の発生」ではない筈である。

国連憲章によれば、安保理事会の議長は、平和を脅やかしまたは破壊する事態の発生を知り得たとき、速やかに会議を招集せねばならぬが、議長がこのような事態の発生に気付かない場合にも、理事国の中の一つがこれに気付いて、議長に会議招集を要請すれば、議長はこれに従って会議を招集する義務を負う。また理事国以外の組成国も、このような事態の発生について理事会議長の注意を促がす権利があり、国連事務総長も同様の権利をもっている。非組成国さえも或る場合には、平和を害する事態の発生について安保理事会の注意を促すことができる。ただし組成国の場合には、この事態について自分が利害関係国であることを要しないが、非組成国の場合には利害関係国でなくてはならない（憲章第三五条一項、二項）。しかし何れの場合にも、現に自衛行為をなしつつある国であることは必要ではない。(2)

しかるに第五一条の報告義務は、自衛行動を起こした国に負わしめられている。これが安保理事会の活動を促すための必要から来たものでないことは明らかである。

自衛権の行使としてとった諸手段を安保理事会に報告せしめることが、安保理事会の活動を開始するために必要でないとすれば、安保理事会が、活動を開始した後において、事態を処理するために執るべき方法を決定する上に、必要だからではないか。バウェットは、自衛権の行使としてとられた諸手段を安保理事会が知って置くことは、安保理事会が「国際平和および安全を維持するために必要な措置」を決定するために必要であるとし、報告をなさしめる意義をここに求めるようである。(3)

自衛権を行使する国をして、その自衛権行使の原因となった武力攻撃の態様と、これを反撃するために採られた自衛措置の態様を報告せしめることは、安保理事会が事態を処理するために打つべき手を考える際の参考となるであろう。しかしそれは、現に闘いつつある当事者の一方、いわば喧嘩の片割れからの一方的な報告である。安保理事会が事態を正しく、且つ適切に処理するためには、喧嘩の相手方からの報告も受けねばならないし、第三者の観察に基づく情報も集めねばならない。これらを綜合してはじめて、事態の処理に有効適切な手を打つことができる。しかるに第五一条は、自衛権を行使する国の報告だけを規定している。この規定の理由が、安保理事会をして事態を誤りなく適切に処理せしめようとする考慮にあったとは、受け取り難いのである。

余談であるが、バウェットもその書の中で述べているように、一九五〇年十一月三日の「平和のための統合」に関する総会決議は、国際平和および安全の維持を危くする事態の発生を観察し、報告するための平和観察委員会（Peace Observation Committee）を設け、総会および安保理事会の利用に供したが（平和のための統合に関する決議Aの三）、この委員会が設けられた理由も「利害関係ある当事者の言は常に信用が置けない（the statement of interested parties is always suspect）」ことにある。して見れば、武力攻撃の発生、これに対する自衛権の行使という一連の事態に直面した安保理事会は、事態の処理に当って、自衛権を行使する国からの報告よりも、このような客観的観察機関の報告を重んずべきであろう。

それでは、憲章が自衛権を行使する国からの報告について規定したことは、何の意味があるか。

この報告は、自衛行動の開始後になされるものである。事後の報告をなす義務を規定することは、事前の報告をなす義務がないことを間接に表現することになる。第五一条が自衛行為の報告に関する規定を挿入した意義は、ここに求むべきであると思う。前に述べたように、ダンバートン・オークスの憲章原案第八章C節二条には、共同防衛条約などの局地的取極を結んでいる国々がこの取極に基づいて強制的行動を起こす場合には、安保理事会の認可を得ねばならない、と定められた。この認可は、言うまでもなく、事前の認可である。従って共同防衛条約の一締約国が攻撃を受けたとき、他の締約国が条約に基づいてこの国を助けるための行動を起こそうとすれば、行動開始前に安保理事会に報告をせねばならぬ訳である。この規定は、サン・フランシスコ会議のとき憲章第五三条の中に取り入れられることになったが、それと同時に会議は、この規定が共同防衛条約の発動の上に加える妨害を掃いのける目的をもって、第五一条を新らたに作った。そしてここに、自衛権を行使する国は、自衛行動開始後に、直ちに安保理事会に報告する義務があることを強調した。これによって、事前の報告義務がないことはハッキリしたのである。

安保理事会が、自衛権の行使として執られた諸手段につき報告を受けることは、それ自身として、重要な意味をもたないが、この報告が「事後」になされるものであることに、意味があるのである。

(1) Kelsen 前掲、八〇〇頁および八〇二頁。

(2) 安保理事会手続規則（内規）一項乃至三項参照。

(3) Bowett 前掲、一九八頁。

第三節　新自衛権概念の発生理由及び特徴

一

第一世界大戦が一九一八年十一月ドイツ帝国の降服によって終わったとき、この長い戦争がもたらした人命および財産の甚大な破壊、交戦国のみならず中立国の一部にも及んだ生活の窮迫、戦争の必要が生んだ政府の厳重な統制による国民の自由の喪失、これらの総てに対する反動として、戦争を忌避する強い感情が全世界に湧き起こり、武力の行使は、その原因の如何を問わず、これを禁止すべきであるという思想が、諸国民の間にみなぎった。

この思想は、単に領土的欲望や征服欲や支配欲に基づいてなされる武力行使を否定するだけでなく、過去において、正当な原因に基づく武力行使と見なされたもの、例えば、外国がわが国との通商居住条約を破って、その国に在留する多数の我が国人の生活権を奪う措置をとりながら、外交々渉を通じてなす我が国の抗議に耳を仮さず、事件を国際裁判に付して解決しようという我が国の申し出も受け付けないような事態が生じたときに、この外国に強制を加えて、その条約違反行為を改めしめるためになす兵力の使用をも、否定するのである。

このように、武力の行使を一般的に不正視する世界の輿論の下で、武力行使が不正の感を与えない唯一の場合は、外国からの攻撃に対して我が国を防衛するための武力の行使である。このときは、外国の側に、武力行使を一般的に非とする主義に背いて、先ず武力を使用したという事実があるのだから、この外国に対して我が国を守るために武力を行使するのは止むを得ないことであり、武力を全面的に否定する主義に反するものではないと見なすことができるのである。

もっとも当時の思想家の中には、武力の全面的禁止の主義を更に徹底せしめて、国家が自分の意志で武力を行使することは、目的が何であろうとも総て禁止さるべきであり、攻撃に対する防衛のための武力行使も、攻撃を受けた国、またはこの国を助けようとする国が、自分らの意志によってこれを開始することは、否認さるべきである、と唱えるものがあった(1)。この説の下で許される武力行使は、国際機構の傘下で、その指揮統制によって行なわれる場合だけになる。しかしこのような極端な意見を抱く者は少数であり、多数は、武力攻撃を起こした国に対して、この攻撃を受ける国またはこの国を助ける友邦が武力を行使することは、正当視したのである。

第一世界大戦後の国家間の条約や外交文書において、「自衛権」または「正当防衛権」という言葉は、当時の思想の下において、武力行使が正当視される唯一の場合を指すために用いられたものである。従って自衛権または正当防衛権は、武力を全面的に禁止する主義を破って、他国に対して武力による攻撃を加える国に対して、被害国またはその友邦が武力その他の強制手段をとる権利を意味することになった。一九二五年ロカルノで署名された英仏独伊白間の相互保障条約第二条二項に現われた「正当防衛の権利」という言葉も、一九二八年不戦条約がパリーで署名されるに先き立ち各国間に交換された解釈的公文（notes interprétatives）の中に出て来る「自衛の権利」「正当防衛の権利」または「自己を防衛する主権的権利」の語も、みなこの意味のものに外ならない（本章一節一項の二、二項の二参照）。

その長さにおいて、またもたらした破壊の規模において、第一大戦を遥かに凌ぐ第二世界大戦が一九四五年に幕を閉じたとき、武力の全面的禁止を求める世論の声が、再び、というより、より強く、湧き起こったのは、自然の数である。従って国連憲章を作るための一九四五年のサン・フランシスコ会議において、組成国が、国連の勧告または許可によらないで、自己の意志によって武力行動を開始する権利を認め、これを「自衛権」と名付けたとき、この言葉が、武力攻撃の発生した場合に、これに対して武力その他の強制手段をもって防衛措置をとることだけを意味するものとされたのは、当然のことであると言えよう（本章二節三項の二参照）。かくして第一大戦後に発生した新らしい自衛権の概念は、第二大戦後の現在にまで引き継がれることになったのである。

この歴史的事情は、新らしい自衛権概念が、第一大戦前に自衛権と称せられたものと、根本的に異るものであることを教える。

国際法学説は、十九世紀に至って自衛権なるものを問題とするに至ったが、それ以前から、武力行使の正当な場合として、第一に防禦戦争、すなわち外国から武力による攻撃を受けた国がこれを武力によって反撃する場合、第二に、外国から、武力以外の形によって不法な侵害を蒙った国が、この侵害を阻止するために、武力を用いるより外に方法がないときにこの手段に訴える場合、の二つを認めていた。国際法学説が「正当な戦争」または「自力救済」という言葉で表現したこの権利は、結局、すべての文明国の国内法に共通な正当防衛（自衛）の観念を、国際社会に適用したものに外ならない。正当防衛（自衛）は、通俗の観念では、腕力や武器をもって襲いかかる者に対して、自分も武器や腕力を用いて身を護ることをいうと考えられているが、正確に言えば、このような場合にだけ、武器や腕力を用いて、自分の法益を守ることが認められるのではなく、財物の窃取、その他一般に不法な行為によって私の法益を侵害する者に対して、法益を守る手段が他にない場合には、認められるのである。故に、防禦戦争、および武力以外の形による不法侵害を阻止するために必要止むを得ぬ場合の兵力使用を是認しようとした伝統的国際法学の考え方の基礎になっているのは、すべての国の国内法制によって認められている正当防衛の観念であることは疑いない。このことは「序言」の中で詳しく説明したことであるから、ここに繰り返えすことは省略する。

このように、国内法上の自衛権の観念を、mutatis mutandis に、すなわち国内の社会と国際社会とでは、社会の手によって違法行為の発生を阻止し、または其の償いをなさしめる組織の発達の程度が違うことから来る必要上止むを得ぬ修正を加えつつ、国際社会に適用して、国家による武力行使の正当な限界を論じていた国際法学が、十九世紀に至って、新らたに「自衛権」なるものを問題とするに至ったとすれば、この自衛権が、外国から武力攻撃を受けたときに、自国を守るために武力を行使する権利をいうのでないことは、自明の理であろう。そのような権利ならば、それが認められることは、伝統的国際法学の定説であり、いま改めて問題とされる必要はなかったのである。十九世紀の国際法学説が問題としたのは、ある国（A）の重大な利益が危険に瀕し、この危険を免れるためには、他のある国（B）の法益を害する結果となる措置をとるの外に道がないという事態に立ち至ったときに、Aの陥った危険はBの不法行為に基づいたものでない場合でも、Bの法益を侵害する措置をとる権利である。国内法に類似のものを求めれば、正当防衛権よりも、むしろ緊急避難権に近い。カロリン号事件に端を発する一八三八—四二年の英米間の外交交渉において、これが不正確にも自衛権と呼ばれたのを契機に、この言葉をかりて、国際法における自衛権の存在が、多くの学者によって主張され、これに対して一部の学者は、この権利の行使によって法益を侵害される国（B）の側に、国際法違反行為があるのでなければ、この権利は行使できないとして、国際法学の伝統的立場を守ろうとしたのである。

一般国際法上の自衛権という概念が発生した事情は右のようである。正戦または自力救済の名の下に、広い範囲の武力行使が是認されていた時代に、それに付け加えて、外国の側に違法はないに拘らず、その法益を侵害することが正当化される場合として、説かれたものが自衛権である。これに反して、第一大戦後の自衛権は、武力行使を全面的に不正とする思想が支配的であった時代に、この思想の下においても尚お正当視される唯一の場合を指すために用いられる言葉であり、武力の全面的禁止の主義に背いて、自から先んじて武力を行使して他国に攻撃を加える国に向って、被攻撃国を守るために武力を行使することの容認、を意味するものに外ならぬ。故に自衛権は、伝統的国際法学のいう防禦戦争の権利と同一物である。既に述べたように、一九二四年ジュネーヴ議定書を審議した連盟総会においても、正当防衛の権利と防禦戦争の権利とはシノニムとして使われた（本章一節一項の一）。

このように、第一大戦以前の国際法学が自衛権と称したものと、新らしい自衛権概念とは、全然別の思想的基盤から発生したものである。十九世紀の外交文書と、第一大戦後の条約・外交文書が、この二つを同じ言葉で呼んでいるからといって、そのことに依って両者の法律的理解をまどわされないように、注意することが肝要である。

（1）例えば Clyde Eagleton, Faut-il proscrire les guerres d'agression ?, Revue Générale de Droit International Public 一九三二年、五〇七頁及び五一一頁。

二

右に述べた第一大戦後の自衛権を、伝統的国際法において自衛権といわれたもの、及び国内法で自衛権と呼ばれるものと比較しながら、もう少し詳しくその特徴を説明したいと思う。

伝統的国際法上の自衛権も、第一大戦後のそれも、ともに或る国（A）の独立、領土その他の重大な利益が危険に瀕する事態が生じ、そしてAがこの危険から免れようとすれば、他の或る国（B）の何らかの法益を害する措置をとるより外に道がない場合に、この措置をとる権利である点では、似ているけれども、第一大戦後の条約にいう自衛権にあっては、この（B）に当たる国は、自分が武力攻撃をなすことによってAの重大利益を危険に陥れた国である。そして武力攻撃はこれらの条約の何れもこれを禁止している。故に武力攻撃は不法行為であり、Bは自分の不法行為によって、自国に対するAの自衛権行使を自から招いたものである。これに反して、一般国際法上の自衛権にあっては、その先例として挙げられる諸事件でBに該当する国、すなわち外国から自衛権の行使をうけて法益を害された国は、自分の不法行為によって外国の重大利益を危険に陥れた国ではない。デンマーク艦隊事件、カロリン号事件、ヴァージニアス号事件から第一大戦のベルギー侵入事件に至るまで、Aすなわち自衛権を行使する国の重大利益の上に生じた危険は、或いは私人・私船舶の行為、またはB以外の第三国の行為から生じたものである。時としてBの不作為がこの危険の発生を助けたと見られる場合もあるが、いずれにしても、その不作為が、不法行為を構成すると言えるほどの重大な懈怠（gross negligence）であった場合は存しない。

第一大戦後の自衛権は、自分の不法行為によって自からこれを招いた国に向って行使される。伝統的自衛権は、その原因となった事態に対し、国家としては責任のない国の利益を侵害する形で行使される。二つの自衛権が全然性質の違う別種の権利であることは、これによって明白であると思う。

次に、新らしい自衛権と国内法上の自衛権との性質上の異同を研究して見よう。表面的な観察は、この二つが甚だよく似ており、後者の観念をとって国際社会に移し植えたのが前者であるような印象を生み、この印象が、第一大戦以後最近にいたるまでの国際法学者で自衛権を論ずる人々の頭を支配しているようである。しかし精密に観察すれば、国内法上の自衛権と、第一大戦後の条約・外交文書が自衛権と称するものの間には、少くとも次の二つの相違点があり、就中第二の相違点は重要であると思う。

（一）　前提要件の相違

国内法上の自衛、正当防衛または緊急防衛と呼ばれる権利は、個人がその生命身体に対する暴力行為を受けたときにのみ成立するのではなく、より広く、他人のなす不法行為によって自己の人格権的及び財産権的な何らかの法益を侵害される危険に陥り、この危険から免れるために国家の公権力の介入をまっていては、取り返えしのつかぬ損害を蒙る惧れのあるときに、行使することを許されるものである。もっとも社会の組成員の一人が他人の法益を違法に侵害することを、社会の手によって取り締まる組織が発達している現在の文明国の国内では、個人が自分の人格権的または財産権的な法益を護るために腕力や武器を行使することが実際上必要な場合は、極く限られており、多くの場合には、個人がこの手段に出ないで、国家の機関の介入を仰いだ方が、かえって有効適切な保護を享けることができる。従って自衛権の主たる効用は、他人が突如として腕力または武器をもって私に襲いかかり、私の身体生命を害しようとする場合に、この危険を払いのけることにある、と言っても差支えない。その結果自衛権は、簡単に「力をもって力を反撥する権利」と表現されるようになり、刑法典の中にも、正当防衛を、身体生命に対する襲撃に対して自己を護ることをいう、と定義しているものがある。しかし多くの刑法典は、自衛権の前提要件をもっと広く規定しているし、右のような狭い規定を設けている国でも、学説及び判例は、正当防衛権のより広い適用を是認しているのである。(1)

これに反して、ロカルノ条約、不戦条約および国連憲章が自衛権または正当防衛権と名付けるものは、もっぱら武力攻撃の発生を前提要件とする。武力攻撃とは、国家の正規兵力、またはこれに準ずべき国家機関が武器を用いてなす、領土権の侵害、または公海上における船舶・航空機の攻撃である。この武力攻撃の形をとらない不法行為によってなされる法益侵害は、それがいかに条約または慣習法の重大な違反行為であっても、またこの法益侵害を阻止するために、国際社会の公権力に訴えてその介入を仰ぐ道はなくとも、これに対して自衛権を行使することは許されないのである。(2)

このように、国内法においては、それを阻止するために社会の公権力の介入を仰ぐことの困難な違法行為一般に対して、自衛権は認められておるのである。それが、腕力または武器を以って攻撃して来る者に対して、腕力または武器を以って対抗し、この攻撃を反撥する権利のように考えられ易いのは、社会組成員のなす違法行為を取り締り、この侵害から他の組成員を保護するための機関が比較的よく組織されている現在の文明国の国内社会では、腕力または武器をもって襲いかかる場合より外の法益侵害行為に対しては、社会の右のような機関の保護を仰ぐ方が、かえって効果的な場合が多く、自衛権を行使する実際的必要は少いが故に外ならぬ。

第一大戦後の諸条約にいう自衛権は、単に武力攻撃に対してのみ発動できる権利である。武力攻撃以外の形をとる法益侵害に対しては、それを阻止するために国際社会の公権力の介入を期待できるか否かを問わず、一切自衛権の行使は禁止される。故にこの権利の発動の前提要件は、国内法上の自衛権よりも制限されている。言いかえれば、この権利は狭い活動領域しかもっていないのである。

（二）　基礎となっている思想の相違

序言の中で、国内法上の自衛権を研究したときに述べたように、すべての国の国内法制が共通して持っている自衛権の制度の根底に在るのは、

「社会の組成員の一が、他の組成員の違法行為によって自分の利益を侵害されたとき、またはされようとするとき、この違法行為を未然に阻止し、または既に開始されて継続している違法行為を排除し、または既に終了した違法行為につき其の行為者をして償いをなさしめることは、絶対に必要なことである。もしその社会に、この阻止・排除・求償をなすための機関が設けられてあれば、この機関がこれをなすであろうが、このような機関がない場合に、それだからといって手を束ねて違法侵害を甘受することを被害者に要求することはできない。社会組成員の一人がその社会の規範を破り、この規範が禁じている行為を敢えてすることによって他の組成員に損害を与えたとき、後者に泣寝入

りを命ずることは、人情の自然に反して実行不可能なことであり、また社会の規範を破って自己の欲望を遂げる者を有利な地位に立たしめることにより、社会規範の維持のために好ましくない結果を招く。故に、違法行為に対する阻止・排除・求償が社会の公権力によってなされない場合には、組成員が各個に自からの手によってこれをなすことを許さねばならない。

とは言っても、組成員個人が違法な侵害をうけたと信ずることは、必ずしも客観性はなく、従って組成員をしてその判断によって違法侵害に対する救済手段を開始せしめることは、社会規範の維持のために却って好ましからぬ結果となる場合も起こるであろう。そのための社会の公権力が存在する限り、違法行為に対する阻止・排除・求償の措置は、公権力の手を通じてこれをなすのが、公平な結果を獲る道であり、また原則として、この方が効果的である。その故に文明社会では、社会組成員が各自その発意によって開始する自力救済は、原則として禁止されている。しかし、どれほど法的機関の完備した社会でも、違法行為の発生に対処する社会機関の手が直ぐには届かぬ事態というものはあり、そしてその手が届くまで待てば、個人の法益は取り返えしのつかぬ損害を受ける危険あることは明らかな場合がある。この場合は、上に述べた「違法行為の阻止・排除は、個人の手によってなすよりも、社会の公権力の手によってなす方が、原則として効果的である」という原則に対する例外を形作る場合であり、従って組成員が自から違法行為を阻止・排除する措置を講じ、必要な場合には違法行為者に向って腕力を行使してでも、自己の利益を守ることを許さざるを得ない」という思想である。

故に自衛権の制度は

「社会組成員の利益を違法な侵害に対して護る手段は、彼に必ず与えられていなければならぬ」

という要請と
「この手段は、社会の機関を通じて行使されるのが最良であり、組成員が各個にこれを司どるのは、必ずしも好ましくない」
という考慮との妥協点を表わすものと言えるであろう。

現在の文明国の法制の下に生活するわれわれが、自衛権を「力による攻撃に対して力をもって反撃する権利」と簡単に考えるまでに、自衛権の活動領域が狭ばめられたことの背後には、社会組成員の法益を護るための完備した社会機関があり、それによって組成員の法益を保護する方が、組成員をして各自これをなさしめるよりも、遙かによく目的を達し得るという事実があることを、忘れてはならない。

第一大戦以降、各国の政治家が、自衛権を「武力攻撃の発生した場合に、被攻撃国またはこれを助ける国々が、武力をもって反撃する権利」を表わす言葉として、彼らの結ぶ条約の中に用い、この自衛権の外は一切の武力行使を禁止されたものと見なしたときに、彼らは、そのときの国際社会が、その組成員すなわち国家の法益を、他の国からの違法侵害に対して守る法的機構として、国内の社会以上に完備したもの、または少くとも同等のものを持っていると考えたのであろうか。彼らが建設した国際連盟または国際連合と称する機構が、違法行為に対する阻止・排除・求償に関して、国家内部の法的機関と同程度またはそれ以上に有効なものを備えていると信じたために、自衛権をこのように狭く限定したのであろうか。もしこのように信じたとすれば、それは錯覚である（本章四節三項参照）。しかし彼らの脳裏にこのようなことは考慮されなかったのであり、彼らを導いたのは全く別の考慮である。

第一大戦後以降の政治家は、戦争の廃止を叫ぶ世論の強い要望に満足を与えるために、武力の全面的否定を宣言する条約を作った。もっとも彼らは実際家として、国家が自分の意志で武力を行使できる余地を残しておく必要があることを感じ、この「武力を行使できる余地」を、国内法で使いならされた言葉を借りて通りをよくするために、「自衛の権利」と名付けようとした。しかし戦争忌避の熱烈な感情に迎合せざるを得なかった彼ら、そのために武力行使の全面的否認を高らかに宣言した彼らとして、自衛権の名の下に武力を行使することを各国家に許す範囲はこれを極度に狭く——少くとも条約の文面では——限らざるを得なかった。その結果「武力攻撃を受けた場合」に限定したのである。武力攻撃をなす国は、自から先んじて武力全面的禁止の主義を破ったものであり、この国に対して武力による反撃をなすのを許すことは、武力全面的禁止の主義と衝突する感じを与えないからである。

もしこれらの政治家が、国内法の正当防衛権の基礎となっている法律思想を採って、それを発展せしめて国連憲章または不戦条約の自衛権の規定を作ろうとしたのであれば、国際社会で、違法行為に対する阻止・排除・求償を司さどる法的機構の現状はどうであるかという問題に、注意を払わざるを得なかったであろう。そしてもしこの注意を払ったのであれば、その結果作られた自衛権の規定は、国連憲章や不戦条約に現われたものとは、非常に異ったものになったであろう。しかし彼らは、国内法の自衛権の根底にある法律思想を発展せしめて国際法上の自衛権の規定をつくろうという意図によって導かれたのではなく、それとは全く無関係な一つの政策的意図によって導かれたのである。当時世界を風靡した戦争忌避の感情に迎合して武力の全面的否認を高らかに宣言した彼らは、国家がその意志によって武力を行使する権利を、右の全面的否認の主義と衝突するような感じを与えない形で、規定しておこうとしたのである。

国内法上の自衛権は、ある個人が他人の違法行為によって自分の法益を侵害された場合に発動する。第一大戦後の条約で自衛権と呼ばれるものは、ある国が、他国の武力攻撃という違法行為によって自国の法益を侵害された場合に発動する。この点に着眼して、二つの自衛権は本質的に同じ性質のものであり、ただその適用範囲が、後者において狭ばめられているという違いがある、という見方は生じ易いところである。しかし二つの自衛権は、これを発生せしめた思想的背景を異にするのであり、両者の発動の前提要件の相違も、結局その思想的基盤の違いから来たものである。して見れば両者は本質的に別物であるというのが正しいであろう。

（1）　序言の**一**「国内法上の自衛権」の項、およびその註（4）を参照。

（2）　第二章二節三項の**二**「武力攻撃が発生した場合」の解説の**四**を参照。

三

第一大戦後の国際法学者の中には、国際法上の自衛権も国内法上の自衛権も、ひとしく自衛権と呼ばれるからには、本質的に同種類の権利でなくてはならぬという assumption すなわち先入的な観念を抱き、それから出発して自衛権に関する国際法理論を展開しようとするものが多い。これらの学者は、自衛権の成立および行使の条件について、国内刑法の規定をそのまま写し取って、一般国際法上の自衛権なるものを説こうとする。こういう学説の例は、序言の**二**の中で紹介した。このようにして作られた一般国際法上の自衛権の定義は、彼らが一般国際法上の自衛権の先例として挙げるカロリン号事件以下の諸事件に現われる法的状態と一致しないものであるが、これらの事件の事実関係を漠然と把え、または不正確に把えることによって、自分らの自衛権の定義に合致するかの如く誤想する。このことは第一章で詳しく説明した通りである。またこれらの学者は、一九二八年、不戦条約の締結に際して各国の政府が留保を宣言した自衛権、および一九四五年、サン・フランシスコ会議において列国の代表が、その許容を謳った自衛権も、一般国際法の自衛権——これらの学者が国内刑法を模倣して作り上げて国際法上の自衛権と名付けるもの——と同種類のものであると考える。ただ国連憲章や不戦条約が、一般国際法上の自衛権を intact（そのままそっくり）に受け容れたか、または制限付きで受け容れたかの点を問題とするが、本質的に同じ性質のものであることは、予め肯定されているのである。

かくして国内法上の自衛権も、一般国際法上の自衛権も、第一大戦後の自衛権も、同一物、というのが言いすぎであれば、一本の幹から派生した三つの枝のように取り扱われ、権利の発生要件、行使の態様は同じ原則によって支配されるように考えられる。

この考えが実証的研究によって獲られたものではなく、三つの権利がともに自衛権と呼ばれる以上は本質的に同一のものでなくてはならぬ、というアプリオリの断定から生まれたものにすぎないことは、次の一つのエピソードによって明らかになると思う。

一九五八年、英国のバウェットの著わした Self-defence in international law という書物は、国際法上の自衛権を取り扱った内容の最も豊富な力作であるが、この書も、三つの自衛権を同性質の概念と見なす最近の傾向をそのまま受け継いだものであって、先ず国内法上の自衛権を説明し、次いで一般国際法上の自衛権にそれを適用して、自衛権の意義と成立要件を説き、(1) 更に進んで第一大戦後の諸条約および国連憲章第五一条の自衛権を論じて、一般国際法上の自衛権をそのままに受容したものと説く。(2) 彼は自衛権に関する三位一体説の忠実な使徒である。ところが此の書物の中に、私の注目を惹いた次のような興味ある箇所がある。

一般国際法上の自衛権の先例的事件として最も有名なのはカロリン号事件であり、バウェットもこの事件を「自衛権の古典的ケース *locus classicus* of the right of self-defence」と称して、(3) これに比較的精密な研究を向けている。彼が、アメリカン・ジャーナル・オヴ・インターナショナル・ローに掲げられたジェンニングスの論文「カロリン号およびマックラウド事件」(4) や、ムーアのダイジェスト・オヴ・インターナショナル・ローの中の関係記事を(5) 詳しく参照した結果達した結論は、

この事件において米国側に国際義務違反の事実はなく、自衛権の名の下に軍隊を米国領土に入れてカロリン号を破壊した英国も、米英交渉のいかなる段階においても、米国側に国際義務違反があったという主張によって自己の立場を正当化しようとしたことは無かったのであり、「従って、厳密にいえば、英国が合衆国に対してとった行動は、自国の緊急避難の権利に基づいてとったものである。もっとも此の権利の現実の行使を支配する原則は緊急避難と自衛とに共に適用される部分があり、ウェブスターが述べた所はこの部分であった。(6)（Vis-à-vis the United States the action taken by Great Britain was taken by virtue of its right of necessity, though the principles governing the actual exercise of the right, as stated by Webster, were applicable both to necessity and self-defence)」(7)

というのである。

カロリン号事件は、法律的に正しくいえば、緊急避難のケースであって自衛権のケースでないのに気付いたのは、褒むべきことであるが、このときバウェットがなさねばならなかったことは、古来自衛権の代表的先例といわれ、バウェット自身も「自衛権の *locus classicus*」という尊称を奉っているカロリン号事件が、実は緊急避難の例に外ならぬとすれば、それ以外の自衛権の先例はどうなのか、という反省である。これらもカロリン号事件と同性質の事件で

はないか。これらの事件のすべてを通じて言われる自衛権は、バウェットが長々と国内法上の自衛権の制度から説き起こして組み立てた国際法上の自衛権の概念とは、違うものではないか。彼がこの点を検討する目的をもって、カロリン号事件以外の諸先例をいま一度詳しく見直したら、彼は、その総てが緊急避難の例であることを発見したであろう。このようにして一般国際法上の自衛権の意義を確かめた上で、不戦条約や国連憲章にいう自衛権——これらの条約によって禁止される武力行使を敢えてして他国に攻撃を加えた国に対し、前者が自国の領土や法益を守るために武力を使用する権利——と比較したならば、これもまた別種の権利であることに気付かざるを得なかったであろう。国内法上の正当防衛と一般国際法上の自衛権との間に思想的連絡なきがごとく、一般国際法上の自衛権と第一大戦後の条約にいう自衛権との間にも思想的連絡はない。この認識は、彼の三位一体の信仰を根底から動揺せしめたであろう。彼の書物は、はじめから書き直されねばならぬことになったであろう。

しかしバウェットは、その書を執筆する途中で発見したカロリン号事件の真相は、それはそれとして置いて、はじめに——おそらくカロリン号事件を詳しく研究しない前に——立てた其の書の構想を、そのまま最後まで押し通すという方法をとった。その結果、この書物の中で、カロリン号事件だけが浮き上がった例外的ケースのような観を呈することになった。しかるにこの事件は、彼も認めているように、国際法上の自衛権の代表的ケースではないか。この二つの矛盾する事実をどう調和せしめるかについて、彼の書物は何事もいっていない。

このエピソードは、最近の自衛権の研究者への善い戒しめである。十九世紀の国際法学で流行した自衛権という言葉は、一八三八—四二年の英米間の外交文書に現われたものに端を発する。第一大戦後の新自衛権概念は、ロカルノ条約、不戦条約、国連憲章など一連の政治的条約の中の用語から出たものである。従ってともに政治家・外交家の作品である。政治家・外交家はその公式声明や外交文書の中に使う言葉を選択する場合に、言葉の響き、聞く人に与える感触を重んじ、どの言葉を使えば通りがよいか、世人を（又は相手方の政治家を）納得せしめる効果が有りそうかを考える。法律術語を借りて用いるときにも、このような政策的考慮が先きに立つのは、職業柄自然なことであり、その結果、その言葉の正確な術語的意味は真剣に考慮されないで用いられることがある。「自衛権」という言葉を使うときにも、この術語の国内法における意味を深くセンサクしたり、時代を異にする他の外交家の作った文書や条約がこの言葉をどういう意味に用いたかを反省したりはせぬことがある。それに拘らず国際法の自衛権を研究する人々が、「自衛権という言葉が使われている以上、本質的に同じものであるに違いない」と考え、十九世紀の自衛権も第一大戦後の自衛権も、国内法上の自衛権に関する法規を当てはめて説明しようとするのは、国際法学者として方法を誤ったものであり、その結果事の真相を誤解することになる。十九世紀の自衛権という言葉も、不戦条約や国連憲章の自衛権の語も、これを発生せしめた政治的・社会的事情を周到綿密に考慮した上で、その意義を捉えることが必要である。

（1）　この点についてのバウェットの見解を、私は、序言の**一**の中で、またその註（5）において紹介した。
（2）　この点についてのバウェットの意見は、本章二節三項の**四**を参照。
（3）　バウェットは、カロリン号事件をもって、自衛権の古典的ケースと称し、その書の五八頁にも五九頁にも繰り返して強調している。
（4）　R. Y. Jennings, The Caroline and McLeod Case, A. J. I. L. 一九三八年。その内容は、私も第一章一節一項「カロリン号事件」の中で度々引用した。

（5） J. B. Moore, A Digest of International Law 第二巻、及び七巻。この本もまた私はカロリン号事件の記事の中でしばしば引用した。
（6） バウェット、前掲、五九―六〇頁。
（7） 英法で necessity は緊急避難を意味し、self-defence とは別の概念なることについて、第一章二節二項の一の註（1）参照。

第四節　新自衛権概念の批判

第一項　ヨーロッパの自衛権研究者の説

一

本章の第一節から第三節までに述べた所で明らかなように、第一大戦以後の諸条約および国連憲章は、国家がその発意によって武力を行使することを一切禁止する主義をとり、ただこの主義に背いて外国に向って武力を行使する国が生じた場合に、この国に対して他の国々が武力をもって反撃を加えることだけを、自衛の名の下に許そうとする。これらの条約の下に於いては、ある国（A）が何らかの事情によって、自国の存立、領土保全その他の重大利益が危険に瀕する状態に陥った場合に、この危険の発生について法律上責任のない外国（B）の法益を侵害する措置をとることによって、危険を免れること、すなわち国内法上の緊急避難に類する行動も、この行動が、B国の領土内に軍隊を入れ、またはB国の公私船舶を公海上において捕獲するといったような、A国の兵力を行使するという形をとるものであれば、禁止されることになる。従って十九世紀以来国際法学が「自衛権」または「自己保存の権利」（the right of self-defence or self-preservation）と呼んでその存在を主張した権利は、否定されるのである。

十九世紀の国際法学の唱えた自衛権が否定されたことは、余り重大な問題ではないであろう。この自衛権は、歴史的にもその根は浅く、且つ十九世紀においても、国家的実行によって認められていたことは証明困難である。この点は第一章の第二節の二項の**四**で詳しく説明した通りである。しかし第一大戦以後の諸条約は、十九世紀の国際法学のいう自衛権を否定するだけではなく、武力行使のいま一つの場合、すなわち国際法学が、その誕生した近世の始め以来、国家が他国に向って干戈を動かすことが法と矛盾しない場合として説いて来たものをも否定するのである。それは、ある国（A）が外国（B）の違法な行為――兵力の使用以外の方法でなされる――によって損害を受け、または受ける危険に瀕し、そしてこの違法行為を食い止め、または行為がすでに開始されているときにはこれを中止せしめ、またすでに行為が終了したときにはB国をして償いをなさしめるために、B国に向って兵力を使用するより外に道がないという事態の下において、兵力を使用する場合である。たとえばB国がA国との通商条約に違反して、B国領土内に住むA国々民の居住権・財産権を奪い、その生命を不安にさらしながら、A国からの抗議をはねつけ、国際裁判に付して問題を解決しようというA国の提案にも耳を仮さず、第三国政府からの調停の申し出も拒絶して、その不法な行為を貫こうとするために、A国としてはB国在留の自国民の生命・財産を護ろうとすれば、兵力をもってB国に強制を加えるより外に方法はなくなった、というような場合である。このような場合に、AがBに向って武力を行使することは、伝統的国際法学によって「正戦」または「自力救済」の名の下に許容され、この武力行使は法と矛盾しないものと考えられて来た。しかしこの武力行使は、第一大戦後の条約が「自衛権」の名の下に許容するものとは、別物である。後者は武力攻撃を前提としてのみ成立する。そして右の場合BはAに向って武力攻撃をなしたものではない。

伝統的国際法学が是認した自力救済と、新らしい自衛権との相違を、最近の国際関係にも起こり易い事件を例に引いて、具体的に説明すれば、

現行の国際慣習も、国際条約も、各国はその沿岸領海において外国船（少くとも私船）に無害通航の権利を認めねばならぬと定めている。ことに公海と公海とを連絡する海峡に至っては、たとえ両岸がともに自国の領土であり、海峡の水面も全部自国の領海に属する場合でも、万国の軍艦・商船その他一切の公私船舶の通航を認めねばならぬことになっている。ところがここに或る国（Ｂ）が、自国の領海に属する一海峡を外国船に対して閉ざす法律を発布し、自国の水上警察（海上保安庁）をして、この法律に違反する外国船を拿捕せしめ、乗組員を処刑し、船を没収した。他の或る国（Ａ）は、この海峡を、自国の港から外海に出る最短距離の通路として、かねがね利用しており、従ってＢ国の違法行為によって重大な損害を受けることになった。故に外交々渉その他の平和的解決の手段をつくして、Ｂの違法行為の放棄を求めたが、Ｂの態度は頑強であって、改まるきざしは見えない。その結果Ａは止むを得ず、その海軍をＢの領海内に進入せしめ、砲撃の威嚇の下にＢの警備艇を逐い散らし、または捕獲して、海峡の通航の自由を回復した。

このＡのとった措置は、伝統的国際法学の下で、正当な自力救済権の行使と見なされる。たとえこの措置に対抗するためにＢもまた海軍を動かして、両国間の戦争になったとしても、Ａが不正な武力行使をなしたという責を負うことはなかったのである。

これに反して、第一大戦後の不戦条約および国連憲章の下では、AがBの領海内において兵力を行使することが正当化されるのは、自衛の場合に限られる。そしてこれらの条約にいう自衛は、武力攻撃の発生を前提とする。故にAの行為が正当化されるか否かは、その前提となったBの行為——国際法に違反して自国の領海を外国船に向って閉ざしたこと——が、Aに対する武力攻撃と見なされるか否かにかかる。前に私が国連憲章第五一条の「武力攻撃の発生した場合」という一句の解説の中で述べたように、国家が自分の領域の中で、自分の法律を適用執行することは、外国に対する武力攻撃とは見なされない（本章二節三項の(二)）。Bのなそうとしたのは正にこれであり、自分の領海の中で、自国の法律を、警察機関を通じて執行しようとしたに過ぎない。従ってBはAに向って武力攻撃を加えたものではない。その遂行しようとする法律が国際法違反だということだけでは、武力攻撃にならないのである。

故にAのBに対する武力行使は、自衛権によって弁明できないものであり、従って国連憲章の許さない武力行使になる。そしてAの行為の内容は、外国の領海内に自国の兵力を入れて、その国の法律の執行を防害し、その国の警察船を捕獲し又は撃沈することであるから、前に述べた武力攻撃の定義と照らし合わせれば、完全にこれに該当する。AはBに武力攻撃を加えたものであるとすれば、自衛権はBの側に発生する。BがAに向って兵力を使用することは、自衛行動として正当となり、また第三国がBを助けてAと闘うことも、集団的自衛として正当化される。これに反してAは憲章の許さざる武力行使をなした国であるから、第三国がAを助けることは違法となるのである。

このような結果に至らざるを得ぬとすれば、新自衛権概念は果して法律理論上合理的なものであろうか。新自衛権概念は、許さるべき武力行使を最少限度に止めようとする意図によって作られたものであるが、その副作用として、国際法に違反して他国の利益を蹂躙する国を庇うという結果を生じはしないか。またこのような制度で平和を維持することは果して実行可能か。ある一つの社会の中で平和を維持しようとすれば、最も肝心なことは、その社会の組成員をして、法を尊重せしめるように導くことである。この点に留意しない平和政策、むしろ法を破る者を有利な立場に置くような政策は、早晩破綻を招くのではなかろうか。

右のような観点から、国連憲章第五一条または不戦条約に向って法律学的批判を加えるヨーロッパの若干の有力な学者の説を左に紹介しよう。

二

第二大戦前ウィーンの国法学教授で、純粋法学によって有名となったハンス・ケルゼンが、戦後アメリカで著わした「国際連合の法」の中に、自力救済としての武力行使を、第五一条の自衛の場合を除いて一切禁止しようとする国連憲章の構想に対して、次のような批評がなされている。

「第五一条は武力攻撃の場合にのみ適用のある規定であり、それ以外の形による組成国の法益の侵害の場合に自衛権は行使してならないことになっている。外国の権利を、武力行使以外の形で侵害しながら、この違法行為に対する償いを拒否する国に向って被害国が自からその権利を執行することは、憲章上禁止されている。従って違法行為をなした国は、すべての強制措置に対して――安保理事会のとる強制措置を除き――憲章上保護されていることになる」(1)

ここにケルゼンが「安保理事会のとる強制措置」というのは、憲章第七章の第三九条以下に基づき、安保理事会が平和の破壊乃至侵略行為に対してとる強制措置、および第一四章の第九四条に基づき、国際司法裁判所の判決に従わない国に対してとる強制措置をいうのであり、それ以外の一般の国際法違反行為に対して、安保理事会の強制措置はとられない。また実際問題としては、右の二つの場合における強制措置も行なわれることは稀である。[2] いずれにしても、前に私が例示したような、領海の閉鎖とか、在留外人の財産権・居住権の剝奪とかいうような場合には、その国際法違反性がどれほど重大であっても、国際連合の強制措置が違法国に向って発動されることは、望みがない。しかも一方国連憲章は、被害国がこのような場合に違法国に向って強制措置をとることを禁止している。この不合理性をケルゼンは衝こうとしているのである。この思考の線に沿うて彼は更にいう。

「もし或る国際機構の組織法（constitution 憲章）が、一般国際法が今日まで認めて来た自力救済（self-help）の原則を廃止し、または制限しようとするならば、二つの前提要件を充たさねばならぬ。第一は、当事者間の合意によって解決されなかった争いは、すべて国際機構の手によって解決されるのを保障することであり、第二は、各国が自力救済の権利を取り上げられる程度だけ、国際機構の強制行動が行われるのを保障することである。さもなくばこの国際機構は、一般国際法の下に存在していた法的状態を改善することにはならない。むしろ危険な改悪をなすことになる。憲章は第一の要件も第二の要件もともに充たしていないのである。この憲章の下では、その継続が国際平和および安全の維持を危くする惧れのある紛争が、解決されないままで残る可能性は除かれず、また侵害された権利が遂行されないで其のままになる可能性も除かれない[3]」

右の文中の「その継続が国際平和および安全を危くする惧れのある紛争」という言葉は、国連憲章の中にしばしば出て来るのを採ったものであるが、この種の紛争が解決されないで放置されれば、「国際平和および安全」は害される結果になることは、定義自身から明らかである。しかるに国連憲章は、この種の紛争を解決する機構を設けていない、とケルゼンはいうのである。

右に引用したのはケルゼンの書の「自力救済」の項の中の一部であるが、同書の第一五章「国際司法裁判所」の第七節「判決の執行」の中にも、国際司法裁判所の判決に従わぬ国が生じたとき、安保理事会がこの国に対してとる強制措置に関する規定（上述した第九四条）の不完全さを説いた後に、

「もし国際社会の組織法が、武力行使以外の方法によってなされる違法行為に対する反撥（reaction）としての自力救済を禁止するのなら、この組織法に基づいて直接または間接になされる裁判々決の執行を、国際社会の集団的行動によって保障する規定を含んでいなければならない。この条件を充たしていないことは、憲章の最も遺憾な技術的欠陥である」と批評している。(4)

（1） Hans Kelsen, The Law of the United Nations 二六七頁。

（2） 平和の破壊乃至侵略行為に対する国連の制裁行動が、実際上行なわれがたいものであることは、本章二節三項の**四**「安保理事会が国際平和および安全を維持するために必要な措置をとるまで」の解説の中で述べたが、さらに詳しくは、拙著、法律学全集国際法Ⅲ、一三九—一五九頁。

国際司法裁判所の判決に従わない国に対する判決執行のための強制措置が、実際上行なわれがたいことについては、拙著、国際法講義上巻、三二二—三頁。

（3） ケルゼン、前掲、二七〇頁。

（4） 右同書、五四四頁。

三

オクスフォード大学教授ウォルドックのハーグ国際法アカデミーにおける講義「個々の国によってなされる武力行

使に対する国際法の規制」の中にも、右と同じ思想が、言葉を変えて説かれている。まず彼は右の講義の冒頭で「武力行使の法的規制の問題を合理的に議論するためには、紛争の平和的解決の機構を考慮に入れなければならない。ただ武力行使を禁止するだけで、紛争の平和的解決について十分な設備をしていない制度は失敗を招く (invites failure)。武力行使の機構と平和的解決の機構、この二つは互に補い合うものである。この初歩的ともいえる問題を私が敢えて強調する所以は、現在の傾向が、紛争を暴力によって一方的に解決することの害という人目に付き易い害悪に注意を注ぐの余り、いま一つの害悪、すなわち平和的解決方法の受諾を拒否することの弊害を、ほとんど不問に付しているからである。国家が自から自己の主張の裁判官となり、その一方的な解決案を押し通す道は二つある。一つは武力に訴えることであり、いま一つは、あくまで自分の言い分を突っ張って、(第三者による) 公平な解決方法に付するのを一切拒絶することである(1)」として、国家間の争いを、第三者的機関に付して解決することを義務的とする制度を設けないで、ただ武力の行使の禁止だけを強調する制度の誤りを指摘する。

また一般国際法上の武力行使に関する法規を論じている項の終りにも

「兵力を以ってする自力救済は、強国を有利にするのは疑いなく、濫用の惧れは大いにあった。しかし (違法な侵害に対し) 償いを求める他の適当な手段を与えられないままで、自力救済権を放棄することは、法を破る者どもの術中にやすやすと陥ることになるであろう(2) (simply play into the hands of law-breakers)」

といって、一般国際法が自力救済権を認めたことを弁護する。

さらに国連憲章の下における武力行使の規制を論ずる章の中で、紛争の平和的解決に関する憲章の規定が甚だ不完全なことを指摘した後、次のようにいう。

「憲章はこのように、違法行為をなす国に自己の主張について自から裁判官となる権限を与え、原告（違法行為によって損害を受け、行為の排除と償いとを求めようとする国）がその請求を第三者的法廷に付託できない地位に置いたままにして置こうとする。憲章が、力によって紛争を一方的に解決しても咎を受けぬという権利を、原告の手から奪い去ったことは正しいであろう。しかしそれと同時に、憲章は、右の請求を裁判に付することを拒否して一方的に紛争を解決する権利を、被告たる国に与えたのである。一方において武力に訴えることを禁止しながら、他方において、正しい請求権をもつ者に、武力に代わるべき他の適当な求償の手段を与えていない法というものが、災いの種を蔵する（contains seeds of trouble）ことは明らかである。この点について憲章の規定が不満足なものに終ったのは、サン・フランシスコ会議における多数国の罪ではない。彼らは、法律的紛争について国際司法裁判所が強制的管轄権あるものにしようと欲したのであるが、合衆国およびソヴィエト連邦の反対の前に屈したのである[3]」。

故にウォルドックは、国連憲章が自力救済の権利を廃止したのは善いことであるが、それならば、国際裁判所の権限を昔のままに——原告の訴えによって直に事件を審理して判決を下だすことはできないで、被告の同意を必要とする制度をそのままに——して置いてはならない筈であり、被告の同意をまたないで活動を開始する「強制的管轄権」を裁判所に与えねばならなかった筈であるに拘らず、これをなさなかったことを非難するのである。

余談であるが、ウォルドックが、世界法廷に強制的管轄権が与えられなかったのは、米国とソ連のせいであると言っていることに関連して、私らが想起するのは、一九二〇年、国際連盟の下で始めて世界法廷が作られたとき、法律紛争について強制的管轄権をこれに与えようという意見が強かったが、戦勝大国が常任理事国として議席を占める連盟理事会の反対によって、ついに実らなかったという事実である。(4)このとき米国もソ連も連盟内に席をもっておらず、連盟理事会を牛耳っていた常任理事国は、英、仏、伊、日であった。かくしてできた裁判所規程第三六条――裁判所の管轄する事項の範囲を定める規定――は、一九四五年のサン・フランシスコ会議によってそのまま受けつがれたのであり、裁判所の権限は前よりも縮少された訳ではない。(5)この歴史は、世界法廷が狭い権限しか与えられなかったことの責任は、米ソのみに帰すべきでなく、戦勝大国全体に帰すべきものであることを教えるように思われる。(6)

(1)　Waldock, The regulation of the use of force by individual states in international law ハーグ国際法アカデミー講義集、一九五二年、二巻、四五五―六頁。

(2)　右同、四六八頁。

(3)　右同、四九〇頁。

(4)　拙著、法律学全集国際法Ⅲ、四五―五〇頁。

(5)　拙著右同、九〇―九二頁。

(6)　バウェットの著「国際法上の自衛権」も、序論の中で自力救済の各種を説明した後に、

「国際司法裁判所に紛争を付託する義務を定めてもおらず、また判決がなされてもそれが強制される保障もないような法的制度の下で自力救済を禁止することの価値は疑わしい」

といっている（バウェット前掲書、一八―一九頁）。しかし彼は、憲章第五一条の解釈として、自衛権は武力攻撃の発生した場合以外にも認められるという説を唱えるのであるから（本章二節三項**二**の**四**参照）、右の一句から更に発展して憲章の不合理性または実行不能性を論じようとはしない。右の一句はむしろ彼が唱えようとする第五一条の広い解釈の伏線をなすようである。

四

同じような批評は、両大戦間の時代に、不戦条約についてもなされた。当時私は、東北大学法学部機関雑誌「法学」の第一巻二号（昭和七年二月発行）に「不戦条約の意義」と題する小論を掲げたとき、その頃までに、すなわち一九三一年末までに私の参照した文献で、この点に触れているものを引用しておいた(1)。ここではその中から、ガリュースが一九三〇年のルヴュー・ジェネラル・ド・ドロワ・アンテルナシォナール・ピュブリークに載せた論文の一節、および右の拙稿を書いたときには参照できなかった一九三四年のハーグ国際法アカデミーにおけるエミール・ジローの「正当防衛の理論」と題する講義の結論を紹介することにする。

ガリュースは、不戦条約が国際社会の法的機構に改良を加えないでそのままにしておきながら、武力行使を全面的に禁止し、ただ正当防衛の場合、すなわち攻撃を受けた国がこの攻撃に対して自国を守る場合の武力行使だけを認めようとしていることに対して、次のように批評する。

「このような法的状態から生ずべき結果は重大である。ある国が国際法を侵し、自分の結んだ条約を恣に破り、また国際慣習として確立していることの疑いない諸原則を足下に蹂躙したとしても、この国によって権利を侵され、その利益に重大な損害を受けた国から、陸軍または海軍のいかなる武力行動をも加えられる恐れはない。この国の態度は、いかに傍若無人であるとはいえ、攻撃を構成しない。従って被害者に武力に訴える権利を与えない。この権利は正当防衛の場合より外には与えられないからである(2)。」

レンヌ（Rennes）大学教授エミール・ジロー（現在 Lille 大学）が「正当防衛の理論」の最後に、結論として述べているのも、右と同じ思想を敷衍したものである。

「不戦条約を厳格に解釈し、また同様に厳格に正当防衛を解釈すれば、これらを活かすためには、発達し組織化された国際社会を必要とすることを承認せざるを得ない。

各国が自己の意志に基づいて武力に訴えることを、一切の場合に禁止し、ただ攻撃を受け侵入を受けた場合にのみ許すことにするのは、善いことである。しかしかくすることは、各国が自己の権利を（他国をして）尊重せしめ、自己の重大な法益を護るために、他の一つの手段をもっていることを、ほとんど絶対の条件とする。それは、一切の（国家間の）争いに公平な解決を与える国際訴訟手続があり、且つ下だされた判決を守らしめるための国際的行動が存在することである(3)」

「侵略を阻止し禁遏するためには、国家政策の手段としての戦争に訴えることの不正を宣言しただけでは、十分ではない。侵略の定義を作ることも大して役には立たぬ。国際組織の全体を、（不戦条約によって宣言された）新らしい観念の線に沿うように作り直さねばならない。さもなくば、新観念は現実性なく生命なきものとなる（sans réalité et sans vie)」。もっとも国際社会をこのように改造することは困難が多く、抽象的原則としては容易く受け容れられることでも、それを政治の現実に移そうとすれば、直に強い抵抗に遭遇する。「それも当然である。ごく僅かの改造も（諸国民に）犠牲を払わしめ、負担を課し、自由を制限することになるのは事実である。しかし平和を、プラトニックな願望や、根のない気まぐれや、抽象的な宣言や、言葉やジェスチュアで安直に手に入れると信ずるのは、幼稚の極みであり幻想の極致である（le comble de la naïveté et de l'illusion)。古い諺に qui veut la fin veut les moyens（結果を求める人は手段を求める）という。手段を捨てる者は、正に、結果を捨てる者である(4)」。

（1） 拙稿、不戦条約の意義、法学、一巻二号、三二―三四頁。および其の註三四に引用した Le Gall, Le Pacte de Paris 一九三〇年、一二七―八頁。Barbareu, Le Pacte de Paris 一九二九年、九二頁。Vandy, Le Pacte Kellogg, Revue générale de Droit international public 一九三〇年、一七―一八頁。Gallus, Des amendements au Pacte de la S. D. N. en vue de le mettre en harmonie avec le Pacte de Paris 右同雑誌、一九三〇年、二八―三三頁。

（2） Gallus 右掲、三〇頁。

（3） Emile Giraud, La théorie de la légitime défense ハーグ国際法アカデミー講義集、一九三四年、三巻、八五八頁。

（4） 右同、八五九―八六〇頁。

右に引用したジローの見解は、一九三四年のハーグ国際アカデミーの講義で述べられたものであり、従って両大戦間の平和機構の有様を批判したものであるが、同教授が第二大戦後の平和機構の現状をどう考えているかについての片鱗は、彼が一九六三年 Revue Général de Droit international public 誌にかかげた「武力行使の禁止――国際連合の理論と実際」と題する論文の中に現われる（L'interdiction du recours à la force—La théorie et la pratique des Nations Unies, R. G. D. I. P. 1963 N° 3)。この論文は一九六二年のキューバの quarantaine すなわち外国からのキューバ武装に対する米国海軍の監視に関連して書かれたものであるが、ジローはこの米国の処置を国連憲章第二条四項の違反であると見なす。第二条四項は、すでに説明したように、国連組成国に武力行使および武力による威嚇を禁止する規定である（本章二節一項参照）。しかしジローはそれと同時に、第二条四項は法的拘束力なく、国連組成国を義務づける力のない規定であると説き、国連の十八年の歴史に現われた加盟国の行動および国連機関の実行によってこれを証明しようとしている（五二五―五四四頁）。

ただしこのことによって、第二条四項は全く無意義な存在であるというのではなく「たとえこの規則は法律的意義はなくとも、或る政治的意義をもつ（elle conserve une certaine valeur politique)。この点において、国連の目的をかかげた第一条の諸規定と性質を同じくする。後者は法規ではなく、正確に言えば、拘束力なきものであるが、しかし或る政治的意義をもっている。このように考えれば、第二条の規則のもつ効力は『国際紛争の平和的解決、民族自決の権利、人権および基本的自由の尊重』などの諸観念のもつ効力と同じものである。これらは法規ではなく、諸国家の向うべき目標、理想、諸国の行動が則とるべきスタンダード・モデルを表わすものである」と結論している（五四二―五四三頁）。

ここに彼が国連憲章の第一章（第一条、第二条）にかかげられた諸観念「国際紛争を平和的に解決する義務、民族自決の権利、人権および基本的自由の尊重、武力の行使および武力による威嚇の禁止」などを、国連組成国を義務づける法規として取り扱わず、諸国の進むべき目標、理想を表わしたものと見なしている事実は、後に私が結論の一で述べることと関係があるから、読者の注意を乞いたい。

五

右に引用したケルゼン、ウォルドック、ジロー等は、ただ国際法に関してだけでなく、法学一般について常識があり、法と力との関係について深く思索した学者である。その法学的素養は、独法、英法、仏法と異っているけれども、新自衛権概念に対する批評は、表現こそ多少変っていても内容的には軌を一にしている。彼らの言う所を要約すれば、（a）不戦条約および国連憲章に現われた自衛権概念は、社会の機関が、社会組成員の行為の合法違法を判定し、違法なことが確定した場合に、その行為の中止を命じ、また既に発生した損害については償いを命ずる仕組みになっている社会においてのみ、有効な作用を発揮し得るものであり、このような仕組み、すなわち違法行為の判定、阻止または排除、事後の救済を社会の手によってなす機構を欠いている社会では、不合理なものとなり、また実行性なきものとなる。

（ｂ）国際連盟および国際連合は、このような法的機構を国際社会にもたらしたものではない。故に新自衛権概念をして意義あるものとするためには、諸国民が国際社会の法的機構の改善に努力することが必要である。

この批判が正しいか否かを確めるためには、（ａ）および（ｂ）の立言が真実か否かを吟味する必要がある。このうち一つでも誤解であり、または不当な誇張を含んでいるとすれば、批評は全体として当っていないことになる。項を改めて、この二つの立言の真実性を確かめて見たいと思う。

第二項　社会機構の発達程度による自衛権の伸縮性

社会生活をしている人間が、他の人から、その社会の規範に違反する行為によって、自分の人格権・財産権を害された場合、および害される危険に瀕した場合に、その社会において規範の維持を計り、各人の権利を保護するために設けられた機関（例えば国家の警察および司法機関）があれば、この機関に権利保護の任をまかせて、各個人が自分の力でこれをなすのを差控えることが、公平且つ有効な方法であるのは言うまでもない。しかし社会にこのような機構が備わっていても、それが何時でも違法行為発生の現場に居合せて、これを阻止するために適切な処置をとり得るとは限らない。このように、いま直ぐ保護の手が届かぬような状況があり、そして今食い止めねば取りかえしのつかぬ損害となる危険がある場合には、被害者たる個人が、腕力や武器を用いてでも、違法行為を阻止することは許さざるを得ない。個人にこの権利を認めることは種々の弊害を伴うとはいえ、被害者に手を束ねて損害を甘受することを命ずるのは、人情の自然に反し、実行至難なことであり、またその社会において法を維持するためから言っても、望ましいかどうか疑わしい。

国内法上の自衛権の根底に横わる思想はこれであるとすれば、警察および司法機関の活動が十分に保障されている社会において、自衛権は甚だ狭くしか認められないようになる反面、警察および司法機関の完備していない社会において、自衛権が役割りを演ずべき舞台は広くならざるを得ぬ訳である。現在の文明国の国内に行なわれているような警察および司法制度の下では、ある違法行為たとえば窃盗による被害を受けた人は、財物を取りかえし且つ盗人に罪の償いをなさしめるのには、国家の公権力の手を借りる方が、原則として安全確実である。このような社会で自衛権が重要な役割りを演ずるのは主として、腕力や武器を用いてなされる襲撃（以下簡単に武力攻撃という）に対して身を護る場合である。そしてこのような武力攻撃の場合でも、犯人が私を傷けて逃げ去ろうとするときには、犯人に向って直接に私が求償権を行使するよりは、社会の機関の手を借りる方が、公平適切な措置がとれるであろう。故に武力攻撃の場合でも、それがまさに開始されんとし、または開始されて現に進行中であるときのみが、自衛権の活動すべき主たる舞台として残される。

その結果、自衛権は「武力攻撃を武力をもって反撃する」権利と簡単に考えられるようになり、学者もこの線に沿うて、正当防衛とは répondre à la force par la force（力をもって力に答える）ことであると定義するものがある。しばしば引用するバウェットの書の第一章「自衛権の本質」と題する章は、

The right of self-defence is common to all systems of law: *vim vi repellere omnia jure permittunt*（自衛の権利はすべての法体系に共通である。力によって力を反撥することは、すべての法によって認められる）

という言葉で始まっている。(1) ここに「自衛権」と「力によって力を反撥すること」とは同じ概念として取り扱われているのである。勿論このような簡単な定義は、法律学的に正確さを欠くと言えるであろう。違法行為の阻止・排除を

社会の手によってなす仕組みの完備している文明国においても、正当防衛は武力攻撃の発生の場合だけに成立するのではない。例えば私が私の財物を盗もうとする者を発見して、その行為を阻止しようとする場合、または盗んで逃走しようとする者から財物を奪い還えそうとする場合に、盗人の側から先んじて私に向って腕力を行使はしなくても、窃盗行為を阻止したり財物を奪還したりするのに絶対に必要な範囲で、私の方から腕力を行使することは、正当防衛と見なされる。(2) 故に右の定義は完全なものとは言えないが、自衛権の最も代表的な場合を表示したものとして、広く行なわれるのである。

しかし「武力攻撃を反撥する権利」という定義が、自衛の代表的な場合を表示したものとして是認されるのは、現在の各国の国内の完備した法的機構を背景として、はじめて然るのであることを忘れてはならない。上に述べた自衛権の根拠——自衛権を認めざるを得ない理由——を貫いて行けば、社会の規範を適用し執行して組成員各自の利益を護るための機関の設けがない社会、またはこれが名目上あってても何ら有効に働かない社会では、自衛は、武力攻撃がまさに起ころうとし、または開始されて現に進行中である場合だけに認められて済むものではなく、攻撃を加えておいて遁走する者に対して、被害者が償を求めようとする場合にも認められ、また武力攻撃の場合に限らず、有らゆる形の違法行為による法益侵害に対しても、認められざるを得ぬことになるであろう。この社会では、組成員各自に代って彼の権利を護る公権力は存しないからである。

法的機構の完備した現在の諸国の国内法制の下で、「自衛権」は厳重な前提要件によって制約された狭い概念である結果として、右に述べたような法的機構の不完全な社会において組成員が自己の力で違法行為を阻止・排除することを、「自衛権」の名をもって呼ぶのは、不適当なような感じを受ける。従って自力救済権という言葉が用いられるのであるが、しかし、社会の法的機構の不存在または不完全に基づいて生ずる自力救済権は、それが違法行為に対してのみ行使せられ、違法行為の阻止、または違法行為の結果の排除のみに向けられるものである限り、現在の諸国の国内法制上の自衛権と、根底において同一の社会的必要に基づいて発生し、同一の法律思想に立脚する権利であり、いわば自衛権が、社会事情の相違から来る止むを得ぬ必要によって、その活動領域を拡げたものであるとも言える。この意味で

「自衛権は、その行なわれる社会における法的機構（社会の手によって違法行為に対する阻止・排除・求償を営む仕組み）の発達の程度に応じて、或いは狭い権利となり、または広い権利となるという伸縮性（elasticity）をもつものであり、また持たざるを得ないものである」

と言ってよいと思う。

十九世紀およびそれ以前の国際社会は、その社会の規範、すなわち国際法の維持と執行を社会の手によってなす仕組みをほとんど持っておらず、これが国際社会と国内社会とのもっとも重大な相違点をなしていたことは、周知の事実である。この時代の国際法学が、「一国の重大な利益が、外国の不法な行為によって侵され、または侵される危険に瀕したとき、そして前者が可能な限りの平和的手段をつくして後者を動かしその行為を改めさせようとする努力も効を奏しない場合に、後者を強制して違法行為を中止せしめ、また既に発生した損害に対する償いをなさしめるために、武力を行使することは許される」という説を、正戦または自力救済の理論の名の下に、唱えたのは、この時代の国際社会の法的機構の状態に鑑みて、理論的に誤ったことではなかったのである。現代のわれわれが、この学説を聞いて、昔しの人は野蛮蒙昧であって武力を肯定したために、かかる説を唱えたのであると考えたならば、単純に失し

た考え方であろう。むしろこの学説は、いかなる文明国の法体系も、これを容認せざるを得ない正当防衛の観念を、国際社会に移したに過ぎないのである。人類の永い社会生活の経験に基づいて、禁止するを得ぬことの明らかな行為は、国家間の関係においても認めざるを得ないという思想に立脚するものである。

故に第一大戦後の世界の政治家が、戦争を忌避する一般的風潮に従って、自衛権を限定して「武力攻撃に対する反撥」の場合にのみ認めることに決めたとき、これが単に大衆を喜ばし精神的満足を与えるための政治的ジェスチュアでなく、諸国によって実際に行なわれることを期待してなされたものであれば、自衛権を右のように狭く限ると同時に、国際社会の法的機構を改めて、社会の手によって法を維持し、執行する機関を、少くとも現在の各国々内のそれと同程度にまで完備する努力をなさねばならなかった筈である。ここに「少くとも」といったのは、国内法上の自衛も、武力攻撃に対して身を護ることをいうと普通に考えられているけれども、実際はもっと広い権利であるのに反し、不戦条約や国連憲章の認める自衛は、武力攻撃に対してのみ発動することを許される狭い権利であり、それ以外の違法な侵害行為に対して国家が自分の法益を譲るために力を行使することは一切禁止されるのであり、この制度を実行するには、違法行為に迅速に対処する社会の法的機構——おそらく国内のそれ以上に完備した——の存在を必要とするからである。

第一大戦後の主要戦勝国は、国際連盟と称する機構を創設し、第二大戦後の戦勝大国の政治家は、国際連合を戦後の世界に与えた。これらの機構は果して右の要請に添うものであるか。次項でこれを見ようと思う。

(1) バウェット、前掲書、三頁。
(2) 序言の一のうち「国内法上の自衛権」の項目を参照。

第三項　国際社会の法的機構の現状

一

国家間の争いを平和裡に解決し、戦争の発生を防止する作用を営む国際機関を常設しようという試みは、十九世紀末にはじめて生じたが、その成果は言うに足るものでなく、やっと第一世界大戦の直後に設けられた国際連盟によって、国際社会はこの種の組織をもつに至ったといわれる。第二大戦後国際連盟は解体され、これに代って現在の国際連合が生まれた。本節の第一項で引用したジローの新自衛権批判は、第一大戦後の国際社会の状況を念頭に置いてなされた批判であり、ケルゼン及びウォルドックの意見は、第二大戦後、すなわち国際連合の下における世界を背景として述べられた意見である。従ってこれらの学者の説が当っているか否かを判断するためには、国際連盟が国際社会に与えようとした法的機構と、国際連合によって作り出されたそれとの両者を調査して見る必要があるであろう。しかしいまわれわれが問題としている事柄、すなわち国家間の違法行為に対する阻止・排除・求償をなす法的機関としてどういうものが作られたかという点について、国際連盟規約の規定と国際連合憲章の規定とは大同小異であるし、また現在の国際社会で有効なのは国際連合憲章であるから、以下には後者を主として研究しようと思う。

それに先き立って、国内の個人間の社会生活において、ある個入が他人の違法行為によって自分の利益を侵害され、またはされようとしていると考えたとき、彼自身の力によってこれを阻止したり事後の償いを求めたりする方法の外に、国家の手によってどういう保護および救済を受け得るかということを、簡単に一瞥して見よう。これは誰でも知っている判かり切ったことを述べることになるが、国際社会が現在到達した発達段階と比較するために、重要な特徴点をはっきりさせたいと思うのである。

国内の社会生活において、社会組成員間に発生した人格権的または財産権的利益の侵害について、被害者たる組成員は国家の機関に保護を求めることができる。この請求は、彼が単独に、すなわち相手方の同意を得ないでなすことができる。ある人が他人から、自分の人格権または財産権を侵害されたと考え、またはまさに侵害されようとしていると信じたとき、その人の申し立てだけで国家機関は活動を開始し、事情を調査し、彼の訴えが間違いないかどうかを判断し、間違いなしと認めたら、加害者に向ってその採るべき行為を指示する権限をもっている。後に述べる国際社会の制度と対照するために、特筆して置かねばならぬのは、個人間の社会で、違法行為に対して社会の機関の活動を促すのは、自分が権利侵害をうけつつあると信ずる個人の一方的意見でなされることである。二人の個人の間に予め協定が結ばれ、「どちらか一方が他方の権利を侵害したという問題が起こったときには、社会の機関の前にもち出す」と約束されているときに限り、社会はその事件に対して権限をもつことができるという制度ではないことである。もしこのような制度であれば、社会の機関が違法行為の阻止・排除のために乗りだすことのできる機会は甚だ少くなる。この制度は、突きつめて言えば、「違法行為者の同意がなければ、社会の機関は違法行為を差し止めまたは償いをなさしめるための活動を開始できない」という制度だからである。このように、社会の機関が違法行為の存在の判定、および違法行為の阻止・排除のために働く機会を奪われている社会では、違法行為によって自分の利益を害されたと信ずる個人の自力救済を認めざるを得なくなる。故に個人に、その意志によりその判断によって腕力を行使し武器を使用することを禁止し、もって組成員間の平和を維持しようとする社会では、個人が一方的意志によって社会機関の活動を請求できる制度を設けざるを得ないのである。

次に、国内の社会生活では、社会の機関が違法行為の存在を確認し、その行為者に向って行為の中止および償いを命じたときには、この命令は彼によって従われなければならない。もっとも現在の文明国の機構は複雑であり、第一段階において社会機関の活動は調停的、すなわち一定の解決案を作って双方の当事者にこれを受け入れて争いを止めるよう勧告するという形をとることもあるであろう。また個人間の争いが拘束力ある判決を下だす機関に付託された場合にも、第一段階の機関の判決に、当事者の一方が不服なときには、この判決に直ちに拘束力を認めないで、上級の機関の判断を仰げるようにする場合もあるであろう。しかし最終的には、社会の機関が違法行為の存否について判定を下し、そしてこの判定には社会の組成員は何人も従わねばならぬものとされるのである。もし社会の手によってなされる措置が、最後まで勧告以上に出ないとすればこの勧告を受入れることを欲しない組成員が、違法行為を改めず、償わず、そのままにして置いても、それは合法であり、何の咎も受けないことになる。この状態は、前に述べた場合と同様に、「加害者の同意がなければ、違法行為の排除はできない」という状態である。従って自力救済は行なわれざるを得なくなる。

現在の国家の法的機関は、右の外に、個人からの請求がない場合でも、法の遵奉を自から直接に監視して、違法の疑いある行為を摘発し、審理の上違法と判定すれば、行為の中止、および行為の結果に対する償いを命じ、また他の一般人への見せしめとして制裁を行なう権限をもっている。

一口にいえば、国家は、違法な侵害を受け、または受けようとする個人からの一方的請求に基づき（心要あるときは国家自身の自発的調査に基づき）活動を開始して、違法行為の存在の確認、行為の阻止、行為の結果の排除（原状回復または損害賠償をなさしめること)、および制裁の任に当る。もっとも、違法行為が存在することは事実であっても、実害が僅少であると認めるときは、国家は介入を中止することはあるが(De minimis non curat praetor 裁判官は小事にかかわらず)、違法行為をなした疑のある個人が、自己の行為について国家機関の介入を受けることに同意しないからといって、介入を中止することは決してない。そしてその介入の結果国家機関がなした違法行為の判定は拘束力をもつ。行為者の同意を得ないでなした介入の結果であるからといって、彼に対して効力を失うことは有り得ない。

国内法上の自衛権は、このような法的機構、すなわち原則として自力救済を必要としないように仕組まれた法的機構の間隙を縫って突発する例外的事態に対処するために、組成員に与えられた権利であり、従って厳重な条件で制限された狭い権利となるのである。

二

国際連合の組成国が、他の国から、一般国際法、国連憲章その他の条約に違反する行為によって、自国の利益を害され、または害されようとする危険に瀕したとき、どのような保護および救済を国際連合から受けるか。この問題については、この組成国に向ってなされる侵害行為が、国連憲章にいう「平和への脅威、平和の破壊および侵略行為」に該当する場合と、そうでない場合とを分けて考えることが必要である。今日まで学者が、国際連合は甚だ発達した機構をもっているようにいうときに、前者の場合だけを見て言っているものが多い。国際連合の法的機構としての特質を正しく把えるためには、両者の場合を同じように詳しく検討することが必要なのである。

一　平和への脅威、平和の破壊及び侵略行為の発生した場合

前に述べたように（本章二節三項の二の一）、憲章第七章にいう「平和への脅威、平和の破壊および侵略行為」という三つの言葉は、安保理事会に広い自由裁量権を与えるために、わざと精密に定義されなかったのであるが、しかしこの三つの言葉の字義的意味や、この三つの言葉に該当する事態に対して国連のとるべき処置として第四一―四七条に規定されている事柄などを綜合して考えれば、三つの言葉の中に包括されるものは、「兵力を直接または間接に使用することによって、他国の領土、独立その他の法益を害しまたは脅かす行為（間接とは、他国に内乱のあるときその反乱軍に武器、兵員、軍資金を供給するが如きをいう）」とより解されない。従って武力行使という要素を、直接にか間接にか、また現実的にか潜在的にか、含んでいる行為でなければ「平和への脅威、平和の破壊および侵略行為」に該当しないのである。

平和の破壊（右の三概念を引っくるめて以下このように略称する）に該当する疑のある事態が発生した場合、安保理事会はその職責に基づき、すなわち被害国から訴えがあるか否かを問わず、活動を開始する。その活動は、第一に、平和破壊に該当する事態が存するか否かを確定することであり、存在が確認されたときは、第二に、破壊行為を阻止し、平和を回復するために必要な手段を決定して、各組成国にこの手段の実行を命令し、または勧告する(1)（三九、四八条）。この手段は、平和破壊をなす国に対する強制行動をもって重要なものとする。そして強制行動の中には、平和破壊国に対する軍事行動を含む(2)（四一―四七条）。

従ってもし或る国が、兵力の使用を含む手段によって他の国の利益を侵害した場合には、国連組成国の集団的強制

行動がこの国に対して行われる。この憲章の規定が、実際上どのように運用されたかは別問題として(結論一の一の註(1)参照)、少くとも制度上は、各国は、他国から兵力使用を含む侵害行為を蒙った場合に、国際連合から比較的完全な保護を享け得る仕組みになっているということができる。

しかもその上に、このような厳重な仕組みも、突発的な武力攻撃に対して組成国を護ることができない場合があることを予想して、この場合に対処するため「自衛権」を「安保理事会が国際平和及び安全を回復するために必要な措置をとるまでの間」組成国に認めることにしてある。故に、兵力の使用を伴う侵害行為に対する組成国の保護は、少くとも規定としては、間然するところはないと言ってよかろう。

二　兵力使用を伴わぬ国際法違反行為によって組成国法益侵害がなされた場合

上に述べた「平和の破壊」に該当しない行為によって、組成国がその法益を害された場合に、国際連合はこれにどういう保護および救済を与える仕組みになっているか。例えば、A国がB国との間の通商条約を破って、自国内に居留するB国々民の居住権・財産権を奪った場合、またはA国が慣習国際法に背いて、自国の領海に属する海峡において外国船の通航を遮断した場合に、前の例におけるB国、後の例における外国一般は、国際連合の機関からどういう保護および救済をうけるか。当面の問題として重要なのはこの問題である。何となれば、前項に引用したヨーロッパの諸学者の説は、「国連憲章の自衛権は武力攻撃の発生の場合にのみ認められる。従って、武力の使用を伴わない違法行為によって損害をうけた国は、この行為を排撃するために武力を行使することはできない。このような制度が、現在の国際社会の法的機構に照らして、合理的であるか」という点を論じたものであるからである。

この問題について、「武力を伴わぬ国際法侵犯行為も、外国の重大な利益を害するものは、平和への脅威を形作る。何となれば、外国の違法行為によって自分の重大な国家的利益を害された国は、復仇手段によって加害国に強制を加えてその行為を改めしめようと計るであろう。復仇は、はじめ武力行使に至らない方法によってなされても、それが嵩ずれば結局武力的衝突となり、国際平和は乱される。故に重大な国家的利益を害する違法行為は、平和への脅威として取り扱うべきであり、憲章第四一―四八条の制裁はこれに対しても発動さるべきである」という解釈は、何人も思い付き易い所であり、一応もっともなように思われる。しかし一国の或る行為は、これに対して外国が武力を行使し易いという理由によって、「平和への脅威」とはならない。武力攻撃の形をとらない違法行為によって侵害を受けた国は、その被害がどれほど大きくとも、この違法行為を排除するために武力を行使することを禁止されるとするのが、国連憲章の立て前であることは、繰り返えし述べる通りである。それにも拘らずこの国が敢えて武力を行使した結果、国際平和が破壊されたとしても、非はこの国にあるのであり、相手方、すなわち違法行為国が国連の制裁を蒙ることになるいわれはない。すなわち憲章第四一―四八条の規定がこの国に向って適用されることは有り得ない。

故に武力行使を含まない違法行為に基づく損害に対して国際連合が提供する保護および救済の方法は、右の規定（平和破壊者への制裁を定めるもの）以外に求めねばならない。果してどのようなものがあるか。

（A）　国際司法裁判所によるもの

国連組成国は、他国から違法な侵害を受けたと考える場合に、国際連合の一機関たる国際司法裁判所に訴えて自国の法益の保護を計る道を開かれている。裁判所が事件を審理した上でなす判決は、当事者を拘束する。裁判所によって違法行為の存在が確認され、違法行為国に向ってこの行為の中止および償いが命ぜられたとき、違法行為国はこれに従わねばならない。世界法廷の下だす決定は、国内法廷のそれと同様に、当事者に服従の義務を生ずるものであり、単なる勧告的効力のものではない。

しかし国際司法裁判所による国家法益の保護は、次の二つの点で、国内裁判所による個人法益の保護と異る性格をもっている。

第一は、国連組成国は他国から違法な侵害をうけたと信ずるとき、その単独の意志で訴えを提起すれば、国際司法裁判所は直ちに活動を開始し、事情を調べ、判決を下だすのではなく、相手方、すなわちその行為の違法性が問題とされている国も、またこの問題について裁判を仰ぐ意志があることを表示した場合にのみ、裁判所は管轄権をもつという点である。すなわち、ある事件に対する国際裁判所の管轄権は、この事件をこの裁判所に付託することについての両当事者の合意を基礎として、はじめて発生する。もっとも裁判所の管轄権を認める意志表示は、必ずしも事件ごとに ad hoc に（その都度に）なされなくてもよいであろう。二つの国が予め契約して、一定の種類の問題について、両国間に争いが起こったら、一方の意志だけで裁判所の裁判を仰いでもよいことにし、その事件について特別に協定を結ぶ必要を省こうと約束することも有るであろう（仲裁々判条約）。また組成国が各個になす宣言の形で、一定の種類の問題について国際司法裁判所の管轄権を承認し、他の国で同じ種類の問題について管轄権を認める国との間に生じたその種類の事件については、特別協定を結ぶ必要なく裁判に付することに同意する旨を表示することも有るであろう（選択条項の受諾）。これらの場合に裁判所は当事者の一方の訴えによって活動を開始できることになるのであるが、しかしこれらの場合とても、国家が、自国の関係する事件に裁判所が介入することを許す意志を自から表示している場合である。そして国連組成国は、このような条約を結び、またはこのような宣言をなす義務を、国連憲章によって負わしめられていない。(3) 国際裁判所の管轄権を認めるか否かは、各国の任意とする主義に立脚している。従って或る国が他国の違法行為によって自国の利益を害されたと考え、この国に向って違法行為の中止と償いとを求め、後者はこれを拒絶したときに、前者が一方的に問題を国際司法裁判所に提起して解決を求めることができる制度は、国際連合憲章では樹立されなかったのである。

第二の相違点は、国家間の或る紛争事件について、双方の当事者がともに国際司法裁判所の管轄権を認める意志があったために、事件は裁判所に付せられて判決が下だったとしても、当事者の一方がこの判決に不服であり、判決の指示することを実行するのを渋った場合に、国際連合がこの当事者に強制を加えて判決に従わしめる仕組みが不完全なことである。

憲章第九四条二項に「もし或る事件の当事者が、裁判所の下だした判決によって負わされた義務を履行しないときには、他方の当事者は安保理事会に訴え出ることができる。安保理事会は、必要と認めるときは、勧告をなし、または判決を効果づけるために採られるべき措置を決定することができる」という規定があり、ここにいう「判決を効果づけるために採られるべき措置」の中には、判決に従わぬ国を強制するためこの国と他の全加盟国との通商を絶つことや、この国に軍事行動を加えることも含まれるものと解される。(4) 従って判決の履行を確保する仕組みは出来上っているように見えるのである。

しかし第九四条の全文を細かく見れば、安保理事会は、当事者からの訴えに基づいて事態を調査した結果、他方の当事者が判決に従っていないことが事実であることを発見した場合でも、勧告をなし又は判決を効果づけるための措置をとる義務は課せられてはいないのであって、ただこれらの行為をなしてもよいという権利を与えられているだけである。「the Security Council may make recommendations or decide upon measures to be taken to give effect to the judgment」。この表現は、憲章の用語例に従えば、なすかなさぬかは安保理事会の裁量に任せるという意味であって、必ずなせといっているのではない。前に述べたように、国連組成国の集団的制裁行動は、憲章第七章の「平和の破壊」に対処する場合のようにこれをなすことが義務的な場合でさえ、そのための安保理事会（または総会）の決議は成立しにくいものである（本章二節三項の**四**参照）。判決の履行を強制する場合のように義務的とされていない場合には尚更であると考えなければならぬ。

学者の中には、第九四条二項が不完全で、安保理事会による判決履行強制は行なわるべくもないことを見越して、判決の不履行があった場合に、相手方の当事者は武力によって判決の履行を強制することを許される、と唱えるものがある。コロンビア大学の教授リジッチンがその著「国際司法裁判所」の中で言っているのもそれである。その理由として「国家政策の手段としての戦争を禁止することは、必ずしも国際法の遵奉を強制するための武力行使と矛盾するものではない」といわれる(5)。「国家政策の手段としての戦争を禁止する」という言葉は、不戦条約第一条に始めて現われたものであるが、この言葉が、戦争を二種に分けて、法の遵奉を強制するための戦争を禁止の外に置く意味をもたないことは、不戦条約の解釈の中で説明した(6)。不戦条約および国連憲章の下で、国家がその意志によって自発的に武力を行使して差支えないのは、武力攻撃を受けた場合だけである。そしてある国が裁判所の判決を履行しないことは、その国が他国に向って武力攻撃をしたことにはならない。故に右の説を採ることはできないが、第九四条二項の不完全さを憂えている点は同感である。

しかし国際裁判の判決の履行を強制する仕組みが不完全なことは、実際上さほど重要な問題ではない。現在各国が自分の関係する事件を国際裁判所に付託するのは任意とされており、任意に、言いかえれば自から進んで、付託しておいて、判決に従わぬということは、例外的にしか起こらないからである。重要なのは、第一に述べた問題、すなわち付託が任意とされていることそれ自身である。

（B）　安保理事会及び総会によるもの

ある国が、国連憲章第七章にいう平和の破壊乃至侵略行為には該当しないが、しかしこの国の見解によれば国際法上の義務に違反すると信ずる外国の何らかの行為によって、自己の利益を害された場合に、この国に開かれている国連機関による今一つの救済の道は、安保理事会または総会に訴えることである。安保理事会と総会のどちらに訴えるかは、この国の選択に任されている。そしてこの提訴は相手国、すなわちその国際義務違反が問題となっている国の同意を求めないで、一方的になすことができる。またこの二つの国連機関は、当事者からの提訴がないときでも、自分から、国際平和および安全の維持のために必要であると認めれば、国家間の争いに介入して、その解決を計る権限がある。この点において、安保理事会および総会は、当事者の同意を基礎としてのみ国家間の争いに介入できる国際司法裁判所よりも強い権力をもっており、むしろ国内の法的機関に似ているといえるであろう。

しかし一見強大に見える安保理事会および総会の管轄権も、憲章の規定を細かく見て行くと、違法侵害に対して国家を保護する手段として甚だ力弱く、効果乏しいものであることを発見する。それは主として次の二つの事情に由る。

第一に、安保理事会（および総会、以下総会の語を省く）は、右のような提訴を受けたときに、常に必ずこの事件を審理し、違法行為の存否を判定し、解決方策を立てる義務を負うているのではない。国家間の争いが、当事者の提訴その他の方法によって安保理事会の議に上ぼったとき、理事会は先ずこの事件が「its continuance is likely to endanger the maintenance of international peace and security（その継続が国際平和および安全の維持を危くする惧れのあるもの）」であるかどうかを審議する。そして否定の答えが出た場合、言いかえれば、賛成票が憲章第二七条所定の数（現在九）に達せず、または達しても常任理事国のどれか（で紛争当事者でないもの）が反対票を入れた場合には、理事会はこの事件に介入することを取り止めねばならぬ。(7)

「その継続が国際平和及び安全の維持を害する惧れのあるもの」という条件は、ダンバートン・オークス会議の憲章原案の第八章A節「紛争の平和的解決」に端を発するものであって、おそらく安保理事会をして重大性ある事件だけを取り扱わしめ、そうでない多くの問題によって煩わされぬようにしようという意図に出たものであろう。従って国内法における de minimis non curat praetor（裁判官は小事にかゝわらず）の原則と同じ精神に基づいたものと言えよう。しかし「その継続が国際平和および安全の維持を危くする惧れのある」という表現が明確さを欠いていることと、安保理事会が法律家の会議でなく政治家の会議であることとが相まって、取り上ぐべき事件の決定が、代表たちの政策的意図によって左右され易いという結果になる。

第二に、理事会が事件を取り上げ、これを審理した結果、提訴国の言い分の正しいことを認め、この線に沿うて事件を解決する提案が可決されたとしても、この提案は「勧告 recommendation」としてなされる。憲章の第三六条一項および三項、第三七条二項、第三八条にはみな to recommend, recommendation という言葉が用いられており、この言葉は普通「進言、推薦、勧告」などと訳される言葉であるが、いずれにしても、「それを受ける者を拘束し、義務づける効力をもたない」ことがその意味の中に含まれている。従って安保理事会が或る国の行為を違法と見なし、その中止をこの国に向って勧告しても、後者がこの勧告の受諾を拒めばそれっ切りであり、この国の態度は合法

(within its right) であって、不受諾の事実から不法の咎めを受けることはない。

故に外国(A)の違法行為に対して国連の保護を求めようとして安保理事会に訴え出た国(B)は、その訴えの正しさを安保理事会によって認められたとき、すなわちBの独り合点でなく客観的に見ても尤もであることが証明されたときにおいても、国連から期待できる最高の保護は、Aに向って勧告をして貰うことだけであり、勧告が従われるか否かはAの意志にかかる。Aが勧告を受諾しないとき、BはAに向って、受諾を強制するために物理的な力を行使することも許されない。前にのべたように、履行の義務ありとされる国際司法裁判所の判決を履行せぬ国に対してさえ、相手方当事者が物理的な力をもって判決履行を強制することは許されないとすれば、履行の義務なしとされる勧告の履行を強制するために、このような手段をとることは a fortiori (à plus forte raison) 勿論許されぬことは明白である。

国連憲章は組成国に、「その継続が国際平和および安全の維持を危くする惧れのある紛争」で、組成国が外交談判その他の方法で解決できなかったものは、安保理事会に付託せよと命じている(三七条)。しかし付託の結果紛争が解決されるか否かは、右にのべたように、当事者の意向にかかっているのである。本節第一項で引用したケルゼンの言葉の中にもあるように「この憲章の下では、その継続が国際平和および安全の維持を危くする惧れのある紛争が、解決されないままで残る可能性は除去されていないし、また侵害された権利が回復されないでそのままになる可能性も除去されない」のである。そして「その継続が国際平和および安全を危くする紛争」というのは、「これをいま解決しておかねば、平和が破壊される事態が生ずる危険を含んでいる紛争」の謂いであるに違いない。この紛争を解決する制度を設けていない国連憲章は、平和が破壊される事態が生ずることを、制度として認めていることになる。そして憲章の予期するが如く平和が破壊され武力行動が勃発したときはどうするのか。憲章は、武力行動を全面的に禁止し、この禁止を破った国に制裁を加えるという規定を設けることによって、武力行動の発生を抑圧できると考えている。この規定がある結果、上にのべた例におけるBがAに向って武力を行使すれば、かえって国連の制裁の対象となる。何となれば、国家がその意志によって武力を行使することは、自衛権の場合の外許されず、そして自衛権は武力攻撃に対してのみ行使され得るものであり、Bは武力攻撃をAから受けていないからである。

国連憲章が樹立した平和維持の方策は、このように矛盾に満ちたものであり、上に引用したヨーロッパの諸学者が衝いているのは、正にこの矛盾である。

(1) 憲章の立て前としては、平和破壊行為に対する措置を安保理事会が決定した場合には、これを組成国に向って命令することができることになっているが、今日までの歴史では、組成国に対する勧告以上に出たことはない。拙著、国際法Ⅲ、一五四—六頁参照。

(2) 平和破壊者に対する強制措置として軍事行動に重きを置くというのは、憲章に謳われている主義であり(右掲拙著、一三七—八頁)、国連の実行は別である(同書、一五六—七頁)。

(3) 選択条項の起源(一九〇七年のハーグ会議における)、国際司法裁判所に関してこれが採用された事情について、右掲拙著、一三—一四頁。四六—五〇頁。最近の選択条項受諾状況の憂うべき傾向について、同書五一—五頁と九三—一〇四頁とを比較せよ。また拙稿、選択条項の過去と現在、法学論叢六三巻六号、もこの点に触れている。

(4) ケルゼン、国際連合の法、五四一—二頁。

(5) Lissitzyn, The International Court of Justice 一九五一年、七五—六頁。

(6) 裁判々決の履行を強制するための武力行使も、不戦条約違反と見なされることについて、本章一節二項の三の註(1)。

（7）紛争が「その継続が国際平和および安全の維持を危くする惧れのある」という条件を含んでいることが否定されたとき、安保理事会はこの紛争に介入する義務がないだけでなく、その権利もない。もっとも第三八条によれば、安保理事会は「もし紛争の当事者が双方とも要求した場合には」紛争が右の条件に合致するか否かを問わず、介入することができる（右掲拙著、八二頁）。本条の反対解釈として、当事者一方の提訴の場合に、理事会は右の条件を欠く紛争に介入できない。理事会の自発的介入も同様である。

三

国内の社会において、社会の組成員の法益を、違法侵害に対して守り、社会規範の尊重と実行を確保するために設けられた社会機関は、違法侵害を受けたと信ずる組成員の一方的請求に基づき、また事情によっては自発的に、活動を開始し、違法侵害の事実が本当にあるか否かを確かめ、これが肯定されたときは、侵害を排除し、また違法行為者をして償いをなさしめるために必要な措置をとる。社会組成員は何人も、自己が欲するか否かを問わず、この措置に従わねばならない。

国際社会においては、社会の組成員（国家）が他国から違法侵害を受けたと考えるときに、一方的請求によって活動を開始せしめ得る機関は、勧告的権限以上のものを与えられていない。従って、違法侵害の事実が社会の機関によって客観的に確認されたときにおいても、違法行為の除去および償いがなされるか否かは、違法行為国の意志にかかっている。この国が勧告を受諾しないことは不法と見なされないからである。これに反してその決定が拘束力をもつ機関、すなわちその決定に従わぬことが違法と見なされる機関（国際司法裁判所、仲裁々判所）は、合意的基礎の上にのみ管轄権をもち得るものとされている。或る事件の原告と被告とがともにこの事件について裁判所の管轄権を認めた場合にのみ、事件に介入して、これを審理し、判決を下だすことができるものとされている。従って一旦付託した以上その決定に服するか否かは当事者の自由ではないけれども、この機関をして事件に介入せしめるか否かは当事者の自由意志にかかっているのである。

そして国際社会はこの二通りの機関より外には持ち合わせていない。この社会機構と国内のそれとの間に横わる相違は、程度の差というよりは、本質の違いというべきであろう。何となれば、国際社会の方は、組成員の一が他の法益を侵害したことが問題となったとき、社会の機関がこれに介入して侵害の事実を確かめ、もしこの事実があればこれを除去してしまうことは、当事者の事前の同意（拘束力ある決定をなす機関の場合）または事後の受諾（勧告の権限しかない機関の場合）のどちらかを必要とするという主義に立脚しているからである。つきつめて言えば、違法行為の除去は、違法行為者の意志にかかるものとされているのである。

国内社会との比較を離れて、第一大戦以前の国際社会と比較するとき、国際連盟および国際連合の下における法的機構は、変化を示しているであろうか。

第一大戦以前においても、国家間の争いを解決する手段として「仲裁々判」なるものがあり、仲裁々判所は「国際法の尊重を基礎として」国家間の紛争を裁くことを任務とし、その判決は拘束力あるものとされた。(1) また国際審査委員会なるものがあり、紛争当事国の一方の請求によって事件を審査し、調停案を作る権限を与えられ、(2) そしてその審査報告および調停案は、当事国を拘束しないもの、すなわち「勧告的効力」をもつものとされていたのである。

この状態と第一大戦以後のそれとの相違は、第一大戦以後、世界的規模の条約（連盟規約及び国連憲章）によって、常設的な国際裁判所が作られ（国際司法裁判所）、また常設的な審査調停機関が作られたことである（連盟理事会、国連安保理事会）。このことは、それまで散発的に国際社会の一部の国の間の条約でしか設けられなかった機関を、国際社会全体の機関としたことを意味し、注目すべき一つの進歩である。しかしこれらの機関の権限に至っては、本質的に旧と異らないのであって、国家間の争いに介入して、それに解決を与えるためには、国家の事前の合意または事後の受諾を必要とする制度がそのまま保存されている。結局第一大戦以前においても、以後においても「一国の行為の正不正を判定することは、その国自身の権限に属することである。たとえ或る事件について国際社会の機関にこの判定を任せることがあるとしても、任せるか否かは、これまたその国自身の判断で決めてよいことである」という主義が貫かれているのである。

国際連盟及び国際連合は、世界に平和を齎らす画期的な機構という触れ込みで建設されたものであるのに、国家間の争いを平和的に解決する仕組みが右の状態に止っていることは、奇妙に感ぜられるであろう。これらの機構の設計図を引いた政治家たちは、彼らの国内の社会生活の経験からいっても、社会組成員間の争いを、最終的には社会の機関によって解決してしまう仕組みを設けないで、解決を組成員の手に委ねれば、結局組成員間の腕力闘争の発生を免れないことを、よく知っていたはずである。もっともこのように仕組みのある社会でも、腕力的闘争は事実上発生する場合があるであろう。しかしこのような仕組みのない社会では、腕力的闘争の発生は理論上必然なのである。このことは彼らにも分かっていたはずであるに拘らず、右のような仕組みを設けなかった理由、少くともその重要な一つは、私が、本節第一項に引用したウォルドックの意見に付け加えて述べた事情であると思う。

一般に大国は、大国も小国も同じ立場で国際法に基づく裁きを受けることになる国際裁判よりも、大国としての軍事力、経済力、または世界政局における支配力をバックにして話しをつける外交談判の方を、紛争解決の有利な手段と考える傾きがある。そして国際連盟および国際連合は、ともに世界大戦争の終り頃、すなわち戦勝国中の大国が、一時的にもせよ圧倒的な強い勢力を獲得し、その威令は全世界に行なわれようとする時期に、これらの戦勝大国の手によって引かれた設計図を骨子として作られたものである。もっともこの設計図に肉をつけ、条約として効力を与えたのは、戦勝国全体の会議(一九一九年パリー会議、一九四五年サン・フランシスコ会議)であったが、この会議が戦争の直後または末期に開催されたことが、会議をして戦勝大国の強い影響力の下に立たしめた。この事情が、国際紛争に介入してこれを解決する国際司法裁判所、連盟理事会および安全保障理事会の権限の強化を阻む原因となったのである。

もっとも国際関係の歴史を観察すれば、中小国といえども、自分が直接利害関係者となっている事件を国際機関の解決に委ねる問題が具体的に起こった場合には、国際機関が自国に不利な裁定を下さないという見込みがよほどあるのでなければ、二の足を踏み易いのは事実である。しかし国際社会に強制的管轄権ある裁判所を作ることが多数国の国際会議で問題となったときに(例えば一九〇七年のハーグ平和会議[3]、一九一九年のパリー平和会議、および翌年の国際連盟総会)、消極的な結果に終るのは、いつも若干の大国のせいであるといって過言ではない。従って、戦勝大国が特にその力の優越を自負している時期に、これら大国の引いた設計図に基づいて作られた戦後の国際機構が、国家間の争いを解決する完全な権力を与えられなかったことは、自然の数であるといえよう。真に平和を愛する諸国民の任務は、これらの政治家が、不完全なままに放置した国際社会の法的機構を、より完全なものに発展せしめる努力を惜まないことであると思う。

（1）国際紛争の平和的処理に関するハーグ条約第三七条一項及び二項。第八一条。
（2）国際審査委員会について、拙著、国際法Ⅲ、二二—二四頁。三四—三六頁参照。
（3）一九〇七年のハーグ平和会議における義務的仲裁々判条約案の運命について、右同書、一三—一五頁参照。

結論

一　国際社会の法的機構改善の急務及びこれに伴う国際法学の責任

一

第二章第四節「新自衛権概念の批判」の中で引用したケルゼンが「一般国際法によって今日まで認められて来た自力救済の権利を、国連憲章が廃止しようと欲するならば、二つの要件を満たさねばならぬ。第一は、当事国間の話し合いで妥結に導かれ得なかった争いを、すべて国際機関の手によって解決してしまうようにすること、第二は、国家の自力救済権を削減する程度だけ、国際機関の強制行動がこれに代って行なわれるようにすることがこれである。国連憲章は、第一の要件も第二の要件も満たしていない（The Charter fulfils neither the first nor the second requirement）」といっているのは、一言大胆な断定のようであるけれども、私が同節の三項で叙述した国連憲章の有りのままの姿に照らして考えれば、少しの誇張も含んでいないことは分かると思う。

またウォルドックが、現下の傾向は、武力行使を悪んで、これを禁止することにのみ力瘤を入れ、そのコロラリー（論理上随伴せねばならぬもの）である紛争の平和的解決方法の整備を等閑りにすることであり、このような平和維持方策は失敗を招く、と喝破しているのも、上述した私の説明により、国際連合の最も特徴的な弱点を衝いているものであることは分かると思う。

しかしこれらの学者は単に国連憲章に非難を加えて快哉を叫んでいるのではない。彼らの言わんとするところは「国家間の武力行使を全面的に禁止し、例外はただ武力攻撃を受けた場合、すなわち武力行使の全面的禁止の主義を破ってまず武力行動を起こした国に対して反撃する場合だけに認めるのは、善いことであるに違いないが、この規定を活かすためには、国際社会の機構を現在のままで放っておいてはならない」ということである。現在の国際社会において、社会の機関——例えば国際司法裁判所、安保理事会、国連総会——が、社会の組成員（国家）の行為の違法か否かを判定し、違法と判定したとき、その中止をこの国に命じ、また償いをなさしめることは、この国、すなわちその行為をなした当の組成員の容認がなければできないことになっている。そしてこの容認を与えることはこの国の自由裁量の権利に属する。この制度の下で、違法行為に対する救済（行為の排除および行為の結果に対する求償）は、社会の機関の手によって行なわれることは甚だ困難である結果として、被害者たる組成員、または彼を支持援助する他の組成員が、直接に加害者たる組成員に向って加える強制という方法に頼らざるを得なくなる。すなわち社会組成員が相互に行なう自力救済に依らざるを得なくなる。

強制は、ある意志主体が他の意志主体に対して精神的苦痛または物質的損害を与えることにより、後者の意志活動を自分の欲する方向に向けさせることをいうのであって、必ずしも常に物理的力の使用を伴うとは限らない。国際関係における実例を見ても、強制は、外交関係の断絶、交通通信の遮断、経済的断交、船舶の抑留、資産の凍結というように、武力行動を伴わずしてなされる場合がある。しかしこのような比較的手緩い措置が、相手国の意志を自国の欲する方向に向けしめる効果を挙げ得ないときには、より強力な措置、すなわち相手国の領土に侵入してこれを占領すること、相手国の港湾を封鎖すること、公海上における相手国の艦船を拿捕することなどのように、兵力の使用を伴う措置に移行する可能性があり、そしてこの可能性はただ事実上のものであるだけでなく、論理上のものである。何となれば、一旦強制を是認すれば、その根底となっている思想——自国の主張を貫徹するためには、相手方に精神的または肉体的苦痛を与えることは許されるという——は当然是認されることになるのであり、そしてこの思想を是認する以上は、はじめは相手方に比較的少い苦痛を与える方法によって目的を達しようとしても、それが不成功に終ったときには、目的を達するのに適当な限度まで相手方の苦痛を増大する強力な手段をとることも、是認さるべきものとなるからである。

故に「違法行為に対する救済措置を社会の機関の手によって行うことは、その行為が正に問題となっている組成員の同意を必要とする」という現行の制度は、社会組成員の間の武力行使の発生を理論上不可避ならしめているのである。ある組成員が、条約または一般慣習法に違反する行為によって、他の組成員の利益を害したという問題が起こったとき、社会の機関が、前者の同意なくしてこの争いに介入して、違法の有無を判定し、もし違法があればそれに対してとるべき救済措置を命ずる権限をもち、この命令が従われない場合には社会組成員が一致協力して、命令に従わない者に対して強制を加えるという制度が樹立されたとき、はじめて、この社会において、組成員が相互に行なう腕力行使は駆逐されたと理論上言い得るのである。このような社会においてこそ、組成員の一が他から突如として武力攻撃を受けた場合のように、社会機関の救済の手の働くのを待つ暇がない場合に限って例外的に自衛権を認めることが、合理的なものとなるのである。

上に引用したヨーロッパの諸学者のいわんとするところはこれであり、法律理論上正しい平和維持の方策に向って、世人の注意を向けようとするのがその狙いである。

第一世界大戦後および第二大戦後の世界政局の指導的地位を握った諸国すなわち戦勝大国の政治家たちが、平和を渇迎する世界の諸国民の要望に答えるために作り上げた法律的制度は、第一は、国際紛争解決の手段としての武力行使を廃止することを、国際条約によって厳そかに宣言することであり（不戦条約、国連憲章前文および第一章）、第二は、この戦争廃止の約束を破って武力を使用した国に対して、国際社会のすべての国が力を併せて、経済的断交などの非軍事的措置、および陸海空軍の兵力を用いてなす軍事的措置をもってする制裁を加えることを、国際条約によって約束することであった（連盟規約第一六条、国連憲章第七章）。

第一の、戦争廃止の宣言は、これを効果づける具体的な機構を以って裏打ちされていなければ、単なる空文に終ることは容易く予想されることである。戦勝大国の政治家たちが、このような具体的機構として考えたものは、私らが前に述べた「社会の手によって国家間の争いに解決をつける機構」ではなかった。第二章四節三項の末尾に説明した事情によって、彼らはこのような機構を国際社会に設けることを欲しなかった。これに代わるべきものとして設けたのが、右述第二の制裁機構である。「戦争は国家間の武力の衝突であるが、それはまず最初に武力を行使する国があるから生ずる。最初に武力を行使した国に制裁を加えるという規則を設けておけば、武力を行使する国はなくなるであろう。従って戦争は絶滅する」という単純な理論によって、この機構が戦争を絶滅し平和をもたらす最も有効な機構であると称せられたのである。

「まず武力を行使したものに対して制裁を加える」という組織が、上にのべた真の平和機構、すなわち違法行為の抑圧、排除、求償を社会の手によってなす仕組みと結びついて作られるのであれば、問題は別であるが、ただこれだけを独立して設けようとするときは、どういう不合理な結果になるか。具体的な例を挙げて考えれば直ぐ明らかとなることである。

前にも挙げた、自国の領海に属する海峡で公海と公海とをつなぐものを、外国船に対して閉鎖する法律を発布し、外国からの抗議を受け付けず、国際裁判所において解決しようという外国からの申し出でにも応じない国（A）と、国際法上万国の権利とされている海峡通航の自由を確保しようと欲する国（B）との関係を例にとって考えて見よう。すべての国際機関は、Aの容認がない限り、この事件に介入して拘束力ある解決を下だす権限はなく、そしてAはこの容認を与える意志はないのであるから、BがAの国際法違反の行為を排除して海峡の通航の自由を確保しようとするならば、自分で海軍をこの海峡に進入せしめ、外国船の通航を妨害しようとするAの警備艇を撃破するより外に方法はない。またAがすでになした違法行為の結果を排除するためには、Aの港に進入して、捕えられた自国の船と乗組員を奪還するより外に道はない。Aの海軍がこれを拒もうとすれば、Bの海軍との間の戦闘になるであろうが、しかしこのAB間の紛争において、紛争解決のために先ず最初に武力を行使したものは、自国の兵力を外国の領域内に入れ、その外国の法律を執行しようとしている警察機関を駆逐しまたは破壊したBである。Bをしてこの非常手段をとらしめた原因はAの違法行為にあるが、しかし国際法に違反する法律を制定し、自国の領域内で、自国の警察機関を通じて執行したということだけでは、Aの方から先ず最初に武力を行使したことにはならない。もし「戦争は、まず最初に武力を行使する国があるから起こる。故に最初に武力を行使した国に制裁を加えることにすれば、国際社会から戦争を駆逐することができる」という理論に従うならば、国際社会の制裁はBに向って加えられねばならぬ。

しかしこのような処置の不合理性は明らかであろう。国際社会の無法者を保護する結果になるからである。言うまでもないことであるが、平和の真の基礎は、社会の法秩序の維持にある。社会の規範を踩みにじって他人の権利を害する者を庇う形で制裁が行なわれるとすれば、この制裁は法秩序の維持に役立たないのみか、かえってこれを害するものであり、従って平和の基礎を破壊するものである。

これに反して、もし国家間の紛争を社会の手によって解決し、違法行為を社会の手によって排除する機構が国際社会に樹立された場合、それにも拘らず、ある国がこの機構を利用しないで一方的に武力によって自分の主張を貫こうとしたとすれば、この国に対して国際社会の国々が力を併せて制裁を加えることは、法秩序の維持のために有意義なことである。武力を先ず行使した者に制裁を加える制度は、違法行為に対する救済措置を社会の手によってなす制度に付随して設けられたときに、はじめて平和の維持に貢献するものとなる。国内の社会において、第一の制度は第二の制度に結び付けて設けられてあり、その故に平和の維持を強化するのに役立っているのである。第一大戦後および第二大戦後の戦勝大国の政治家たちは、第二の制度を国際社会に導入することを避けて、第一の制度だけを採用したのであるが、このように切り離されたとき、この制度は法律理論上支持できない不合理なものとなるのである。(1)

(1) 国連の制裁は、本文にのべたように不合理なものであり、この不合理さは、制裁を実地に適用しようとするとき何人の目にも直ぐ明らかになることである。従って制裁の実行は躊躇されるはずであるが、国連の歴史を見ると、これが企てられた若干の例がある。それは次のような事情の下になされたのである。

(一) 第一回の適用は、終戦の直後、国連の活動開始と同時に、フランコ政権下のスペインに対してなされた。フランコは、第二大戦の直前にヒットラーとムッソリーニの援助の下にスペインの政権を掌握した独裁者であるために、連合国からヒットラー、ムッソリーニの片割れのごとくみなされていた。しかしスペインは第二大戦中巧みな外交によって中立を守り終おせた結果、戦後に独伊とともに戦敗国となって連合国から報復を食う厄を免れた。そこで連合国はフランコいじめの手段を国連の制裁に借りたのである。国連の制裁は、憲章第七章を適用するの外なく（制裁はその外に、除名とか組成国としての権利停止とかがあるが、スペインは当時国連に入っていなかったから、これらの措置の適用は問題にならない）、そして第七章は、平和への脅威、平和の破壊乃至侵略行為に対して適用さるべきものである。そのため一九四六年の国連総会は、フランコ政権の支配するスペインを「国際平和に対する潜在的脅威」であると称して制裁を加えることにした。第二大戦中ヒットラーの強圧にも拘らず参戦しなかったスペインが、戦争が連合国の勝利に終って後に、武力行動を起こす惧れは万が一にもなかったのである。国連の制裁は、当時の国連組成国（ほとんど総てが連合国）の多数がもっていたフランコ政権に対する悪感情をぶちまけるために使われたと考える外はない。制裁の内容は、スペインが将来国連加入を求めても入れないとか、マドリードから大公使を引揚げるとかいう程度のもので、そして四年後に撤廃された（拙著、国際法Ⅲ、一四八頁以下参照）。

(二) スターリン治下のソ連が、その勢力をヨーロッパおよび極東に伸ばし始め、西側諸国に危険を感ぜしめるようになってからは、国連憲章第七章はソ連勢力の封じ込めの目的に利用されるようになった。このころ国連内において西側諸国は三分の二に近い議席を占めていたので、国連の動きを支配することは比較的容易であった。一九四九年アルバニア、ブルガリアに対し、一九五〇―五一年朝鮮および中国に対して執られた措置がこれである。措置の内容は、朝鮮の場合を除き、武器その他の戦略物資の禁輸に止まった。

この時代に、アラブ連盟諸国がイスラエル共和国に対して戦争を開始する事件が起こったが（一九四八年）、アラブ諸国に対して制裁は適用されなかった。国連のとったのは調停者的行動であり、両当事者のどちらが平和の脅威者かを論じないで、双方を平等の立場において軍事行動の中止を勧告するというやり口であった。

(三) 一九五五年の秋の一括加盟以来、国連組成国の数の激増は、西側諸国の国連内における優位を失わしめ、上のような目的で国連の制裁を適用することはもはや不可能となった。一九五六年にソ連のハンガリーに対する武力行動、および英仏イスラエルのエジプト侵入事件が起こったが、第七章の制裁はこのいずれに対しても適用されず、ただ双方を平等の立場において停戦と軍隊撤収を勧告するという方法によって、平和の回復が計られたに過ぎない。

ところが右にのべた一九五六年以来の組成国の激増は、主としてアフリカ及びアジア国の大挙加入によってなされたものであり、一九六〇年においてこれが特に著しかった結果、その後は国連の制裁なるものが、過去の植民国家で今なお原住民を迫害していると見なされるものを村八分にする手段として利用されるという現象を生じた。一九六三年アフリカ三十二国は、ポルトガルを「国際平和および安全に対する脅威」と名づけ、これに制裁を加える共同決議案を提出した。安保理事会において「国際平和および安全に対する脅威」という言葉は「アフリカの平和と安全を害する」という言葉によって置きかえられたが、すべての国にポルトガルの植民地弾圧を助ける一切の行為を差し控え、武器その他の軍用器材をポルトガルに輸出しないことを要請し、またポルトガルに向って在アフリカ植民地に独立を与えることを要請する決議は、七月三十一日可決された。続いて八月五日安保理事会は、南アフリカ連邦に対しても武器禁輸の制裁を加え、且つ apartheid 政策放棄を要請する決議を可決した。

この時代に、インド軍隊がポルトガル領のゴアその他の三地区に侵入し、ポルトガル守備兵の抵抗を排除してこれを占領する事件が起こった（一九六一年十二月）。この武力攻撃の発生する前、国連事務総長 U Thant は両国に紛争の平和的解決を要請したが、ポルトガル側がこの要請の受諾を回答したに拘らず、インド政府は国連の介入を拒絶して軍事行動に出たのである。しかしインドに制裁を加えることは国連において全然問題にならなかった。国連の常套手段たる「武力行動の停止、戦闘開始前の線まで軍隊の撤退」を双方の当事者に求める決議案は安保理事会に提出されたが、ソ連の拒否権によって不成立に終って後、総会には提出されないで終った（平和のための統合に関する決議に違反して）。

以上の歴史から結論できることは、国連の制裁なるものは、今日までの経験では、国連内で多数を占め優勢な国家グループが、その政策を遂行するために国連をバックにしようとする場合に、発動せしめられるものであり、多数派の政策と関係のない場合に、純粋に、武力行動を開始した国に対する制裁の目的のみを以って適用された例はないということ（一九四八年のアラブ諸国、一九六一年のインド）、および多数派の政策遂行に利用される場合には、直接または間接侵略を企てた国に対して適用されるだけでなく、外国に対していかなる武力行動もなしておらず、またなす危険もない国に対して適用された例があるということである（一九四六年のスペイン、一九六三年のポルトガルおよび南アフリカ連邦）。

二

両大戦間の不戦条約は、第二章第一節で説明したように、武力の行使を全面的に廃止し、自衛権はただ武力攻撃を受けた場合にのみ認めようという約束であった。しかしこの約束を裏打ちするための法的機構――国家間の争いを、当事者の一方の提訴によって裁判し、拘束力ある判決を下だす権限ある機関を設け、国家間の争いが他の方法で解決されなかった場合、最後的には必ずこの機関によって解決することを義務的とし、またこの機関の判決に従わぬ当事者に対しては、国際社会の全員が制裁を加える組織――を設ける企てはなされなかった。

第二大戦後の国連憲章は、第二章第二節にのべたように、再び武力行使の全面的禁止を宣言し、自衛権は武力攻撃の発生の場合にのみ認められることを規定した。しかしこれを裏打ちすべき法的機構の設置は、意図的に放擲されたのである。

世界の諸国民がもし真に平和を欲するならば、注意せねばならぬのはこの事実である。しかるにこの事実は世人に徹底していない憾みがある。国際法学者の中にも、少くともその公けにされた論説・著書から判断すれば、この事実である。

この現象は、私の見るところでは、大戦直後の特殊な雰囲気――それは第一大戦直後にも第二大戦直後にも共通であるが――から生じた次のような諸事情に原因するものであると思う。

世界的大戦争において勝利者となり、戦後の世界に支配者的地位を獲得した戦勝大国が、この獲物を将来永く保存しようと欲したのは人情の自然であるが、彼らの優越的地位は、戦争終了時の事実上の力関係に基づくものであるから、この地位を永続せしめるためには、これを制度化しなければならぬ。そのとき丁度、世界的大戦争の広範且つ深刻な惨害を体験した諸国民から、永久の平和をもたらす国際機構の建設を要望する声があがって来た。この声に答えて、国際機構建設のプログラムを立て、ブリュー・プリント（設計図）を引くのは、戦勝大国たちである。従って上述した彼らの欲望は、新機構の構図の中に織り込まれることは容易であった。国際連盟においても国際連合においても、大国の特権的地位が、平時に作られる国際機構とは比較にならぬほど強く表現されているのは周知の如くであり、(1)そして「大国の特権」は、少くとも機構建設の当初には、「戦勝大国の特権」に外ならぬのである。このようにして、世界平和の理想と、戦勝大国の野心とがからみ合って出来た国際機構は、世界の諸国民がこれを世界の永久平和をもたらす機構と信じ込んで、これに協力し奉仕すればするほど、戦勝大国のヘゲモニーの永久化に貢献する訳である。その故に戦勝大国は、この国際機構が平和機構として理想的なものであり、有効確実に世界平和をもたらすものであることが強く宣伝され、平和機構としてのその不合理性、その致命的な欠陥は隠蔽されることを希望する。そして世界的大戦争の直後はいつでも、戦勝大国の威令が全世界を風靡し、彼らの宣伝は国際社会の隅々まで徹底する時代である。このことが新機構のもつ平和維持の効能を礼讃する流行的思潮を作り、その裏に潜むものに世人が気づくことを困難ならしめた一つの理由であると思う。

しかしこの流行的思潮は、ただ戦勝大国の宣伝の力によってのみ生み出されるものではない。大戦争の直後の国民大衆の感情というものが、その流行を助けるのである。戦争中の心理状態の反動として、ひたすらに平和を求める諸国民大衆の耳には、「この大戦を契機として世界は平和の時代に入った」と称して、世界平和はすでに吾人の手中に在るように言いなす説が受け入れられ易く、「世界に平和をもたらすための機構はまだ建設されていない。これを建設するのは、今後の諸国民の努力の如何にかかる」という説は、反感をもって迎えられる。大戦直後の世界は思想的動揺時代であり、極端な感情的議論が幅を利かせ易い時代である。この時代に大衆の感情に逆らう説は、理知的にどれほど正しいものであっても、受け入れられることは困難である。この事情が、新機構の平和機構としての欠陥を指摘する説が出にくく、また出ても、世人の耳に届きにくい理由の一つであると思う。

これらの事情の影響を受けて、第一大戦後、国際法学界においても、

「この度の大戦を転機として国際法は一新された。戦争を肯定する思想を基礎とする古い国際法は揚棄され、戦争を否定する思想を根底とする新らしい国際法が誕生した。不戦条約および国際連盟規約は、この新時代の象徴であり、これらの新らしい法的制度によって、戦争は国際社会から駆逐されることになったのである」

という説が唱えられ、それが支配的地位を占めるようになった。

第一大戦から十数年を経て一九三〇年代に入ってからは、このような説はやや下火になった観があるが、やがて勃発した第二大戦の終戦とともに、上に述べた諸事情は再び勢を盛り返えし、それとともに同じような学説がまた復活

して通説的地位を占めるようになった。この説に従えば、「第二大戦を転機として世界に平和の時代がおとずれた」のであり、「国際法は一変して、戦争の否定を骨子とする新らしい国際法が世界を支配することになった」のであり、「この新時代を代表して誕生した国際連合が、その眼目としている集団的安全保障――まず最初に武力を行使した国に対して、国際連合の全組成国が一致協力して制裁を加える制度――は、世界平和維持のために最も効果的な手段」であり、「国際連合憲章が武力行使を違法と宣言したこと、およびこれを効果づける具体的手段として集団的安全保障の制度を設けたことにより、戦争は国際社会から駆逐されることになった」のである。

注目すべきは、両大戦間の時代に、不戦条約や国際連盟規約を讃美し、これによって、法的制度として、戦争は国際社会から駆逐されることになった、と称した人々が、第二大戦後には「国際連合こそは真に有効な平和機構であり、これに較べれば、不戦条約と国際連盟とによって具体化された戦前の平和機構は、欠陥多き不完全なものであった」と称していることである。これらの学者は、国際連合の平和機構としての優越性を具体的に証明し得ていない。彼らは、国際連合憲章が平和維持の手段として集団的安全保障に重きを置いていることを、新機構の特長であるといい、国連憲章がこの点で国際連盟規約以上に詳しい条文を設けていることを以って、国際連盟に比して国際連合の優れた点であると言うようである。いかにも、連盟規約の中に、規約違反の戦争を開始した国に対して総ての連盟国が一致して制裁を加える規定はあるが（第一六条）、国連憲章はこれを敷衍して、もっと詳細な規定を設けているのは事実である（第三九―五〇条）。しかしこの種の規定は、国家間の争いを最後的には国際社会の何らかの機関の手によって解決する制度に付随して設けられたときに、はじめて合理的なものとなり、社会の法秩序の維持に貢献するものとなるのであって、これだけを切り離して設けようとするのは、平和機構としての行き方を誤ったものである。このこと、および国連の制裁なるものが実際にはどのように適用されつつあるかという実情は、前項およびその註（1）で述べたことであるから、ここには贅しないが、ここで言いたいのは、右にのべた平和機構としての欠陥は国際連盟と国際連合とに共通のものであるけれども、国際連合の方が、平和維持の方法を主として集団的安全保障に求めようとしていることにより、この欠陥を更に accentuer して（強めて）いるということである。しかるに右の諸学者は、正にこの点をもって、国際連合が平和維持機構として他に優れた点であるというのである。

第一大戦以後の通説が、真実を正しく伝えていないものであることは、私が今まで述べたところ、ことに第二章第四節で説明したところによって明らかであると思うが、私がこの説にあきたらないのは、ただ真実を正しく伝えていないということだけからではなく、（一）平和の建設のために有害であり、（二）国際法学の将来にとって不幸をもたらす、という二つの実際的な弊害を含んでいると思うからである。

（一）平和の招来は、ただ国際法によってのみ成しとげることのできる問題ではなく、経済的・政治的・道徳的のすべてのファクターの貢献をまたねばならぬことである。しかし法律学の立場から、平和の建設のためになさねばならぬ第一の仕事は、「社会組成員間の紛争を社会の手によって解決する仕組みを国際社会に樹立するのでなければ、組成員間の私闘は理論上廃止され得ない」という真理を、世人に向って説くことである。そして、一足飛びにこのような機構の完成に至ることは難かしくとも、この機構の必要欠くべからざることを世人をして認識せしめ、漸進的にこれに向って進むように導くことである。

諸国民が平和を欲する念が真摯なものであることは疑いない。しかし国民大衆は、この念願を実現する方法について深い考察をなさないのが常である。わたしらは誰でも、個人間の社会生活の経験によって、平和の獲得がどれほど困難なものであるかを知っている。それは社会の組成員各人に大きい自己抑制を要求することである。平和のために、自分の感情と我欲を抑えて他人のために譲歩せねばならぬことが屢々ある。他人への譲歩は、他人の立場を理解せねばできぬことであり、ひとのことを自分のことと同じ程度に理解するのは、大きい愛情と理知の働きを要することである。人間は最高の善意をもってしても、このような愛情と理知の働きを、他人に対して、すべての紛争において、発揮できるものではない。従って紛争を第三者的な機関の公平な裁きに委ね、その裁定が、どれほど自分の感情にそぐわず、またはいかに自分の損になるものであっても、これに従って紛争に終止符を打つという制度を設けることが必要になる。この制度を設け、これを守り立てることは、これもまた忍耐力と服従心を要することであるが、平和のために止むを得ないと見なしてこれをなすのである。

国際社会も人間の作った社会である以上、平和を維持する方法に変りがあるはずはない。しかしこの方法を採ることは、大きい自己抑制を諸国民に要求することになる。従って従来の制度すなわち「国際社会の機関が国家間の争いに介入して、国家の行為の正不正を裁き、不正と見なす行為の除去および償いを命ずる権限をもつのは、その争いの当事者たる国が自からこれを欲して容認した場合にかぎる」という制度をなるべく持続しようとするのは人情の自然である。この諸国民に対して、国際法学者のなすべき任務は、「現在の制度によって平和を維持しようとするのは樹によって魚を求める類いであり、たとえ苦痛は多くとも、国際社会の機関に、当事者が容認するか否かを問わず紛争を解決する権限を与えるのでなければ、平和の建設は不可能である」ことを説き明かすことでなくてはならぬ。

ところがもし国際法学者の中に、「そのように苦痛の多い道を歩まずとも、平和を招来することは可能である。戦争は、まず最初に武力を行使する国があるから起こるのだ。だから武力の行使は一切禁止されると宣言し、まず最初に武力を行使した国に制裁を加えるという規則を設けて置きさえすれば、戦争はなくなり、平和の世界が来る」というような簡単安易な平和の道を説くものがあれば、世人がそれに耳を傾けようとするのは、人情として当然である。その結果諸国民の平和への願いは真剣なものでありながら、これに達する正しい道は教えられないことになる。

この観点からいえば、戦勝大国が作った国際機構、すなわち違法行為に対する救済を国際社会の手によってなす組織を設けることを放棄して、ただ戦争の廃止を宣言し、武力を最初に行使した国に制裁を加える規定を設けることによって、平和を維持し得ると称する機構を礼賛し、これによって戦争は国際社会から駆逐されたと唱え、平和はすでにわれわれの手中にあるように言いなす説は、諸国民の眼を平和への正しい道に向けるのを妨げる眼かくしをするものであり、平和の建設に害をなすものである。

(二) 国際法学の将来にとっての不幸というのは、次のことである。

戦勝大国の作った平和機構は、その設立の当初は、上述した終戦直後の若干の事情の力によって、世界に真に平和を齎す機構のように諸国民から信仰されるが、しかしこの機構の下における国家間の紛争の解決方法は原理的に旧と変らないために、やがて時日の経過とともに、紛争解決のために武力が使用されるという状態も復活し、そして所謂平和機構はこれを阻止するために無力であることが、世人の眼にも明らかになってくる。このとき、曾って大戦の直後に喧ましく唱えられた学説「戦前の国際法は戦争を肯定したが、この大戦を契機として新らしい国際法が誕生し、武力行使は一切否定され、戦争は違法化されることになった」という説を、国際法の姿の正しい画像であると信じた世人は、国際法が崩れつつあるという印象をもつのである。言うまでもなく、崩れつつあるのは、真実を率直に伝えない学説であって、国際法そのものではないが、右のような学説が通説的地位を占めている結果、世人がこの印象を抱くのは無理からぬことである。

このようにして崩壊したと考えられるのが、国際法の末梢的な一部分であれば、まだよいのであるが、大戦直後の学者の中には、「過去の国際法は武力を肯定する思想を基礎としていたが、戦後には武力を否定する思想を基礎とする新らしい国際法が生れ、国際法は根底から一新された」と唱えるものが屢々あり、それが大衆の平和を渇迎する念と、新奇を求める好奇心との両者に訴えて信仰されるために、終戦後時を経て国際法が崩れつつあると感ぜられる時期が来たとき、大衆は、「国際法全体がその基礎を失なって根底から顚覆した」という印象をもつのである。このことは「国際社会に法の真空状態を生じ、各国の行動を規制する法規はなくなった」という思想を生む。この思想が国際社会にもたらす災厄は、上に述べた、平和への正しい道を見失なう不幸よりもまだ大きいかも知れない。

これは単なる想像に基づく杞憂を述べているのでなく、第一大戦後十数年を経た時代に、私が経験したことを述べているのである。もし或る国において、国際法学者の、少くとも重要な部分が、戦後の平和機構について正確な判断を下だし、それを公然と述べておれば、戦後時を経て上述の状態が生じたとしても、これが国際法学に及ぼす悪反動は少なかったであろう。むしろ国際法学者たちの予言が当ったという印象を世人に与え、国際法学の権威を落とすに至らなかったであろう。これに反して、このような正しい意見を述べる人は少数で、風変りな変人（cynic）と国際法学者の間でも取り扱われる国においては、悪反動は大きいのである。そして反動が来たときに、右のような少数の変人が「崩壊したのは或る種の学説であって、国際法ではない」ことを力説して、国際法の権威を救おうと試みても、もはや反響を呼びおこすことはできない。

このようにして、国際法はなくなった、という印象が国民一般に広がれば、それに乗じて、国際法を真向うから無視して国民感情をほしいままに遂行する政策を鼓吹する政治家が力を得て、危険な方向に国家を逐いやることも困難ではなくなるのである。

前節に引用したケルゼンその他の学者の言は、ただ国際法理論として正しいということだけからでなく、右に述べたような実際的な見地からも、学ぶべき説であると思う。

（1） 国連内における戦勝大国の特権的地位について、拙著、国際法講義、上、二一三―五頁。二九八―三〇一頁。

三

不戦条約が結ばれ、国家政策の手段としての戦争の放棄が宣言されれば、これによって戦争は国際社会から駆逐されたと唱え、国連憲章が作られ、すべての国はその国際紛争を平和的手段によって解決し、武力の使用および武力による威嚇を慎まねばならぬと宣言されれば、これによって武力の使用は違法化され新らしい平和の時代が到来したと謳歌する説が、わが国では、「純粋法学」に基づいてなされた法規の把握であると見なされているように思われる。この考えが広く普及している結果、これと対蹠的な不戦条約や国連憲章の把握の仕方、すなわち上述したケルゼンのような意見をわが国で述べると、純粋法学に反するもの、法規にとって外部的な存在（fremdes Dasein）を混入して法規を解説しようとするもの、法律論に非ずして政治論や現実論をなすものと思われ易い。このことがわが国において、不戦条約や国連憲章を、厳格な法律理論の見地から吟味しようとする上述のような説の普及を妨げているのではないかと憂えられる。故にこの問題について私の所見を述べておきたいと思う。

まず第一に、わが国で純粋法学的と考えられている上述のような説と対比するために、ウィーンの純粋法学の鼻祖であるケルゼンやその使徒で国際法を研究した学者の説を引用しようと思う。それに次いで、第二に、わが国で上述のような説が純粋法学的と考えられる理由を探ね、これを批判したいと思う。

（一）　ケルゲンが両大戦間の論文および第二大戦後の著書の中で言うところは、私がすでに序言および第二章第四節一項で紹介した通りである。彼は、社会の法的機構の発達の度合い、就中、社会組成員間の紛争を社会の機関の手によって解決する仕組み、および違法行為者に対する強制を社会機関の手によって行なう仕組みが完全であるか否かが、社会組成員が相互になす自力救済を禁止することの理論上可能な限界を決定することを説き、国連憲章は第一の仕組みも第二の仕組みも設けておらないことを指摘し、国連憲章が自力救済を廃止して、武力攻撃に対する自衛権だけを認めようとするのは、理論上不可能なことを規定するものであることを、諷示しようとしている。

このような理論は、純粋法学者のうちケルゼンのみに特有なものではない。同じくウィーン学派のクンツが、一九三四年、すなわち不戦条約ができて六年後に公けにした「戦争法はもはや無意義か」という論文の中にも、次のような一節がある。

「すべての法秩序は、国内法といわず国際法といわず、みなその規範を強制するために、最後には物理的力を使用できるという可能の上に基礎づけられている。法は、実定法たる限り、常に力によって支持されている必要がある。力には、合法的な力、すなわち法を強制するために用いられ、その用い方も法によって規制され、法の定めた限界内で、法を強制執行する役割りを演ずるものと、非合法的な力とがある。国際法も結局は他のすべての法と同様に、合法的な力によって支持されていねばならない。……ただし力による強制の方法は、国内法にあっても国際法にあっても、社会の発達の程度によって著しく異ることを免れない。原始的な法社会においては、社会組成員各人に、この強制を行う権利を与えるの外はない。（国際社会における）戦争は、国内社会の或る原始的な形態における Fehde または Vendetta と同様に、自力救済の一手段に外ならぬ。故に戦争は国際法だけに特有なものでなく、国際法の法的性質を否定する証拠にもならない。……勿論この原始的な方法は甚だ重大な不便をもつものであり、国内法においても国際法においても、他の一つの方法（社会の特別の機関により、社会の名において、第三者的な公平な形でなされる法の執行）によって置きかえられようとする傾向がある。しかしそれをなすためには、それに適応した組織を社会に設ける必要がある。王の法廷（Tribunal de Roi）が予め設けられなければ、Fehde の廃止は有り得なかった。それと同様に、国際社会が予め組織化されなければ、戦争の廃止は有り得ないのである。

戦争の廃止は、この上なく望ましいことであり、また必要なことである。しかし戦争の廃止とは、平和主義者の称するごとく「法をもって力に換える」ことをいうのではない。国際法の遂行に十分適当ではない手段を、他の手段によって置き換えることをいうのである。……われわれが、戦争を廃止できるような形に国際社会を組織化することに成功しない間は、戦争は必要的制度（une institution nécessaire）である[1]」。

私はこのクンツの説に全面的に賛成であるためにこれを引用したのではない。私が引用したのは、この論文が書かれたのは一九三四年で、すでに国際連盟も不戦条約もあり、国際法学者の中に「戦争が違法化され国際社会から駆逐された今日、戦争法（戦時国際法）はもはや無意義となった」と説く者も生じた時代に、これに反対して、社会の法的機構と社会組成員の私闘廃止との相関性をとき、国際社会は今尚おこの法的機構を備える段階に達しておらず、従って社会組成員間の私闘すなわち戦争を廃止し得る域に及んでいないことをはっきりと述べている点に、読者の注意を乞いたいと思ったからである。

クンツの説は、前に引用したケルゼンの説と根本的な共通性をもっている。しかしこのような意見は、ウィーン学派の純粋法学者だけが唱えるものではない。第二章第四節の学説引用でも分かるように、純粋法学を標榜していない学者の中にも、同じような意見を抱く人がないではない。一方において、国内法における自衛権のレゾン・デートル（存在意義）を同じように理解し、他方において、国際連盟および国際連合が建設した法的機構の実情を同じように正確に識っている人ならば、誰しも同じ意見に到達するのが当り前なのである。従って私がケルゼンやクンツの説を引用したのは、こういう意見が純粋法学から出たものであり、純粋法学を適用して不戦条約や国連憲章を把握すればこのような意見に到達するものである、と言おうとするのではない。ただ、このような意見と対蹠的な不戦条約や国連憲章の取り扱い方が、純粋法学に基づいたものであるという我が国に流布している考えが、誤解であり、このような不戦条約や国連憲章の取り扱い方は純粋法学から出たものでなく、これと無関係であることを、実例によって証明しようとしたのである。

（二）　それではこのような誤解がわが国に流布するようになったのは、どういう理由によるものか。この問題を、立ち入って詳しく論ずることは差し控えたいと思うが、右のような誤解を生じた理由の一つに、純粋法学というものに関し、わが国に流布している次のような考え方があるように思えるので、この点を取り上げて検討することにしよう。

「純粋法学とは、実定法を有りのままに把握する学問である。国連憲章第二条に『すべての組成国は、その国際紛争を平和的に解決せねばならぬ』と書いてあれば、国連に加盟した国々はみな外国との紛争を平和的方法で解決をつける義務を負う、と考えるのが、実定法規を有りのままに把握することであり、従って純粋法学的研究方法である。

不戦条約第一条に『締約国は戦争を放棄する』と書いてあり、第二条に『締約国は相互間の紛争の解決を平和的手段より外に求めない』と書いてあれば、紛争解決のために武力を使用することは違法化された、と考えるのが、実定法を有りのままに把握することである。それらの条文の言わんとするところは正に明白であるに拘わらず、これを其のままに受け取らないで、その不合理性を追求し、その価値を否定するような説をなすのは、純粋法学に反する方法である」

果たして純粋法学というものが、このような単純な法規把握方法を唱導し、それ以上に出ることを許さないものであろうか。ウィーンの純粋法学者ケルゼン、クンツ、フェアドロスが書いた国際法上の著書および論文を読んで私の得た印象は逆である。

例えば、国連の原則を述べた第一章第二条の三項は、ただ本項だけを読めば、すべての組成国はそのすべての国際紛争を必ず平和的に解決せねばならぬ義務を負わしめられていると解釈すべきであるように思われる。しかし法律学の常識のある者ならば誰でも、社会の組成員にその相互間のすべての紛争を平和的に解決する義務を負わしめるということは、社会の機関として組成員間の紛争の解決を司どるものを設け、紛争は最後的にはこの機関に付託されて解決される仕組を設けることを意味することに気付かねばならぬ。紛争の平和的解決の第一歩は、勿論当事者間の話し合いであるが、人間は、最高の善意を以ってしても、すべての紛争において、他人の立場を自分の立場と同程度に理解することは不可能であり、従って当事者の意志を主とする方法によって総ての紛争が解決されるものでないのは必然的なことである。その結果紛争を第三者的な機関の判断に委ねて、その裁定に、両当事者は、いかに不満であっても服従する義務を負わしめられるという制度が設けられねばならぬことになる。この制度を設けることは、社会組成員にその一切の紛争を平和的に解決する義務を課することに対する conditio sine qua non（必然条件）である。しかるに国際連合以前の国際社会にこのような制度はなく、「国家は自己の行為の正不正を自分で判断する権利があり、たとえ第三者的な判断をする機関が国際社会にあっても、これに紛争を付託して解決せしめることは、国家の任意とされる」という主義が支配していたことは、国際法の常識のあるものならば、誰でも知っていることである。従って国際法学者として憲章第二条三項を読むものは、その脳裡に「紛争の解決方法について、第二大戦まで国際社会を支配していた主義は放棄され、上述したような紛争解決の制度が設けられるのであろう」という考えが閃めかねばならぬ筈である。学者がこの考えをもって憲章の全体を研究し、紛争の平和的解決についてどのような制度が敷かれたかを調べて見ると、意外にもこの考えは裏切られ、第二大戦以前の旧主義が、依然として紛争の解決方法を支配していることを発見する（第二章四節三項参照）。そうとすれば、第二条三項に謳われた原則と、紛争解決に関する諸条項とは矛盾しているのである。憲章を全体として合理的な統一あるものとして把握しようとすれば、どちらかが肯定され、どちらかが否定されねばならぬ。憲章の成立史および成立後の国家的実行はすべて、後者すなわち紛争解決に関する安保理事会及び国際司法裁判所の権限を定めた諸規定が、憲章を作った人々の真の意図を表現することを指している。従って前者すなわち第二条三項は、文字通りに受け取るべき条文でないことが分かるのである。前者の意義は、後者に合致するように解釈されねばならぬ。すなわち国連組成国に向って「可及的にこれをなせ」という要望を述べたものと理解せねばならぬ。一口にいえば希望条項に過ぎないのである（第二章四節一項ノ四ノ註（4）参照）。

このように、一つの条文の意味を、ただその条文だけを見て把えようとするのでなく、条約全体の中に置いて把えようとする方法、または更に進んで、一つの条約（例えば不戦条約）を、その条約成立当時の国際法秩序全体の中に置いて観察して、その意義を把えようとする方法は、法律学として誤った方法ではないと思う。少くとも純粋法学がこれを排斥しないことは明らかである。(2)

私が「序言」の中で紹介したケルゼンの一般国際法上の自衛権についての説、第二章第四節の中で紹介したケルゼンの国連憲章第五一条に対する意見は、みな国際法秩序を全体として論理的に統一あるものとして把握しようとする研究方法の産物に外ならない。前者においてケルゼンは、一部の学者が国内法の自衛権概念をそのままに国際法秩序に移入して、一般国際法上の自衛権と名付けていることに反対して、このような意味における自衛権は、国際社会の法的機構の現状と不調和を来たすことを指摘し「自衛権は一般国際法の中にその場席をもたない」と論じている。後者、すなわち国連憲章第五一条の自衛権について、彼は、この自衛権を合理的なものとするためには、国際社会の法的機構は少なくとも二つの点において変革されなければならず、そして国連憲章はこの変革を国際社会にもたらしていないことを説いている。この厳格な理論は、国際法秩序を合理的な統一あるものとして把握しようとする態度をもって、個々の国際法規の解釈に臨む場合に、当然生ずべきものである。

これと対蹠的なのは、わが国で通説的とも見なすべき国際法の研究方法である。序言の中で引用したように、わが国における純粋法学の首唱者を含む若干の大家は、一般国際法上の自衛権を説くときに、国内法の自衛権の定義をそのままに借用して、ただ個人とある所を国家と改め、不法な侵害とある所を国際法違反行為による侵害と改めて、一般国際法の自衛権の定義としている。この説を信ずれば、このような自衛権の定義に合致しない形でなされる武力行使その他の強制措置は、違法性を阻却されないと考えるの外はない。ところが同じ学者はその国際法著述のうち他の箇所において、国内法の自衛権よりも広い、言いかえれば、より少ない条件によって制約される、自力救済の権利が一般国際法の下では認められることを、「復仇」の題下に説いている。この二つの説は矛盾するのであるが、この矛盾を解消して、国際法秩序における違法性阻却原因を合理的に統一しようという努力はなされていない。おそらく自分では矛盾に気付かれないもののようである。

このような法規の把握方法は、国連憲章の解説にもまた現われて来る。繰り返えして言うように、国連を建設した政治家たちが国連の平和維持の効能を高らかに謳う憲章第一章「国連の目的および原則」と、彼らが真になそうと意図している所を表現した第六章「紛争の平和的解決」以下の諸条項とは、矛盾しているのであるが、これらの学者は、第一章を解説するときには、国連の建設によって世界の国々はその紛争をすべて平和的に解決する義務を負うことになり、従って紛争解決のための自力救済は禁止され、世界に平和がもたらされたのであると説き、また第六章以下を解説するときには、これもまた条文に表現された通りを述べる。このような第一章の解説と第六章以下の解説とは矛盾して来るが、この矛盾を解消して憲章全体を論理的に統一あるものとして把握しようという試みはなされない。この憲章の把握方法は、前に述べた一般国際法上の自衛権に関してなされたそれとよく似ており、おそらく一つの研究方法の型をなすということができるであろう。

世人がこのような研究方法をもって純粋法学であると考え、この方法に反する法規把握の仕方は純粋法学違反であると考えたならば誤りである。純粋法学の中に、このような研究方法を支持する何物もないからである。

ただし急いで付け加えて置かねばならぬのは、私が右に純粋法学に違反しない研究方法として提唱したものと区別さるべきは、研究者が彼個人の世界観とか、ある特定の政治上の主義とか、特定の経済的利益とか、特定の宗教とかいうように、法規にとって外部的なもの（fremdes Dasein）を念頭に置いて法規に臨み、法規がそれに合致しないからといって法規の価値を否定するというやり口である。(3) 私らの思考は、ややもすれば、自分の信奉する政治上の主義や宗教や、特定国の国家的利益の考慮によって支配され易く、その色眼鏡を通して物事を眺め易いものであるが、研究者自身にとってどれほど貴重な政治的主義、宗教または国家的利益であっても、法規の理解にこれを持ち込み、法規の価値を決定してはならない。それは結局研究者自身の主観をもって法を理解することになる。しかるに法は社会のために存在し、社会のために機能する客観的存在である。

勿論批評の自由ということは有り、現在の法規が特定の政治上の主義、特定の道徳観念云々に合致しないために、これにあきたらぬ人が、その立場から法規の修正または廃止を論ずることは、何ら差し支えない。しかしこのような批評は de lege ferenda（作らるべき法規）の議論としてなされるべきであり、de lege lata（現行法規）の解説としてなさるべきではない。これをなせば、法にとって外部的なものを法の把握に混入したことになるのであり、正しくない方法である。

このような方法と、私が上に述べた、純粋法学においても認められる方法とは、表面上似たところがあるかもしれないが、全く別のものである。両者を混同して、前者を正しくないと考えるところから、後者をも否認しようとしてはならない。

（1） Kunz, Plus de lois de guerre? Revue générale de Droit international public 一九三四年、二七—二八頁。

（2） 横田喜三郎、法律的積極主義、国家学会雑誌四六巻七号、八—一二頁。「純粋法学は実定法規を個々に、相互の関係なく、独立し孤立したものとして把握せず、一切の実定法規は相互に関係し、連絡あるものとして、従って終局においては、国内法も国際法もひっくるめて、一つの統一的な法律秩序に属するものとして把握する。……このように実定法規を綜合的に把握することは、純粋法学の主要な一特徴であり、従来の法律学に対して顕著な対照をなす点である」。

（3）　本文で私は「法規にとって外部的な存在である研究者個人の世界観とか、特定の政治上の主義とか、特定の経済的利益とか、特定の宗教とかいうようなものを、法規の認識に混入してはならない」といったが、これを「すべて政治上の主義とか経済的利益とか宗教観念とか世界観とかいうようなものは、実定法規にとっては外部的な存在であり、法規の意味を考える場合にはこれらを考慮に入れてはならない」というものと受け取られないように御願いしたい。

「法規を把握する」または「法規を認識する」という言葉で表現される思考作用は「机の上に茶碗が何個ある」とか「その茶碗の色は何色である」とかいうように、人間の五官の働きで成しとげられ、五感さえ正常ならば万人ともに同じ結論に達し得る簡単なものとは違う。法規が言語によって表現されるとき、法規を構成する複数の単語（words）の各々に、その社会で普通に用いられる意味というものはあるであろうが、私がこの普通の意味を知っており、それを当てはめてその法規を読んだからといって、それで「法規を認識した」ことにはならない。法規はすべて、その社会において一定の社会的な目的を果たすため、他の言葉でいえば一定の社会的機能を営むために、発生し、存在するものであり、従って法規を構成する個々の語の意味は、その法規のもつ社会的機能によって決定される。勿論私が解釈の最初の手がかりとするのは、その社会で普通に用いられるその語の意味であろう。しかしそれが何時でもここに当てはまるのではなく、或いはその意味を制限して狭く解し、または他の意味を加えて解釈せねばならぬのが普通である。法規のもつ社会的な目的または社会機能を、簡単に「法規の理由」と呼ぶならば、法規の構成分子（components）たる語（words）は、法規の理由によって統制されるものであり、その法規限りの特有の意味をもつものである。

故に「法規を認識する」ということは、法規の存在の理由を知り、この「理由」を基礎として、法規の構成分子たる個々の語の意味を把えることである。個々の語に、その社会で普通用いられる意味を当てはめて法規を理解したというだけでは、法規を認識したことにはならない。それは「法規の認識」以前の状態に止まる。法規の認識において、何よりも重要なのは、その法規の理由を把えることである。法規の把握の第一義は、その法規がどういう社会機能をもって生まれたかを知ることである。これは単なる五官の働きだけでできることではなく、五感さえ正常ならば誰でも正しい認識に到達できることではない。法規の社会的機能を知るためには、その社会においてその法規の発生に導いた諸条件をはっきり見分けることが必要となるのであり、これは鋭敏な推理力と、法規の取り扱う事柄についての豊富な常識とを要求する複雑な思考作用である。前にあげた譬えを今一度引用するならば、茶碗が何個あるとか、何色であるとかいう事実を認識するように、五官の働きだけでできる簡単なことだけではなく、むしろ「この茶碗は何時代のものか」「どの地方でできたものか」「どの工匠の作か」を認識するのと同様に、多くの予備知識を必要とする複雑な思考作用である。清水焼と書いてあるからといって京都五条坂の産物だとは必ずしもいえないし、佐野乾山の銘があるからといってこの名匠の作品だとは断定できない。「佐野乾山と銘が彫ってあるから、佐野乾山の作品と鑑定するのが、有りのままに陶器を認識する方法である」として、こういう認識の仕方を純粋鑑定法と自称するのは自由であるけれども、正しくない陶器鑑定法であることは言うまでもない。法規の認識についても同じことが言える。

このように、法規の認識は、法規の発生に導いた政治的要因、経済的要因、法規の根底に存する宗教観念、道徳観念を把握する思考作用を含む。もし「政治的なもの、経済的なもの、宗教的なもの、道徳的なものは、すべて法にとっては外部的存在であり、法規を純粋に把握しようとする人は、これらのものを考慮に入れてはならない」とするならば、「法規の理由」を把えることはできなくなるのであり、そして「法規の理由」が判からねば、法規を構成する個々の語の意味も判るはずはないのである。

例えば、複数国が集って、共通の或る政策を実現するために一つの条約を結んだとすれば、この条約の意義を私らが理解しようとする場合に、この政治的なもの――これらの国の共通の政策――を私らの頭から排除せねばならぬと言うことはできない。法規の発生に導いた要因である「政治的なもの」を考慮から除いては、法規の理由を知ることはできないからである。ただ排除しなければならないのは、法規の発生に導く要因となっていない政治的考慮である。たとえば解釈者自身の属する国の特有の政策上の便宜を念頭に置いて、条約を解釈するのは正しい解釈方法ではない。解釈者の属する国の特有の政策は、条約を発生せしめる根拠となっておらず、解釈者が後から付け加えたものであるから、法規にとって外部的な存在であり、従ってこれを法規の認識に混入してはならないのである。

また条約は、複数国の或る経済的利益を達成するために結ばれることがある。この場合に、この「経済的なもの」は法にとって外部的な存在ではなく、解釈者はこの経済的問題を十分に把握していなければ、条約の諸規定の意味を正しく把えることもできない。ただこの条約にとって外部的な経済問題、すなわち条約が作られたとき考慮に入れられなかったような経済問題を、解釈者が後から食っ付けて、条約の諸規定を解釈することは正しくない解釈法である。

また法規の理由を考える過程において、解釈者の念頭に浮んだ或る道徳観念または宗教観念を混入してはならない。しかしこのことは、法規の認識には、道徳的な、または宗教的な、すべての考慮を排除せねばならぬというのではない。法規自身が或る道徳観念、或る宗教的教義を基礎として発生したものである場合もあり、この場合に、道徳的なもの、宗教的なものを排除しては、法規の理由を見失うことになるであろう。

私が「法規にとって外部的な存在である政治的イデオロギーとか宗教とか経済的利益とか政策上の便宜とかいうようなものを、法規の認識に混入してはならない」といったのは、このような意味である。決して法規を構成する個々の語に、その社会で通常用いられる意味を当てはめて法規を理解する方法を提唱したのではない。このような方法の陥る結果は、上にあげた譬えにおける「陶器の純粋鑑定法」のそれと同じことであり、法律学の研究方法として正しくないものである。

二　現在の国際社会機構の下での自衛の妥当な限界

一

不戦条約および国連憲章は、武力全禁を謳い、各国がその意志によって強制行動をとることは、武力攻撃を受けた場合に限られると規定しているが、これは国際社会の法的機構の現在における姿と調和しない理想を宣言したものに外ならぬのである。違法行為に対する抑止および救済の組織に関する限り現在の国際社会のとっている主義は、第一大戦以前のそれと根本において同じである。従って後者において認められざるを得なかった自力救済権——外国の違法行為によって自己の法益を侵害された国が、この侵害を阻止し、または既になされた侵害について償いを求めるために、他に手段がない場合に、自から外国に向って強制行動に訴える権利——は前者においてもまた認められるものと解せざるを得ないのである。勿論私らが第一大戦後の諸条約から汲み取らねばならぬのは、国際関係において成るべく武力行使を制限したいという諸国民の希望であり、この希望は、過去いずれの時代にも抱かれたものであるとはいえ、第一大戦後ことに強く表現せられるようになったのは、疑いない事実である。この事実は、各国がその政策を遂行するに当って注意を払わねばならぬことであり、自力救済権の行使についても、非常な慎重さが要求される。しかしこれは政策の問題であり、法律理論としては、この希望にそうように法的機構を改善する必要を論ずべきであって、この希望が直ちに自力救済権を法律理論上廃止せしめると考うべきではない。

しかし他の一方からいえば、第一大戦以降、国際司法裁判所、連盟総会および理事会（国連総会および安保理事会）のように、国際紛争の平和的解決を任務とする常設的な機関ができ、世界のすべての国の利用に向って開かれたことも、確立した事実である。これらの機関が、国内社会において類似の任務をもつ機関に比して、その権限が限られていることもまた事実であるとしても、とにかくこれらの常設的機関の存在することが、各国をして自力救済権を過去ほど自由に独断的に行使せしめないという点を考慮しなければならない。この考慮の上に立って、現在の国際社会の機構の下における自力救済の合理的な限界を考えて見ようと思う。

なおお断りしておきたいのは、私は右に「自力救済の合理的な限界」という言葉を用い、表題では「自衛の妥当な限界」という言葉を用いたが、この二つは同じ事を意味するということである。序言において述べたように、また更に詳しくは第二章第四節二項「国際機構の発達の度合による自衛権の伸縮性」の中で説明したように、私が自力救済権という語で表現するものは、国内法における自衛権の観念を、法的機構のより未発達な社会に応用するとき、認めざるを得ない権利のことである。従ってこれを国際社会における自衛権と呼んでも差し支えないと思う。ただ十九世紀の国際法学のいう自衛権（国内法における緊急避難権に類するもの）や、不戦条約、国連憲章にいう自衛権（武力攻撃の発生の場合にのみ行使せられるもの）と混同されさえしなければよい訳である。

二

自衛行為の開始

自衛行為の開始という題の下で述べたいと思うのは、自衛権の発動は、どういう条件の下になされたとき合法となるか、という問題である。これを、実質的条件と手続的条件とに分けて説明しよう。

（一）　実質的条件

ある国（A）が他の国（B）に対して、武力による攻撃を加えるか、または武力攻撃の形をとらなくても何らかの国際法規に違反する行為によって、B国の利益またはB国々民の利益を侵害した場合に限って、Bは自衛権を発動することができる。自衛権の発動としてBがとり得る行動は、後に「自衛行為の内容」の題下で説明するが、いずれにしても、自衛権の発動は、武力攻撃または国際法違反行為による法益侵害の発生を前提とすることを注意せねばならぬ。

従って、

（a）　十九世紀の国際法学は、ある国（B）の重大な利益が危険に瀕し、この危険から免れるためには他のある国（A）の法益を侵害する措置をとるの外に道がない場合（例えばA国の領土内に軍隊を入れて一定の措置をとり、または公海においてA国の船を捕獲するがごとき）、A国に右の危険の発生につき国際法上の責任があるか否かを問わず、Bはこの措置をとることを許されると唱え、これを「自衛権」と名付けたが、私らはこの説に賛成しない。Bの法益が陥った危険に対しAに国際法上の責任がない限り、BがAの法益を侵害する手段によって自国の利益を護ることは許されないと信ずる。これが許されるという十九世紀の国際法学者の主張は、ただ学説に止まり、国家的実行によって裏打ちされていない。このことは第一章第二節の二項の**四**で証明した通りである。

勿論、Bの陥った危険が重大なものであり、これを免れるためには、Aの極く僅かの利益を害する措置をとれば済むような場合に、Aが寛大な精神をもって、Bのとった緊急措置を宥恕することが望ましいのは言うまでもない。しかしBの権利としてこれを主張することは無理である。国内法においては類似の権利が「緊急避難権」の名の下に認められているが、違法行為による侵害を排除するための自衛権がその歴史古く、各国の法制もほとんど一定しているに反して、緊急避難が制度として認められた歴史は浅く、現在においても明文によって認めていない国もあり、法文上規定のある国でも、規定の仕方はまちまちであり不完全である。国際社会はまだこの権利を認める域に達していないのである。

（b）自衛権は、Aの国家としての行為を前提としてのみ発動される。個人、私船、私航空機の行為によってBの利益が侵害された場合、たとえばAの国民がB国内に潜入して破壊工作をなす場合、Aの旗をかかげる商船がBの国内の反乱軍に武器その他の物資を輸送する場合、Aの航空機がBの領空を侵犯する場合（Aの国の航空機《ステート・エアクラフト》であっても操縦者の過誤によってBの領空に迷い入ったときはこれに準ずる）、これらの個人、船舶または航空機が（一）A国の法令またはA国政府の指令によってこれをなしたか、または（二）彼らをしてこれをなさしめるように放任したことについて、Aの側に国際義務違反を構成すると見なすべき重大な懈怠《グロス・ネグリジエンス》があったか、どちらかの場合でなければ、BはAに対して自衛権を発動することはできない。勿論Bはこれらの人、船、航空機を自国の法に照らして処置することができる。しかし後述するような内容をもつ自衛行為（A国に対する武力行使その他の強制行動）をとることはできないのである。

最後に付言しておきたいのは、右に「Bの自衛権は、AがBに武力攻撃を加えたこと、または何らかの国際法規に違反する行為によってBの利益を侵害したこと、を前提としてのみ発動される」といったが、これは心ずしも、Bの領土権が侵害されたり、Bの国民の生命や財産に損害を生じた後でなければ、自衛行為を開始してはならぬ、というものではないことである。自衛権は国家の利益を損害から護るために存する権利である以上、すでに損害が発生してからでなければ行使できないというのは、この権利の効用を奪うものであり、場合によってはこの権利を無益化するものである。

しかしそうだからといって、Aが違法行為をなす意図をもっていることが察知されれば、Bはいつでも自衛行為に出てよいという訳ではない。この意図に基づいてなされる何らかの具体的な行動が現に開始されていることを必要とする。これはデリケートな問題であるが、第二章第三節三項の二の中で、「武力攻撃の発生した場合」という言葉の意味について私が論じたことは、ここにも適用されると思う。

(二) 手続的条件

自衛行為は、B国の一方的な意志決定によって開始されることができる。A国の同意を求めることは勿論必要ではなく、また第三者的な国際機関の認可を仰ぐことも必要ではない。しかし次の二つの理由、すなわち

(a) 自衛行為は武力の行使その他の強制措置を内容とするものであり、本来社会の平和および国家間の友好関係にとって望ましくない行為であるから、これに訴えるより外にBの権利を護る方法がない場合でなければ許されない非常手段であること。

(b) 自衛行為は、Aが武力攻撃をなしたという事実、または違法行為によってBの法益を侵害したという事実があるときにのみ行なわれ得るものであるから、これらの事実の発生したということは、Bが独り極めで勝手に考えていることではなく、客観性の有るものであることが証明される必要があること。但し現在の国際社会の不完全な法機構によって、この証明をなすことは困難であるが、しかし少くともBとしてはこの不完全な機構を最大限に利用して客観性ある判断を獲ようと努力したことが証明されねばならないこと。

この二つの理由によって、自衛行為の開始は、次に述べる手続きを践んでなされることが要請される。ただしAがBに向ってなす侵害行為の形態の如何によっては、Bが次に述べる手続きを践んでいる時間的余裕はなく、自国または国民の利益を救うために、即時に自衛行為を開始するの外はない場合もあるであろう。この場合には、次に述べる手続きは、自衛行為開始の前提条件にはならない。しかしそれだからといって、自衛行為が一旦開始されれば、これらの手続きはすべて放棄されてよいことになるのではない。Bは自衛措置と併行してこれらの手続きを踏まねばならぬ。それによって、自衛行為をできるだけ早く切り上げるように努め、また自衛行為に訴えたことが正しかったことについての客観的証明を求めるように努めねばならぬ。もっともAがBに向って宣戦し、外交関係を断絶したような場合には、これらの手続きの大部分は事実上不可能となるであろうが、このような場合を除いて、自衛行為開始後といえども、次に述べる手続きは放棄されてはならない。このことは強調される必要があると思う。さもなくば、即時自衛行為を開始する必要があったことを口実として武力行動を起こし、それによって総ての平和的解決の手続きを免かれることを可能ならしめるからである。

それでは、Bが自衛行為に訴えたことが正しかったこと、更に詳しく言えば、Aの違法行為に対して発動されたものであり、且つその違法行為を除去するために他に道がなかったことを、ハッキリさせるために採るべき手続きは、どのようなものであるか。

第一は、あらかじめ外交々渉によって友好裡に紛争の解決を計ることである。Bはその外交機関を通じてAに向って、その行為を違法と見なす自己の見解を明らかにし、その中止を求め、また既に損害が発生している場合には、その償いの要求を外交手段によって貫徹するための有らゆる努力をつくさねばならぬ。

第二に、外交々渉が右の目的を達しなかった場合にも、Bの自衛権発動が直ちに正当化されるのではなく、AB間の条約、または多数国間の条約でABがともに加入しているものの中に、締約国間に一定の種類の紛争が発生したときは第三者に付託してその調停を仰ぎ、または仲裁々判に付することを約束したものがある場合には、紛争がこの条約所定の種類に属するものである限り、これらの第三者的解決方法に付さねばならぬ。そして仲裁々判に付したときは、当事者の一方が判決に従わないために相手方が判決の履行を強制する目的でなす場合を除いて、一切の自力救済権は消滅する。たとえ判決の結果が、Bの期待するようなものでなく、Aの違法を認めないものであっても、その故にBは自力によって自己の主張を貫くことはできないのである。第三者の調停に付した場合には、調停の結果に右のような法的拘束力は付随しないけれども、調停に付することについて両当事者が予め同意を（条約その他の形で）与えている以上は、少くとも第三者の調停活動が続いている間は、自力救済権の発動は許されないと思う。また調停活動の結果第三者が提出した解決案は、これを呑むと呑まぬとは当事者の自由であるとはいえ、Aがこれを受諾して紛争を平和的に解決する意を示しているに拘らず、Bがこの解決案は自国の主張を完全に認めていないから不満であるとして、自力によって主張を貫く挙に出ることは、正当か否か疑わしい。厳格な法律理論からいえば、このときBは自己の権利の枠内で行動したといえるかも知れないが、自分も同意して第三国の元首または第三者的機関たる審査委員会に付託して置きながら、折角これらが作った解決案を受諾しないだけでなく、更に進んで武力その他の強制手段に訴えるというのは、政治的に不当な行為であると思う。

右に述べたのは、第一大戦前の国際社会にも、現在のそれにも妥当する原則であるが、国際司法裁判所、国連総会および安保理事会のように、国家間の紛争を解決するための常設的機関が設けられ、そして世界中どの国でも、国連に加盟していると否とを問わず、利用できる仕組みになっている社会においては、どの国も、これらの機関を最大限に活用して紛争の平和的解決を計った後でなければ、自力救済に訴えてはならないとすべきであると思う。またその国が受ける侵害行為の態様の如何によっては、これらの機関を利用する余裕はなく、直ちに自衛行動をとらねばならぬ場合があるとしても、その場合でも、自衛行動をできるだけ早く終了せしめ、平和を回復するために、やはりこれらの機関を利用すべきであると思う。

ある外国（Ａ）から違法な侵害を受けたと考える国（Ｂ）が救済を自力に求めるに先立って、国連の諸機関を full に活用して平和的解決を計る場合に、どの機関を第一に利用すべきかという問題について、私は、国際司法裁判所を第一次的機関とすべきであると思う。第二章第四節三項で説明したように、国連総会または安保理事会は紛争解決のために勧告をなす権限しか持っていないのに反して、国際司法裁判所は判決をなすことによって紛争に終局的解決を下だす権限ある機関であり、また政治家によって構成される安保理事会及び総会よりも、紛争の解決を法に従ってなすことに熟達した機関である結果、自衛権発動の前提条件として重要な「違法行為の存否」をハッキリさせるのに適当だからである。この機関のもつ欠点は、Ｂの意志だけでこれを利用することは出来ず、Ａの同意を要することである。しかしＢは、この機関の利用を第一に目指して、Ａの同意を求めるように努力すべきであり、それが成功しなかったときにはじめて、Ｂの一方的意志で紛争を付託できる安保理事会または総会に向うべきである。

Ｂが国際司法裁判所への提訴によって、紛争の平和的解決を求め、また自国の主張の正否の容観的判定を求めようとしたに拘らず、Ａがこれを拒絶したということは、Ａの平和的解決に対する不熱心、または自己の主張の正しさに関する信念の欠乏を示すものであり、従ってＢが後日自力救済に訴える場合にその立場を有利にするものである。しかし国際司法裁判所への付託ができなかったときBは直ちに自力救済に訴えてよいのではなく、次善の解決方法として安保理事会または総会への提訴を試みなければならぬ。この二つの機関のどちらを採るかは、Bがそのときの情勢によって決定してよいことであり、国際連盟のときのように、まず最初は連盟理事会を採らねばならぬという規則（一五条九項）は国際連合にはない。何れにしてもこの二つの機関は、紛争の平和的解決のための勧告を作る場合の表決規則がむつかしいことと（安保理事会では、紛争当事国を除き常任理事国全部を含む九国の賛成、総会では三分ノ二の多数の賛成を必要とする）、たとえ勧告が作られても、勧告たるその性質上双方の当事者がともに受諾しなければ効力を生じないこととに由って、紛争解決手段としての効果は甚だ不確実なものであるが、しかし自衛権発動に先き立つ平和的解決の最後の努力として、この手段は試みられねばならない。

故に自衛権の発動が許されるのは、

（a）　紛争が国際司法裁判所に付託されて、その判決を当事者の一方が履行しない場合

このような事態について憲章は「当事者の何れかが、裁判所の判決によって負うべき義務を履行しないときは、他方の当事者は安保理事会に訴え出ることができる。安保理事会は、必要と認めるときは勧告をなし、または判決を効果づけるために執らるべき措置を決定することができる」という規定を設けている（九四条二項）。故に当事者の一方（A）が判決を履行しないときにも、相手方の当事者（B）は直ちに自力による強制をAに加うべきではなく、安保理事会にこの事実を通告して、その処置を待つべきである。しかし前にも述べたように（第二章第四節三項）、Bからの通告を受けた安保理事会は、必ず判決を効果づける処置をとる義務があるものとはされていないのであり、とるか否かはその自由裁量に任されている。故にBは一応安保理事会の出方を見る義務があるには有るが、安保理事会が必

要な措置をとらないことが明らかとなれば、自力によって判決履行を確保するのに必要な措置をとることは、Ｂの当然の権利である。この権利を自衛権の中に入れるのは、普通の用語例からいって不適当なようであるが、「Ａの違法行為によってＢが損害を受け、この違法行為を排除するために公権力に訴えても効果はないという事態の下で、Ｂが自力によってＡを強制してその違法行為を排除すること」は、自衛の一種であり、国内法の自衛権の観念から考えてもおかしくないことである。

（ｂ）国際司法裁判所への付託がなされなかったため、紛争が安保理事会または総会に付託され、そして紛争は解決されずに終った場合

安保理事会または総会に付託された紛争が解決されずに終るのは、付託された機関が紛争解決のための勧告決議を作り得なかったことに由る場合と、勧告決議はできたが当事者がその受諾を拒否したことに由る場合とがある。第一の場合にＢの自力救済権は発生する。第二の場合にも原則として発生するが、Ｂが受諾してＡが拒否したのと違い、Ａが受諾してＢが拒否した場合に、ＢがＡに向って自力救済権を行使できるか否かは疑問である。この問題は、第一大戦以前から有る紛争平和的解決手段としての「調停」についてすでに一言したが、国際連合の下においては尚更Ｂの自力救済権を是認することは困難であると思う。

自衛行為の内容

自衛行為の内容という題下で論じようと思うのは、自衛権の発動としてなすことを許さるべき行為の種類および限度に関する諸原則である。

（一）　自衛行為は、違法行為をなす国に対する強制措置をもってその内容とする。強制措置とは、前にも述べたように、ある国（Ｂ）が他の国（Ａ）に対して、Ａのなしつつある、又はまさに為さんとする行動を放棄せしめ、またはＡをしてＢの欲する行動をとらしめる目的をもってなす、Ａの物質的損害または精神的苦痛を生ずべき措置である。しかしＡの物質的損害及び精神的苦痛を生ずる措置であっても、それが一般国際法にも条約にも違反しない形でなされ得るものであれば、右に述べた自衛行為開始の諸条件が存するときでなくても、これを執って差し支えない。ここには違法性阻却の問題は始めから起こらないからである。自衛権の発動として始めて許されるものは、本来Ａの法益（国際法によって保護されている利益）を害する諸措置であり、それが自衛権に関する諸規則に従って遂行される故に違法性を阻却されるのである。

このような措置のうち最も重要なのは、Ａに対する武力行使、すなわち陸海空軍の兵力をもって、Ａの領土に侵入してこれを占領し、Ａの海岸を封鎖し、Ａの都市を砲撃爆撃し、公海においてＡの艦船を拿捕または撃沈するような措置である（軍事的措置）。しかし武力行使が強制措置の全部ではなく、より手やわらかな措置として、経済的断交、通信交通の遮断、Ｂ国内にあるＡ国およびＡ国民の資産の凍結、Ａ国領水内にあるＢの公私船舶の抑留などの手段がある（非軍事的措置）。

これらの諸措置のうちどれを採用すべきかについて、国際法の定めているのは、「Ｂが自衛のために執ることを許される措置は、Ａの違法行為を排除するために必要なものでなくてはならない。この必要の範囲を越えて、Ａの法益を害する措置をとることは許されない。Ａが違法者であることを理由として、違法者に対する懲罰の名の下に、Ｂの国家的野望や国民感情を満足せしめる企てを遂行することは禁ぜられる」という規則である。

その外に、Ｂの自衛を促がしたＡの行為と、Ｂのとる自衛行為との間には、その種類またはそのもたらす損害の類似性がなくてはならぬこと、たとえば、Ｂの自衛権発動の原因となったＡの違法行為が、武力行動を伴わないものであれば、Ｂの自衛行為も非軍事的措置に限らねばならぬことを唱える説があるが、この説は誤りである。その理由は、Ｂがどの程度強力な手段をとるべきかの問題は、Ａの反抗の頑強さの程度に懸かる問題であり、もし「自衛としてとられる措置は、その原因となった行為と同種類のもの、または、その醸もす損害の程度について釣り合いのとれたものでなくてはならぬ」という規則を設けるとすれば、Ａの抵抗の強さによって、Ｂの強制は目的を達し得ないことが必ず生ずるからである。Ａの抵抗を打ち破るために必要な範囲内の強制措置は、自衛行為の中に含まれざるを得ない。その結果Ａの上に生ずる損害が、Ａの最初の違法行為によってＢの上に生じた損害と不釣り合いなものになっても、止むを得ないとせねばならぬ。国内法上の自衛権の制度も、腕力または武器による襲撃に対してのみ腕力または武器の使用を許すようにはなっていない。腕力または武器の使用以外の形でなされる法益侵害に対しても、この侵害を排除する必要上止むを得ない場合には、腕力または武器の使用は許されると思う(1)。

しかし理想論としては、自衛として執られる手段は、その原因となった行為と同種類のもの、または等しい損害を与えるものであるのが望ましいと言えるであろう。ことに自衛として軍事的手段をとる場合には、その前提たる侵害行為が、武力を用いてまでもその排除を計ることを disproportionate と感ぜしめないほど重大なものかが、慎重に考慮されねばならないであろう。しかし国際法理論としては、権利を認めて、その行使の態様に、その権利の存在の意義を失なわしめる結果を生ずるような制限を課することは間違いである。

（二）　Ａの武力攻撃または違法行為による侵害に対して自衛権を行使するＢが、自分の力だけでこの侵害を排除するのには力が足りないと見て、第三者たるＣＤＥの国々がＢに力を借して、Ａに対する強制に参加することは許されるか。

現在の文明国の刑法は一般に「他人のための防衛 défense d'autrui」を認めている。(2) 国際関係においても、国家間の条約によって、締約国の一つが攻撃されたときに他の締約国がその防衛に馳せ参ずることを約束している例は多い。これらの条約は、防衛に参加する「権利」を定めているのではなく、「義務」を定めたものであるが、しかしその前提として、他国が不正な侵害を受けつつあるとき、この国の防衛に参加することは一般国際法上許された行為であるという信念が存在することは疑いない。ただこのような防衛に参加することを総ての国に義務付ける一般国際法規はないために、条約により、締約国を義務づける特別国際法を作ろうとしているのである。故に「他国のための防衛」は一般国際法上許された行為である。そして許されるとすれば、それはただ武力攻撃に対する自衛行為の場合だけでなく、それ以外の形をとる違法行為による侵害に対する自衛についても、同じことを言い得ると思う。

私個人の意見としては、他国のための防衛は、厳重な枠を設けて制限すべきであると考える。本来自衛は、社会組成員が社会機関の命令や認可によらないで、他の組成員に武力その他の強制手段を加えることであり、この権利を「他国のためにする防衛」にまで拡げることは、強制手段に参加する組成員の数を増し、社会平和の破壊を拡大する結果を生ずる。しかし国際司法裁判所または仲裁々判所の判決を履行しない国に対して強制を加える場合のように、強制を受ける国（Ａ）の違法性が、強制を加える国（Ｂ）の独り判断で決められたのではなくて、第三者的な立場から紛争解決の任に当る国際機関の判断で決められたのである場合には、Ｂの力の足りないとき第三国がＢに力を借すのは、国際法の維持のために善いことであり、その故に、右に述べた不利益——強制に参加する国の数を増し、平和の破壊を拡大するという――も償われるであろう。故にこの場合に第三国の防衛参加は認めてよい。それ以外の場合、すなわちAの行為の違法性がそれほどハッキリしていない場合に、第三国が防衛に参加することは、それによる平和破壊の拡大という不利益を償うだけの社会的利益を伴うことではないと思う。

Aの行為によって損害を蒙りつつあるBとしては、このAの行為を除去して自国の利益を回復したいと強く念願するのは、人情として当然であり、従ってこの国が平和的解決の方法を尽し、また問題を国際司法裁判所その他の第三者的機関に付託することをAに提議するなど自国の立場の正しさを客観的に証明するための手続きを十分に践んだ上で、Aの頑強な拒否的態度によって平和的解決の途が杜絶えたとき、自力によって自国の利益を救う措置をとることを禁止するのは、人間の性情に照らして不可能である。故にこの場合Aの違法性の第三者的機関による客観的証明はまだ不十分であっても、Bの自衛権行使は許さざるを得ないのである。しかし、Aのこの行為によって直接に損害を蒙らない第三国にとっては、Aの侵害行為を除去したいという感情はこのような切実性をもたない。これらの国がBに加担してAに対する武力行動その他の強制措置をとるとすれば、その動機はBの法益を守ることよりも、むしろこの機会に乗じて自国の政治的利益を伸ばそうとすることにある場合が多いであろう。国際社会は、その組成員が、国内の個人社会のように強い連帯意識をもって密接につながれてはおらず、利己目的を優先せしめ易い社会である。他人のための防衛は、国内法では認められているからといって、無制限にこれを国際社会に移入すれば、平和の破壊を拡大する不幸だけを生ずる結果になりかねない。故に上述のような、Aの違法性が第三者的機関によって客観的に証明され得る場合にかぎって、これを認めるのが適当であると思う。

Aが武力攻撃を加えて来たことを理由としてBが自衛権を発動する場合には、武力攻撃があったか否かは事実認定の問題であって、Bの主張の正しさを突きとめることは、比較的簡単なように思われる。従ってこの場合に集団的自衛を許すことは、上述のような弊害を伴わぬように見える。しかし歴史の経験によれば、国家間の武力衝突が生じた場合に、どちらが先きに手出ししたかについて両当事者の主張に食い違いがあり、第三国が判断を下だし難いことが多いのである（最近には一九六四年八月トンキン湾の米艦攻撃事件のように）。故に集団的自衛は、武力攻撃に対してなされるときにも、それによって生ずる平和破壊の拡大を償うだけの社会的利益をもたらすことは疑わしい。

しかしこれは私の個人的意見である。国際慣習および諸国間の条約を基礎として考えれば、一般に、Bの防衛にCDEが参加協力して、ともにAに対する強制手段を行使することは許される、と結論しなければならない。

（三）　上に述べたように、Bが自衛権の発動としてどのような種類の措置をとることが許されるかという問題は、自衛権発動の原因となったAの行為を排除するための必要性によって決定される。それと同様に、この措置を行使してよい期間の長さも、この必要性によって決定されるのである。自衛のために開始された行動は、その原因たる侵害行為を排除する目的を達したとき、直ちに終了せしめられねばならぬ。ただここにいう「侵害行為の排除」という言葉は、国内法上の自衛権の場合に言われるよりも広い意味をもつことを注意せねばならぬ。

完備した法的機構をもつ国内社会において、違法行為に対する救済は原則として社会機関の手によって行なわれる。被害者個人が自力によってなす救済は、ただ社会機関の手のとどかぬ時および場所において発生した不法侵害を打ち払うために必要なものに限って許される。従って、既になされた不法侵害行為に対する原状回復または損害賠償の請求に行為者が応じない場合の強制執行のごときは、社会機関の手に委ねられねばならない。この場合には右のような緊急性はないからである。

これに反して国際社会においては、Aの武力攻撃、または他の形による不法侵害行為に対してBが開始した自衛権発動は、武力攻撃または不法侵害行為が終った後においても、これらの行為によって醸された損害につきBがAに向って求める償いがなされるまで、自衛権は継続する。違法行為に対する償いを拒むのは、やはり違法行為であり、そして国際社会には、Bに代って強制執行を行なう社会機関は原則として存在しない。従ってBの自衛権は継続するものと見なさねばならない。

この場合に「自衛」という言葉を用いるのは、国内法の用語例からいえば、不適当なように見えるかも知れないが、自衛を「社会組成員が、違法な侵害に対して自分の権利を守るために、社会機関の手をかりることが不可能な場合に、自分でこの目的を達する措置をとること」と定義すれば、国際社会においては、現になされつつある違法行為を阻止・排除する措置だけでなく、この行為の結果を償なわしめるための措置も、この定義に完全に合致することになる。

（1）　序言の**一**「国内法上の自衛権」の註（4）及び（5）を参照。緊急避難においては、避難行為によって醸される損害と、この行為によって避けんとする損害との Proportionalität が重要視されるに反して、自衛権については、それよりも、不法侵害を排除するための必要性が重視される。国内法上の緊急避難については第一章第二節二項の**一**及び**二**を参照。

（2）　序言右同所

三

第二章の四節に引用したケルゼン、ウォルドック、ジローなどの英仏独の諸学者は、武力攻撃の発生の場合にのみ自衛権の行使を認める第一大戦後の諸条約、すなわち国連憲章や不戦条約の規定が不合理であることを指摘し、このような規定を現在の国際社会の法的機構の下で強いて実行しようとすれば、従前の一般国際法の下における状態を改善することにはならないで、かえって危険な改悪をすることになると説いている。従って彼らは、国連憲章または不戦条約の自衛権規定に適合するように現存の国際社会の機構に根本的改造を加えることにより、この自衛権規定を合理的な存在たらしめねばならぬと唱える。この意見に対して私も満腔の賛意を表するものであり、私がこの「結論」の前半に述べたことは、これらの学者の驥尾に付して、更にこれを敷衍して説いたものに外ならない。しかしこの根本的改造がなされるまでの間、国際社会における自衛権の行使の条件についてどういう規則が行なわるべきか。この点に論及しないで、ただ国際社会機構の改造の必要を説くだけに止めるのは、自衛権に関する法律的研究として不完全なように思われる。私が「結論」の後半において、現在の国際社会の法的機構の下における自衛権の妥当な限界について私見を開陳したのは、右の点について諸大家の説の足りないところを補おうとする拙い試みである。しかし寡聞の範囲で、この問題について、外国およびわが国の学者の論文はまだ現われていない。従って私の思索の出発点を他の学者の言説の中に見出すことは不可能であった。私が上に述べたことは、十六世紀以来の国際法学の伝統の精神を受け継いで、これを国際連盟および国際連合の建設された二十世紀の国際社会に適用した場合に、どういう結論が獲られるかということを、私の独り考えで工夫して見たものに過ぎない。その結果、考えの到らない点、想の熟しない所、表現の不十分な箇所が多々あることは自覚しており、他の学者の叱正によって改めて行きたいと念願している。

しかし少くとも、私の述べたことの骨子は、今後の国際社会の穏健な理性的な世論によって支持されるようになるのではないかと思う。最近の若干の事例の中に、その前兆とも言うべきものを見出し得るように思う。

例えば一九五六年夏エジプト政府によるスエズ運河会社の国有化断行に伴い、英仏両国がエジプトに対して武力を行使しようとする形勢が現われたとき、アメリカ合衆国大統領アイゼンハワーは、同年九月十七日の記者会見の席上、英仏両国の武力行使が正当と認められるのは、次の二つの条件が充たされたことが明らかとなった場合であると述べた。その二つの条件とは

（一）すべての平和的な紛争解決方法が悉く尽くされたこと

（二）この段階に達して後に、エジプト側に、スエズ運河の平和的利用を侵害する行為があったことであり、そして「すべての平和的解決の方法が尽くされたこと」の中には、紛争が国連に提訴されることも含まれるとされた。

この米大統領の見解は、一方において、エジプト政府がスエズ運河の自由航行を害する措置をとることにより、明白な国際法違反行為をなした事実があること、他方において、英仏政府が、国連の安保理事会または総会への提訴その他の平和的解決の手段を尽くして、結局それが効を奏しなかったこと、この二つの条件が具備されたときに、はじめて英仏の対エジプト武力行使は正当化されるというのである。

もし国連憲章を楯にとって論ずれば、英仏のエジプトに対する武力行使が正当化されるのは、エジプトの側から外国に対して武力攻撃を開始した場合に限る。単にエジプトが、自国領土内にある運河における外国船の通行を阻害する措置をとったからといって、また英仏との間の懸案を国際連合その他の国際機関に付して解決することを拒んだからと言って、外国に対して武力攻撃を行なったことにはならない。故にアイゼンハワーの提示する二条件が充たされたとしても、英仏がエジプトに向って武力を行使することは、憲章上は許されないことなのである。アイゼンハワーの見解は、憲章第五一条に捉われない常識によって、武力行使の条件として穏健妥当なものを発見しようとする試み

である。もし英仏両政府がこの見解に従い、その線に沿うて行動したならば、おそらく後日両政府が世界の輿論から蒙ったような手痛い批判は受けなかったであろう。

また例えば、アイスランドはこの終戦後、自国周辺の近海漁業を自国の漁夫のために留保し、外国の強力な漁船団からの競争を防ぐために、従来この国が採用していた領海四海里よりも外側に、外国漁船の自由立ち入りを禁止する区域を設定しようとした。すなわちアイスランド海岸から十二海里沖合に引いた線を「漁業境界（Fisheries limit）」と称し、この境界より内側の漁業はアイスランド共和国の管轄に属すると称した。英国政府は、既往アイスランド自身も、領海の外であり従って公海に属すると認めていた水域に、アイスランドの一方的意志によって、外国の漁業を禁止する区域を設定することは、国際法違反であると見なし、対抗策として英国海軍を現地に派遣して、その護衛の下に英国漁船を漁業境界内に進入せしめ操業を継続せしめた。

しかしそれと同時に英国政府は、漁業境界に関するアイスランドとの紛争を、後者の同意さえあれば国際司法裁判所に付託する用意があることを、一九五八年九月二十五日国連総会の席上で声明しており、また同年十二月十六日北大西洋条約機構理事会の席上でも同じことを繰り返えして、アイスランド政府に同意を促がしている。英国政府はこの態度をとることによって、自国がなしつつある武力行動は、アイスランド政府が漁業境界問題を第三者的機関の公平な裁定に委ねることを避けたために、止むなからしめられたものであること、またアイスランドが国際司法裁判所への付託を欲しないのは自国の主張の合法性について自信がないためであることを、世界に印象づけようとしたのである。英国の武力行動が、スエズ事件などの場合と異って、余り世論の非難を受けなかったのは、このような注意が施されたからであると思う。

これらの事例は、国際連合憲章および国際法の尊重を念とする真面目な政治家も、憲章第五一条の規定は、厳粛な現実の事態に直面したとき行なわれ得ないものであることに気付き、この規定以外に、国家の武力行使の合理的な限界を発見しようと試みざるを得なくなること、そしてその際に考え付かれる国家的武力の行使の前提条件は、私が上に説いた所と根底において同じであることとを、証明するように思われる。

しかし誤解を避けるために付言して置きたいのは、私は、上に述べた自衛権発動の前提条件が存在する場合に国家は常に自衛権を発動すべきである、と唱えるのではないことである。私が上に述べたのは、国家がどのような場合に武力を行使するのが適当かという政策論ではなく、国際法が国家に認める武力行使の最高の枠はどの程度までかということである。この枠の範囲内で国家は自衛権を行使することが出来るが、しかし行使する義務があるというのではない。行使するか否かは、国家が自由に決定してよい問題である。たとえ相手国の側に違法があることは明らかであり、且つ相手国はわが国の提案する国際司法裁判所への付託を拒み、また安保理事会その他の第三者的機関の調停を無視する場合でも、わが国が自衛のための強制手段に訴えないで、穏忍自重して、時間の経過が相手国々民の感情を冷却せしめ、国際情勢の変更が相手国政府に反省の機会を与えるのを待つ方が、政治上賢明な道である場合が多いであろう。諺に、権利の上に眠る者は愚人であるというが、しかし権利があればこれを常に百パーセント行使せねばならぬ、と考える者も愚人である。自衛権は外国に対する強制措置をもってその内容とし、そして強制措置は、はじめ微温的な形のものを実行するとしても、相手方の抵抗によってそれが目的を達しないときは、より強力な重大な措置に移るようになるのは、自然の数であり、従って自衛行為の開始には極度の慎重さが要求される。

故に私は、国家の政策として、自衛権は出来る限り抑制されることを希望する。しかし国際法の理論として、上述の若干の条件の下に自衛権は認められることは、説いておかねばならない。この点に関する正しい認識が世界の諸国民に普及することは、自から平和政策をとり、自衛権行使をできる限り抑制する方針をとろうとする国にとって、少しも不利益なことではない。もしこの正しい国際法の認識が普及しないで、「憲章第五一条にいう武力攻撃の形さえとらなければ、国際法違反の行為によってどれほど外国の利益を侵害しても、相手方はこれに対して自衛のための強制行動に出る権利はなく、もし相手方がこれを敢えてすれば、かえって平和破壊の罪を負わねばならぬことになる」という考えが世界的に広まっておれば、わが国が、外国の違法行為によって法益を害された場合に、ひたすら平和的方法によって違法行為の除去を求める方針をとれば、相手国は、わが国がこれ以上の措置に出る権利がないために、この方針をとるのであるとしか考えない。これに反して、わが国はこれ以上の強硬措置に訴える権利がありながら、これを抑制して友好的解決に努力しているのであることが、相手国に分かっておれば、わが国の平和的意図はより一層はっきりと相手方に徹底するであろう。互譲と妥協による紛争解決は促進されるであろう。故に、自衛権の正当な限界に関する国際法規の認識が広まることは、平和政策を旨とする国家にとって、何ら不利益なことではないのである。

著者略歴
田岡　良一（たおか　りょういち）
　京都大学名誉教授

国際法上の自衛権　新装版

1964 年 11 月 5 日　第 1 版第 1 刷発行
1981 年 1 月 10 日　補訂版第 1 刷発行
2014 年 5 月 20 日　新装版第 1 刷発行
2023 年 5 月 10 日　新装版第 3 刷発行

著　者　田《た》岡《おか》良《りよう》一《いち》
発行者　井村寿人

発行所　株式会社　勁《けい》草《そう》書房

112-0005　東京都文京区水道 2-1-1　振替　00150-2-175253
（編集）電話　03-3815-5277／FAX 03-3814-6968
（営業）電話　03-3814-6861／FAX 03-3814-6854
イニュニック・松岳社

ISBN978-4-326-40293-9　Printed in Japan

＊落丁本・乱丁本はお取替いたします。
ご感想・お問い合わせは小社ホームページから
お願いいたします。

https://www.keisoshobo.co.jp

索　引

数字は頁を示す。二つ以上の頁を挙げたとき
太字で表わしたのは比較的重要なもの。

ア　行

カ　行

サ　行

タ　行

ハ　行

マ　行

ヤ　行

ラ　行

ワ　行

参照文献

本書の中で引用したもののみを掲ぐ。

Anzilotti Corso di diritto internazionale, vol. I, 1928

—— Cour de droit international, vol. I, 1929

Barbareu Le Pacte de Paris, 1929

Bowett Self-defence in international law, 1958

Braas Précis de droit pénal, 1936

Bredt Die belgische Neutralität und der schlieffensche Feldzugsplan, 1928

Brierly Some implications of the Paris Pact, British Yearbook of international law, 1930

Brownlie, International Law and the Use of Force by states, 1963

Churchill The Second World War, vol. II, 4 th ed.

Cour Internationale de Justice Recueil des Arrêts etc, 1949, Affaire du Détroit de Corfou (Fond)

—— Recueil des Arrêts etc, 1947–8, Affaire du Détroit de Corfou (Exception préliminaire)

De Santis Commento del Nuovo Codice penale, 1931

Eagleton Faut-il proscrire les guerres d'agression ?, Revue générale de Droit international public, 1930

Frank Strafgesetzbuch, 1926

外務省条約局編 国際法先例集, 1959

Garraud Traité théorique et pratique du droit pénal français, tome I, 2eme éd.

—— Précis de Droit criminel, 1926

Gallus Des amendements au Pacte de la S. D. N. en vue de le mettre en harmonie de le Pacte de Paris, Revue générale de Droit international public, 1930

Giraud La théorie de la légitime défense, Recueil des Cours de l'Académie de Droit international, 1934, III

—— L'interdiction du recours à la force—La théorie et la pratique des Nations Unies, Revue générale de Droit international public, 1963

Goodrich The United Nations, 1958

——and Hambro Charter of the United Nations, Commentaries and Documents, 2 nd ed.

——and Simons The United Nations and the maintenance of international peace and security, 1955

Hall International Law, 8 th ed.

法務省調査部 法務資料，363 号

Hugueney Traité théorique et pratique de droit pénal, 1933

Hyde International law chiefly as interpreted and applied by the U. S., vol. I

伊藤述史 Le Pacte de Paris et le Pacte de la Société des Nations, Revue Politique et Parlementaire, 1930

伊藤不二男 自衛権の法史，国際法外交雑誌，59 巻 1・2 合併号

Jennings The Caroline and McLeod case, American Journal of International Law, 1938

神谷竜男 国際連合の安全保障，1957

——，角田順，杉山茂雄，北条俊朗共訳 国際連合と平和と安全の維持，下巻，1959

Kelsen The law of the United Nations, a critical analysis of its fundamental problems, 1951

——Unrecht und Unrechtsfolge im Völkerrecht, Zeitschrift für öffentliches Recht, 1932

木村亀二 刑法総論（法律学全集 40 巻）

Kulsrud The seizure of the Danish Fleet, American Journal of International Law, 1938

Kunz Plus de lois de guerre ?, Revue Générale de Droit International Public, 1934

Le Gall Le Pact de Paris, 1930

Lissitzyn The International Court of Justice, 1951

Lisst La législation pénal comparée, vol. I (l'article d'Ernest Schuster)

牧野英一 日本刑法上巻

Mezger Strafrecht, Lehrbuch, 1949

Moore A Digest of International Law, vol. II, and vol. VII

森下忠 緊急避難の研究，1960

Oppenheim International Law, vol. I, 8 th ed.

Phillimore Commentaries upon international law, vol. I, 3rd ed.

Rodick The doctrine of necessity in international law, 1928
Schönke-Schröder Strafgesetzbuch, Kommentar, 1959
Schwander Das schweizerische Strafgesetzbuch, 1952
千賀鶴太郎 国際公法要義，6 版
Shotwell War as an instrument of national policy, 1929
綜合判例研究叢書 刑法 8
Stowell Intervention in international law, 1921
Strupp Wörterbuch des Völkerrechts, Bd I und Bd III (Ameliainsel, Dänische Flotte, Virginius-Fall)
田畑茂二郎 国際法 I（法律学全集 55 巻）
—— 国連憲章 51 条と自衛権，法学論叢，67 巻 1 号
立作太郎 平時国際法論
—— 平時国際法（現代法律学全集）
高野雄一 国際法概論，1957
高橋作衛 平時国際法論，11 版
高橋通敏 安全保障序説，1960
植松 正 刑法概論 I
United Nations Official Records of the General Assembly, 1951—52, The Sixth Committee
Vandy Le Pacte Kellogg, Revue Générale de Droit International Public, 1930
Vannini Istitutioni di diritto penale, Parte Generale, 1929
Verdross Règles générales du droit international de le paix, Recueil des Cours de l'Académie de droit international, 1929 V
—— Völkerrecht, 1950
Waldock The regulation of the use of force by individual states in international law, Recueil des Cours de l'Académie de Droit international, 1952 II
Westlake International Law, vol. I, 1910
Wharton A Digest of international law of the U. S., 1836, vol. I
横田喜三郎 自衛権，1951
—— 国際法，下巻，1934
——法律的積極主義，国家学会雑誌，46 巻 7 号

拙著 国際法III（法律学全集 57 巻）；国際法学大綱上巻，1934；国際法学大綱

下巻，1939；国際法講義上巻，1955；委任統治の本質，1941；永世中立と日本の安全保障，1950

拙稿　不戦条約の意義，法学１巻２号；選択条項の過去と現在，法学論叢，63 巻６ 号；委任統治に現れた三つの私法概念，法学論叢，43 巻紀元 2600 年紀念論文集；租借地と国際地役，国際法外交雑誌，32 巻２号